大成就者之歌

【下…傳承篇】

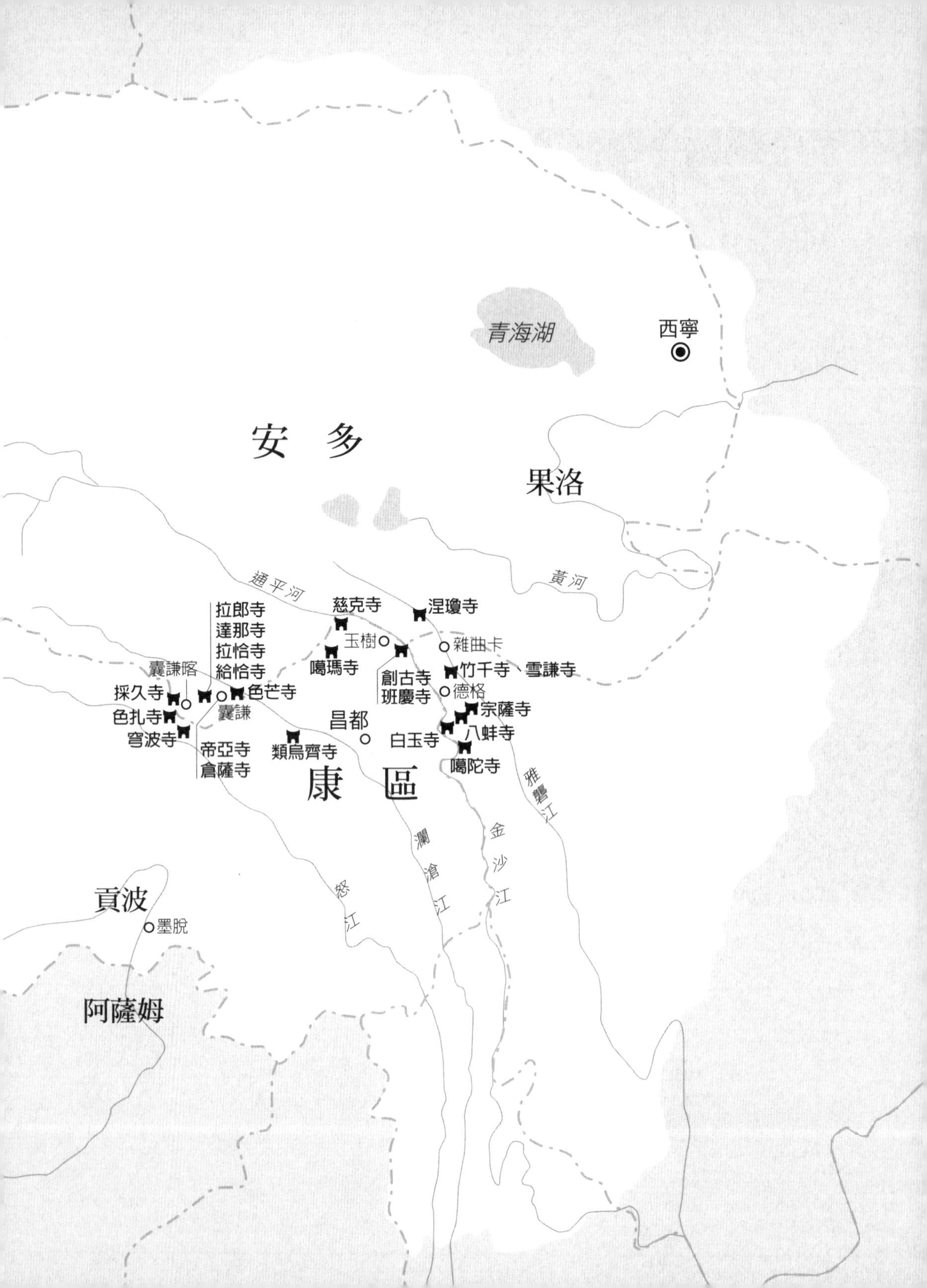

青海湖
西寧
安 多
果洛
黃河
通平河
慈克寺
涅瓊寺
拉郎寺
達那寺
拉恰寺
給恰寺
玉樹
雜曲卡
噶瑪寺
竹千寺、雪謙寺
囊謙喀
採久寺
色芒寺
創古寺
班慶寺
德格
囊謙
色扎寺
宗薩寺
昌都
八蚌寺
穹波寺
白玉寺
帝亞寺
倉薩寺
類烏齊寺
噶陀寺
康 區
雅礱江
瀾滄江
金沙江
怒江
貢波
墨脫
阿薩姆

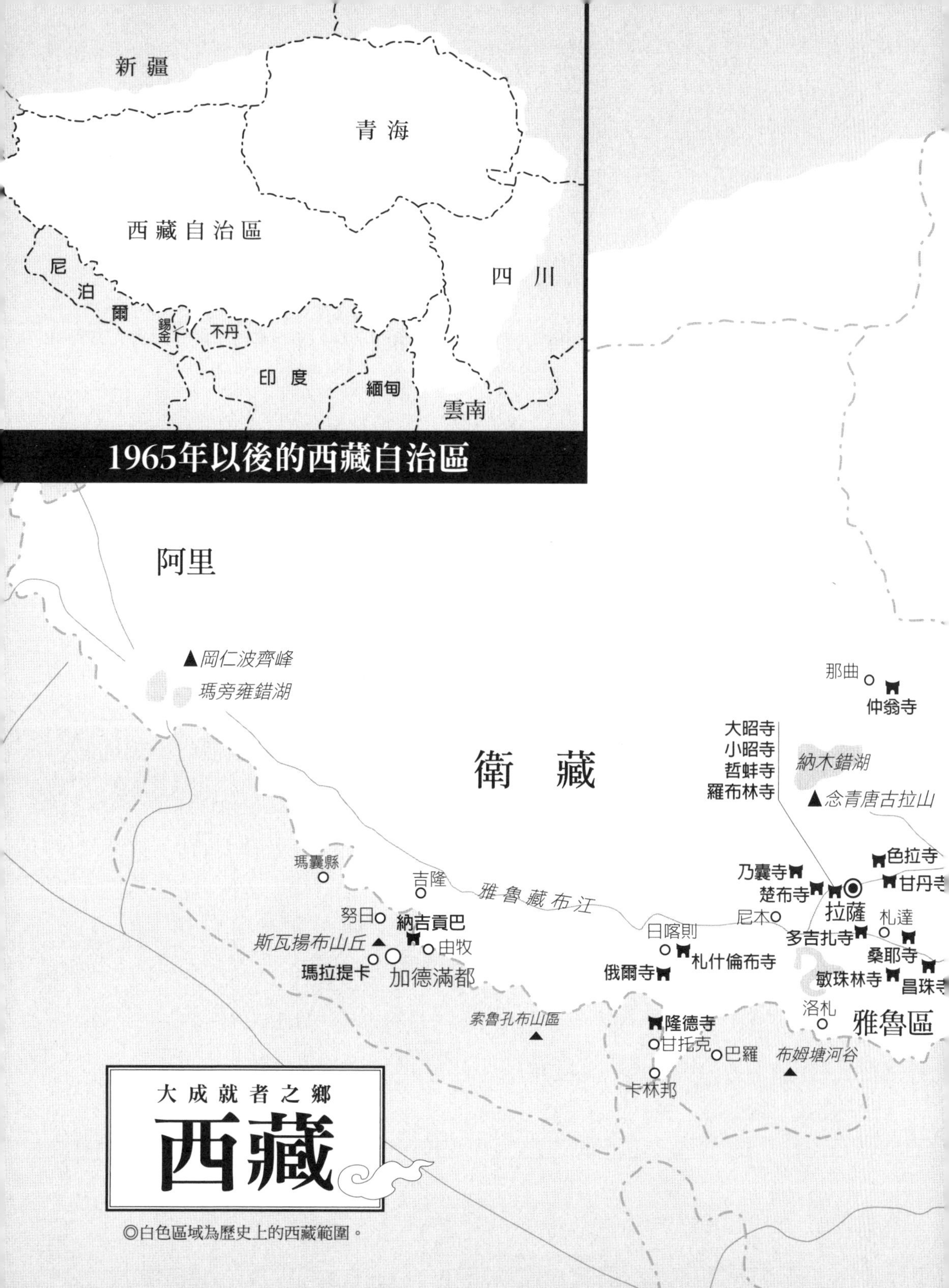
新疆
青海
西藏自治區
尼
泊
爾
錫金
不丹
印度
緬甸
四川
雲南
1965年以後的西藏自治區
阿里
▲岡仁波齊峰
瑪旁雍錯湖
衛藏
那曲
仲翁寺
大昭寺
小昭寺
哲蚌寺
羅布林寺
納木錯湖
▲念青唐古拉山
瑪囊縣
吉隆
雅魯藏布江
乃囊寺
色拉寺
甘丹寺
楚布寺
拉薩
尼木
札達
努日
納吉貢巴
日喀則
多吉扎寺
斯瓦揚布山丘
由牧
札什倫布寺
桑耶寺
瑪拉提卡
加德滿都
俄爾寺
敏珠林寺
昌珠寺
洛札
索魯孔布山區
隆德寺
雅魯區
甘托克
巴羅
布姆塘河谷
卡林邦
大成就者之鄉
西藏

◎白色區域為歷史上的西藏範圍。

目錄

第一部 早年的歲月

第三部 中藏

第三部 流亡的生活

第二部

早年的歲月

第1章

我的童年

讓我稍微說明一下關於我近親的事情。我父親吉美．多傑跟我母親生了五個孩子，第一個孩子是我姊姊查嘎（Tsagah）；我是老二，接下來是我弟弟天嘎（Tenga），他比我小一歲，被竹千認證為卅七歲就過世的傑出上師——喇嘛阿蔣（Lama Arjam）的轉世。排行在他後面的，是我妹妹明珠．確準（Mingyur Chödrön），她於一九八九年過世；我這兩個姊妹都有孩子，其中有些人還住在康區。我最小的弟弟是昆章．多傑（Kungzang Dorje）。

昆章．多傑是個讓人大呼驚奇的人，據信他是涅瓊．秋林的轉世①。當他還年幼的時候，就已經展現了許多不可思議的徵示。很早以前，他就清楚預言了藏傳佛教將遭遇浩劫，而此預言被給恰寺的一位僧侶紀錄了下來。還有一次，他說我們某位親戚在岡仁波齊峰附近朝聖途中過世了——事情就真的發生在那個時候。他也知道自己的壽命很短，當他只有十四歲的時候，有一天，他告訴我母親：「可憐的母親，我很抱歉，當我屍體火化的時候，你會那麼哀傷。」不久後，他在那年就過世了。

我父親與另一名女子生了兩個孩子，老大是遍吉。此外，父親還有一對兒女，是與另外兩名女子所生；兒子昆果・卡桑（Kungo Kalsang）是與夏迦・師利營地的一位修行者所生；當他們兩人在一起的時候，我父親已在這個營地住了一段時間②。

蓮師護祐下的新生嬰孩

我出生於札達（Drakda），就位在從拉薩往桑耶途中，「耶喜・措嘉生命之湖」（the Life-Lake of Yeshe Tsogyal）附近的一個小地方③。

當我還是個新生嬰孩時，就因為某種不知名的疾病而陷入重病，面臨生死關頭。父母把我帶到桑耶寺。五尊神聖蓮師像的其中一尊就供奉在桑耶堡（Castle of Samye），蓮師曾說，那尊看起來和他一模一樣④。那尊蓮師像就放置在一個寶瓶中，人們可以從中取水作為加持。那時候，我實際上已經停止呼吸了，所以我父母無計可施，只能把我放在蓮師像前，對著蓮師祈禱。

我父母祈求他們的新生嬰孩不會就此死去。後來他們說，就是因為蓮師的加持，所以我才沒有死掉。當他們祈禱的時候，我先是張開了眼睛，然後就開始有了呼吸。在那之後，他們就帶著我一起到桑耶附近的所有朝聖地去。當然，我完全不記得這些事了，是父親告訴我這整個故事。

我父親跟卓越的竹千大師非常親近，所以我們經由雅魯山谷（Yarlung valley）到他的主寺去⑤。山谷的上半部是稱為「喜樂巖穴」（Joyful Cave）的道場，是應竹千邀請而從康區來到此地的成就者夏迦．師利的住處。

我父母說卓越的竹千對我們非常寬厚仁慈，他也要求我父親為他的健康長壽修法。我們在那裡住了四、五個月，所以，我人生的第一階段是在夏迦．師利的營地中度過的。竹千為我們兄弟姐妹訂作了特製的綢緞衣服，有些綢緞布料還作成夾克樣式，我一直穿到離開前往康區為止。

我伯父桑天．嘉措與噶瑪巴互為師徒關係，當我出生的時候，他正在楚布寺為第十五世噶瑪巴傳授《新伏藏》，也從噶瑪巴那兒領受一些傳承教法。因為桑天．嘉措是兄弟中最年長者，所以我父親送了個信息給他：「我生了一位男孩，請你請求噶瑪巴卡恰．多傑為他取個名字。」

因此，噶瑪巴在自己手上寫下我的名字「噶瑪．烏金．哲旺．秋珠．帕巴（Karma Orgyen Tsewang Chokdrub Palbar）」，並將之繡在一塊蓋有他印信的精美綢緞上，連同一條白圍巾與繡著金線的五碼長紅色中國綢緞，一起送給了我父母。「把這塊綢緞給那男孩，這是我要給他的禮物。」噶瑪巴說道。奇怪的是，我們從未想過要將那塊綢緞做成實用的東西，因為那是噶瑪巴送的禮物，人們認為它非常特殊，沒有人敢裁剪它。

由我來覆述這句話似乎不太妥當，但無論如何，噶瑪巴也說：「這男孩是位真正的轉世祖古。」然而，當時他並沒有提到我是誰的轉世。

回歸康區

幾年來，我數度遺失那個繡有我名字的小卷軸，但總是又再次找到它。第一次遺失時，我還相當年幼。結果是一隻老鼠偷了它，因為後來我在一個老鼠洞裡發現了它。當我待在母親屋子裡時，我又把它弄丟了。母親家有錢到所有路過訪客所喝過的茶葉堆起來，大到足以讓小孩子在裡面玩耍。有一天，我發現卷軸就放在茶葉堆上。由於放在老茶葉堆上，所以變得有些褪色了，除此之外，它看起來還好。我猜也是隻老鼠把它拿到那裡去的。現在，我把它安全地存放在我的聖物箱裡。

我父母跟我在中藏停留了好幾年，我在那裡學會了一些中藏方言與當地歌謠。然後，我們開始慢慢回到康區。我父親先到仲翁寺（Drong Gompa），那是我兒子確吉・尼瑪（Chökyi Nyima）的前世喇嘛——天津・多傑（Lama Tendzin Dorje）的寺院，坐落於拉薩北方往康區路上好幾天路程之處。

大夥兒踏上回家的歸程之前，我們全家先在仲翁寺集合。桑天・嘉措已在那裡傳授灌頂一整個月了⑥。喇嘛天津・多傑是德喜叔叔非常親近的朋友，兩人情同手足，也都是卓越的大師夏迦・師利的親近弟子，而這也是德喜叔叔未回到康區的另一個原因；他已經在仲翁寺逗留了一年，而現在，他母親貢秋・巴炯也住在那裡，桑拿叔叔則擔任她的侍者。我父親也剛到，終於，每個人都要一起啟程回康區了。

但是，就在我們離開中藏之前，第十五世噶瑪巴圓寂。我三歲的時候，曾被帶去見他，我對楚布寺附近一帶、寺廟大殿，還有見到許多喇嘛仍有印象，但因為當時我只是個幼童，所以記不得噶瑪巴的長相了。他圓寂的時候，我記得距離楚布寺走路一小時的地方有些沙丘，人們就在道路兩旁痛哭流涕。

這件事一過，我們開始踏上了回康區的旅程。對一個三歲孩童來說，這趟騎馬的旅程確實非常遙遠，而我一路都坐在垂掛於馬側的籃子裡，有次還掉到籃子外面，還受了傷。回到囊謙家中，我跟母親待在一塊兒，也跟姐姐團聚了。那年後來的時間我都跟她們同住。很快地，我弟弟跟我就開始學習認字，由一位慈祥的老喇嘛教導我們。當我終於能夠閱讀時，我就被帶到給恰寺繼續讀書，並由我舅舅擔任我的親教師。

大約這時候，我聽說祖母想要搬到慈克寺去。她說：「我想要死在我父親與兄弟的寺院裡，我拒絕死在其他地方。」一如往常，她不會聽從任何試圖勸阻她打消念頭的人。

好問的孩童

你知道一個孩子如何能夠不斷提問題？我就像那副德行——極端好奇，老愛詢問無法回答的問題，並毫無來由地曲解別人的言論。不管誰來，我都會不斷用問題轟炸他們、盤問他們，直到他們無言以對為止。我愛追根究柢到了吹毛求疵的地步，就像我的孫子帕秋（Phakchok），也就是我們慈克・秋林的長子一樣。

旺多（Wangdor）是位老喇嘛，非常疼愛我，我也會連珠砲似地不斷向他提問題：「什麼是心？什麼是心的自性？要如何禪修？」我尤其喜歡惹惱母親家的老女士們。我一開始會問：「土與水是從哪裡來的？是誰將它們做成那個樣子呢？最早的水是如何形成？而它又流向何方？天空為何是藍色的呢？它這個樣子多久了呢？它一直都是藍色的嗎？假使不是的話，它如何變化呢？」

她們會愣住，然後說：「真是個惹人厭的小孩！」到最後，有人會惱羞成怒地問道：「難道沒有其他人可以照顧這個孩子了嗎？」

從拉恰寺前往往德千林的路上所見

孩提時候，我記得我跟著一位親教師學習，並花很多時間跟我母親在一起；她出生於一個富裕家庭，並且擁有自己的房子，和倉薩・札南（Tsangsar Dranang）的莊園宅第相通。不過，大約在我九歲時，我被交給了父親，到他騎馬一天路程的隱修處去。到了十八歲時，我到拉恰寺去，由桑天・嘉措接手負責我的教育。

我有許多個家。我老家在倉薩莊園，那是我父親最初的房子，現在由我哥哥遍吉負責管理；我父親的隱修處也算是我的家，我跟桑天・嘉措待在一起的拉恰寺也是我的家。除此之外，我也將屬於拉恰寺的隱修處壘峰視為一個家。

我父親的堂兄是位年邁的喇嘛，他曾經揶揄地說道：「也許你很幸運，可以自在地漫遊於許多個家之間，從來沒有久待到足以讓任何人掌控你。不過，說不定你也會因此變成一個被寵壞的淘氣小孩。當心！你知道有句諺語說，成為孤兒的犛牛犢通常會活活餓死，因為牠用盡所有時間走過一個乳頭又一個乳頭，從來沒有久待到足以吸吮任何乳汁。」

我可以非常自由地每幾個月就到任一個住處去，而每當我到達時，都能得到細心的呵護。但是，所有這一切都在桑天・嘉措逮住我之後就結束了。

◎

噶傑喇嘛（Gargey Lama）是教導我閱讀與寫字的啟蒙老師之一，我弟弟天嘎跟我兩個人都跟著他學習。他也是位相當傑出的祖古，當他和藹可親的時候，極為溫柔和善，不過當他生起氣來，可是會打我們的。無論如何，他是個非常寬厚仁慈的人。

有時候，他似乎有短暫的神通力，他也做過許多預言。我記得他偶爾會告訴我們這兩個小男孩：「當我死時，並非死於疾病，而是死於槍殺。」

後來共產黨入侵期間，他到山上去，待在一個洞穴中。不過，紅軍找到了他，將他打倒在地上，並槍斃了他。

嚴飾世界的大營地

繼續講述我的故事之前，我想要強調的是，佛法無遠弗屆地遍傳整個西藏雪域，深入我們的社會，即使是幼童也不需要刻意學習像蓮師祈請文這類祈禱文；他們生長在這樣的佛教環境中，一再地聽到它，自然就學會了如何唱誦。

孩子們的遊戲也反映了這樣的氛圍，因為我們時常玩蓋寺院的遊戲。在我的監督下，我們一群群孩童會堆起泥塊與石頭，成功築起一座座小「寺廟」，然後我們會扮演起「喇嘛」來。有時候，這樣的遊戲會從大清早一直玩到傍晚為止。

除了隱士與一大群住在大寺院裡的僧侶與尼師之外，修行人通常聚居在大型營地之中，就像圍繞著夏迦．師利而居的那群人一樣。舉例來說，第七世噶瑪巴從未在一處久待過，而是遷徙於西藏各地一處又一處的營地⑦。他所收到的一切供養物，都直接留給當地的寺院。

第七世噶瑪巴親近的隨行人員，至少由一千名僧侶所組成，不管噶瑪巴到何處，他們都跟隨著他。僧侶、侍者，加上馬匹與犛牛，數量龐大到無法將所有人都容納於同一處。所以，他們必須一百個人一組，錯開行動，紮營於七個或更多相距一天行程的地方，在每個地方待上一天。

大夥兒都宿營在只有單一支柱的禪修小帳篷裡，大小僅足以坐在裡面而已。整個僧團的人都待在這樣的帳篷裡，只有上師的帳篷通常會大一些；他們全被要求遵守一天修持四座法的噶舉傳統，旅行時也不例外。指定的時間一到，會有鈴聲響起，大家就一起用餐。用餐一結束，依照噶舉傳統，他們會唸誦一百大部的佛陀言教集《甘珠爾》。當他們沿途旅行，成一直線走在廣闊的平原上時，年輕的僧侶會將不同頁次分發給這一百名僧侶，等他們唸完後再收回來；全部的人在抵達下個山區時，就輕而易舉地唸完全部一百部經文，而每個僧侶每部都只唸誦二到三頁而已。整個營隊大到當大家集合一起時，僅僅在一小時內，僧眾就能唸誦完整部《甘珠爾》；他們喝完的茶葉堆疊起來，通常可以像成年男子那麼高。

噶瑪巴的旅隊被稱之為「嚴飾世界的大營地」，是顯現佛法如何深切地交織於我們生活中的無數例子之一。

囊謙的尼眾修行人

我的家鄉囊謙並非以擁有許多博學大師而聞名，然而，我們有著眾多喇嘛與托登（tokden），亦即從不修剪髮辮的專職禪修者。所以傳統上，在家居士會請求他們遇見的任何行者給予心性的開示，然後依此鍛鍊自己的心並獲致了悟。過去，著名的大師措尼與其弟子藏揚．嘉措（Tsang-Yang Gyamtso）就已經廣泛地在各處給予心性的開示，所以這個傳統已根植於文化之中。

這種傳統在囊謙許多尼院中特別受到重視。尼師也許不像學者那般非常有學問，但她們全心全意專注於口訣指引（pith instructions）。她們會向每位造訪此地的喇嘛請求心性的開示；每當一位年輕祖古抵達一處隱修處或尼院時，馬上就會被二十至三十位尼師團團圍住，被迫給予「心性教授」，而這通常是人生中頭一遭，所以常導致年輕的祖古緊張到全身冒汗，因為這些尼師可是以詢問精微問題而著稱。一旦喇嘛講完了心性的開示後，連珠砲似的問題就會連番而來，每個問題都比上一個更加困難。

一位曾身歷其境的祖古告訴我，他深陷苦思正確答案的可怕麻煩裡，而且很快就發現自己被逼得走投無路。不過，不只他如此，尼師們對每個人都一視同仁，那就是她們的風格。解決之道很簡單——你必須具有真正的口訣傳承，且不止於徒具祖古或哲學家的虛名而已。最常見的情況是，有個人倘若在年輕時就被稱為「祖古」，人們自然而然假定他能給予心性的教授。這位祖古說，他覺得拒絕這些尼師並不恰當，但是，如果早知道她們的理解更勝於他的理論，他也許會拒絕。

這狀況也不只發生在小道場，最大的尼院給恰寺裡滿是女性修行人；每當有喇嘛造訪時，她們都會請求開示。如果你在尼院附近的鄉間漫步時，你常會看見三三兩兩的尼師成群坐在大石塊上或樹蔭下禪修。

在囊謙，身為尼師就相當於是個禪修者。

我母親家族的兒子們常被確認為喇嘛的轉世。這個家族年幼的轉世喇嘛會出席為生者與亡者的利益所舉行的法會，並接受信徒的供養。

甚至當我還是個孩童時，因為同時被視為祖古，以及這個舉足輕重的家族的傳人，所以我常主持這類法會。此外，在人們家中舉行法事時，他們也帶著我一起去，因此得以累積更多的供養金。我相信一個夏天與冬天下來，我被迫參與了多次法事，大多是為了確保往生不久者有美好的來生而舉行的，和寂靜尊與忿怒尊相關的法事。我很抱歉地說，我因為這樣而收到了數量可觀的收入⑧。

不過，在桑天・嘉措為我舉行陞座典禮，並從此確立我為確旺・祖古（Chöwang Tulku）的轉世後，這些活動就都停止了。

深受加持的隱修處

當我年約九歲時，父親負責照顧我。父親住在山區的德千林隱修處，是一處由閉關棚舍所環繞的小型尼院。我非常喜愛父親的隱修處，此地的風景與視野都美不勝收，而此處的歷史可以回溯到我們早期的祖先。

我們巴戎噶舉傳承祖師之一達摩・汪秋建立了兩座道場，一座在中藏，另一座在康區，而這兩座道場被稱為「上道場」與「下道場」。

「下道場」位在山區，也被稱為「無數阿種子字之寶堆」（Jewel Heap of Countless AH Syllables）⑨；這名稱來自於一座小山，山上的石面上妝點了不可計數、自然浮現的「阿」種子字⑩。自然浮現的種子字非常令人驚歎，你可以在將近一百處不同地方的石面上見到種子字

德千林是一處受到極大加持之地

「阿」。我個人就至少在四十至五十處懸崖壁上看過這些種子字。

這是個受到極大加持的地方，許多巴戎傳承的先師們都曾在此地住過，並展現了他們的神幻力。當達摩．汪秋住在此地一處巖穴時，許多弟子聚集在他身旁，後來成為著名的「具有極佳知識的十三大師，能像馬一樣飛奔的十三大師，能像鳥一樣翱翔的十三大師」，還有許多的成就事蹟。他們全都落腳在德千林坐落的那座山上。

德千林讓我記憶深刻，我所記得的康區人也大部分來自那座山的周圍地區。我大概在那裡待了八年，期間曾短暫前往壘峰跟桑天．嘉措相聚。最後，我擔任父親的尼兒巴（nyerpa，即管家）一整年時間，一直到升為佛壇主事，並負責製作所有食子為止⑪。我能在這方面成為父親的得力助手，都是因為祖母貢秋．巴炯曾教我如何製作《新伏藏》裡的食子。

有時候，我會到拉恰寺找桑拿叔叔。在我十五歲左右時，他來德千林住。桑拿叔叔教我怎麼做《新伏藏》法中的儀式，包括唱誦文的曲調、手印、哪段經文該安插在哪裡、在特定儀軌中該如何跳段銜接，以及其他這類的事情。

德千林的生活恬靜宜人，山坡上滿布巨大的檜柏，我也還記得，那裡經常都是晴空萬里且陽光普照。不過，後來在文化大革命期間，所有的樹木都被砍掉了⑫。

山頂上走路不遠的地方，有一尊約三層樓高的無量光佛（Buddha of Boundless Light）像。第一世措尼的上師確賈．多傑（Chögyal Dorje）是秋吉．林巴那時代的人，他在山上四個方位都留下了顯著的腳印。

幾世紀以來，德千林已經年久失修，後來有位給恰寺院的喇嘛將其重新修復。我父親就在這個隱修處定居了下來，並在此閉關多年，直到他離開他的身軀為止，那已經是大約二十年後的事了。

我父親一直都住在那裡，只有一次因為要事而離開，也就是前往慈克寺參加他母親貢秋．巴炯的荼毘大典。而在回來途中，他也曾短暫造訪了幾個地方，除此之外，他全部時間都待在德千林。當他住在那裡時，隱修處才被稱為「德千林」，即「大樂的聖殿」之意。

我父親關房的正下方，有一座隸屬於給恰寺院的小尼院。我父親待在隱修處二十年期間，尼師的人數由六位增加到大約一百位左右。當我父親住在那裡時，尼師們雖然過著窮困的生活，但都非常積極地修持。我父親過世之後，全部尼師同心協力建了一座美輪美奐的寺廟大殿，取代原先不合用的寺廟。然而，儘管寺廟蓋得極為精緻，最後仍被共產黨夷為平地。但我最小的兒子告訴我，這座寺廟已經又重建了，也再次聚集了八十至九十名尼師⑬。

堅毅專修的尼師行者

我記得有些卓越的修行人住在德千林四周，他們除了訓練自己安住於心的自性狀態外，其他事都不做；他們穿著簡單的羊皮大衣，幾乎只吃糌粑粉，偶爾才吃一片肉乾；他們坐在鋪著羊皮的木板上，前面擺著一張小桌子，桌子底下除了放糌粑的袋子外，就是一只杯子

往德千林路上所見的倉薩景觀

了。下定決心修法的人，似乎不需要很多東西。

其中有位住在簡陋小棚舍裡，身無長物的尼師，她原先是我父親的弟子。當她還非常年輕時，就曾一路徒步走到岡仁波齊峰再走回來。我認識她本人，深受她的簡樸所鼓舞。她是在佛堂裡，幾乎不會有人注意到她的那種人，因為她通常坐在門邊最矮的位子上，而且一逕低著頭。

她卻極為不同凡響，每天做五百次大禮拜。不知何時，她要求將她的門用泥塊與石頭封起來，在囊謙我們稱這為「封關」，只留下大小僅足以將餐點與日用品送進去的開口。她就這樣待了一年時間，才把門打開。而每隔一年，她就會做一年這樣的閉關。

平常，她不跟任何人說話，你只能聽到她輕柔低語著清晰且悅耳的咒語。有一次，涅瓊的秋林路過此地，在她棚舍外稍做停留，並將頭靠在門上。他想要確認她是否只是一位堅持不懈，卻資質愚鈍的修行人。

他敲門並問道：「你在裡面做什麼？跟隻小土撥鼠一樣在冬眠嗎？試圖長時間靜坐，並在了無生氣的寂靜中休憩嗎？」

「並非如此。」她平靜地答道：「我延續心的本來狀態，只是安住於不造作的自性中。此心是空，而本身為空的空性不需要我做任何事。」

當她解釋了自己的修持後，涅瓊的秋林瞭解他不需要再教導她任何東西了。

涅瓊的秋林後來告訴我這則故事，並談道：「她是我所見過最令人印象深刻的老尼師；她有的只是最基本的必須品，以及非常棒的修行！」

她一生都在那裡度過，由許多不同的人護持她的生活。當共產黨來的時候，她已經垂垂老矣，也拒絕離開那裡。她說：「我確定他們會給我苦頭吃，但那又怎樣？我可以承受。」

當她往生時，仍是個尼師。這位年邁的女士彰顯了意志堅決的修行人典範——不過，那裡大多數的尼師都具有超群絕倫的毅力。

◎

我記得自己小時候有三個主要的志向：想住在洞穴裡的強烈欲望、練習禪坐、偶爾當個假半仙。

當我還很年幼的時候，就對兩位大師懷著深切的信心，一位是密勒日巴，另一位是龍欽巴，我對他們的虔誠心常常會凌駕其他情緒之上。有時候，當地人依傳統方式到我這裡來，要求我為他們加持時，我會說：「願密勒日巴看顧你。」或「願龍欽巴保護你。」甚至當我向父母與桑天．嘉措道晚安時，也會這麼說。

由於這兩位馳名大師的一生都花了相當長時間待在洞穴裡，所以當我六或七歲的時候，就急切且認真地想要住在洞穴裡。我會詢問所遇見的每個人，看他們是否知道哪裡可以找到洞穴，然後我就會將它們搜尋出來。也因此，我熟悉了這地區所有的洞穴，我最大的願望就是搬進其中一個洞穴，並致力於靈修。

不管照顧我的人誰，我也非常喜歡和此人在鄉間搭起小帳篷，然後整天在山丘上露營。我們會以營地為基地，長途步行找出該地區的每個山洞；每當找到一個洞穴時，我們就會很開心地坐在那裡，一一闡述住在洞穴裡的美德。我尤其記得聳立於我們倉薩家上方的峭壁上，有個小而有趣的洞穴。我偶爾會走上那裡，並模仿禪修中隱士的姿勢，假裝打坐。我也會練習從不同喇嘛那兒聽到的禪修指引。

隱修山洞的神奇

後來，一處位在我父親隱修處上方的洞穴吸引了我的注意。說來真的很有趣，從下方無法進入那個洞穴，唯一進到裡面的方法是拉著繩索，沿著峭壁從上方降下來，看起來是一項非常艱鉅的任務。陡峭的崖壁上有個突起的岩塊，上面有棵大樹，我以前會爬到樹上，尋找進入洞穴的通道。儘管我如此殷切盼望，但我卻從未進入過那個洞穴。

壘峰也有一個洞穴，就位在山淵邊緣。好幾個世代以前，人們就在堅硬的岩石上錘入鐵環，並鑿出立腳點，然後將繩索繫縛在鐵環上。據說洞穴裡面有許多代表成道者身、語、意的信物。有人告訴我，為了保持完整無缺，當地一位護法已經進入洞穴中，有時還被人看到化身為大蛇模樣，防止竊賊奪取珍寶。所以幾百年來，沒有任何一樣信物遺失過。

聽了這些故事後，我當然得進到洞穴去。我可以從山谷對面看到這個洞穴相當大，不過，卻無法清楚看見任何東西，佛龕似乎被人用石子與泥塊封死了，所以，我想像著假使我們有辦法開鑿它的話，將會發現所有不可思議的東西。

有一天，我問桑天．嘉措我是否能嘗試往下爬到洞穴去。「絕對不行！沒有人能到得了那個洞穴。很久以前，曾經可以讓人進入，不過現在沒辦法了。除非你能像隻鳥那樣飛翔！」他這樣回答我。

儘管如此，當我聽說攀爬山壁最適當的方式，就是用根繩子繫在領隊的腰上，我就號召了一群年輕助手，帶著繩子，要將繩子綁在峭壁頂端一棵大刺柏上。我們一行人，包括我表弟，就是噶美堪布的年輕轉世，以及其他八、九個人一起，管他該死的大蛇，我們計畫要開鑿寶藏，然後將寶物分送給我父母與桑天．嘉措。

我們每個人腰上圍著一根堅固耐用的繩索，然後就邁開步伐出發了。尚未走遠，身後就響起了有人說話的聲音：「喂，你們幾個年輕喇嘛！要去哪裡啊？」是我姑姑札西．吉美（Tashi Chimey）。

「我們只是到那邊走走。」我說。

「既然如此，幹嘛要這麼多人？」她盤問道。

「沒什麼大不了的，我們只是散個步而已。」我說。

儘管如此，她肯定還是放心不下，因為她去找桑天．嘉措，而他就跟在我們後面出現了。他所需要做的就是板起臉孔，問我們在搞什麼名堂，我們就只好放棄計畫，一哄而散了。

那個洞穴盤據在我心頭好一陣子，因為我希望它能作為我躲開人群的修持去處，裡面的

往拉恰寺的路上眺望壘峰一景

聖物倒不是那麼重要。不過，我從未進入過那處洞穴。我最近聽說了，即使是中國來的入侵者也無法克服那懸崖峭壁令人膽顫心驚的挑戰，因此裡面的神聖雕像並未遭受侵擾。

◎

往壘峰頂端走去，有一處傳聞是蓮花生大士曾經待過的洞穴；它看起來比較像是個凹進去的缺口，上方懸著一塊岩石，空間僅勉強容納得下一個人，旁邊則是自然浮現在懸崖壁上的「金剛上師咒」⑭。我懷著建造洞穴的想法，花了許多心力將石頭疊起來，打算在凹進去的缺口周圍築起一道牆。有位從拉恰寺來的祖古聽說過有種叫「水泥」的東西，他說他知道如何製作，並主動要幫忙。所以，在壘峰吃午餐的時候，我們非常認真地討論了如何進行製作的事情，不過那個計畫卻從來沒有付諸實現。

所以，很不幸地，我這一生終究不曾真正在洞穴裡居住過，因為我所有的時間都被學習給佔滿了。我如此著迷於住在洞穴裡，所以我擔心下輩子我會成為洞穴裡的一條蟲。

明心見性的指導傳承

除了渴望洞穴之外，我也喜愛扮演「禪修者」的角色。我父親與桑天．嘉措時常教導大人們如何禪修，而我有許多機會坐在裡面聽講。至少我的耳朵有出席，因為當時我還是個孩子，所以我不會假裝我瞭解他們所說的全部內容。但是，年幼且勤奮好學的我，聽到了關於「心性」能被認出，並可訓練自己安住其中的事情，也聽到了關於安靜地坐著、什麼事都不做之類的事，所以我試在德千林周圍的山坡上模仿「禪坐」。

我也聽到了「森崔」（semtri）這個字眼，意思是「明心見性的指導」。我懷著極大的熱忱運用這個字眼，且因為生性愛說話，我纏著前來的每位喇嘛，強迫他們給我「明心見性的指導」。我不記得在我年幼時期他們說了些什麼，不過當我逐漸年長後，我開始留意他們的言談與涵意。

顯然，將心性指出來向來有其必要性，因為即使是轉世祖古，似乎也無法藉由一己之力了知心性。有些人認為噶瑪巴不需要直指心性的教授，而能自己認出心性。但是，第十六世噶瑪巴懷著深切的敬意告訴我，當他從偉大的八蚌錫度領受心意傳承時，他對這位上師的虔誠心極為深摯懇切。所以心性的傳承絕對是至關緊要的，一定要有人將它展露出來。

在大師們的生平故事中，你常會發現，當他們初次領受直指心性教授，並認出心性時，他們經驗到的覺醒，已完全去除概念性想法的障蔽，因而揭示出一種如虛空般廣闊開放的狀態。然而，身為一介凡夫，我完全沒有任何類似的經驗。我擁有的，並非一種令人驚奇或超凡入聖的體驗，反而比較像是一種非常單純而且率真的感受。我從來沒有經驗到類似一大口吞下虛空般，撼動人心的感受。

我錯失的不只是殊勝的禪坐經驗，我也從未有過任何獨特的淨觀經驗，或收到任何關於未來的驚天動地式預言，或許是因為我的感覺遲鈍得像顆石頭似的。事實上，我從來沒有任何了不起的經驗。儘管如此，我從很小的時候開始，就喜歡裝出一副禪修者的模樣，而且就如我之前提過的，我對龍欽巴與密勒日巴生起了自然的虔信。

我長大後，桑天．嘉措成為我主要的禪修老師。儘管他非常清楚我是個年幼的孩子，很可能無法理解所有的教授，但他卻毫無保留地全部教授。當他釐清主要教授細節時，我大約十一歲左右。

在那之前，我主要是依循自己覺得正確的方式禪修。當我還是個孩童時，我會到鄰近的洞穴「禪坐」。不過，當時我所經驗到的禪修狀態，與我目前的修持似乎是一模一樣——別問我為什麼會這樣。我必定從過去幾世帶來了讓自己處於自性狀態的習性。然而在早年歲月中，我並不那麼清楚那是什麼，直到桑天．嘉措逐步教導我有關自性狀態的確實性。在那之前，禪修對我來說都比較是自然而然的經驗，不過，跟著桑天．嘉措修習之後，我就可以一個接著一個問題問他，而我發現，他所解釋的，跟我孩童時所經驗到的一模一樣。

我沒有什麼可吹噓的了悟，因此我所說的清明體驗和個人信心的表露比較有關。我從孩童時期就有的信心與虔誠心，是非常自然而然的，並非由任何人加諸在我身上。因為虔誠心，我也對世俗目標生起了徒勞無益的強烈感受。唯一有意義的事，就是當個堅忍不拔的男子漢——跟我心目中的英雄密勒日巴與龍欽巴一樣堅忍不拔。

當我回顧自己的一生時，我覺得自己似乎並沒有非常勤奮不懈，我只是日以繼夜地分心於其他事務，讓生命就這樣流逝。

膽量與識見

我十二歲的時候，從樓梯上掉下來，摔斷了右手臂。大約一年之後，又從馬背上掉下來，摔斷了左手臂。第一次摔下來時，骨頭出現了問題，所以一路從拉恰寺請來了一位老醫師。問題是骨頭脫臼，需要整復，但老醫生心腸太軟，不忍心造成一個孩子劇烈的疼痛；他就是無法說服自己這麼做。我開始數落他不尊重我的膽量，把我當作區區一個孩子對待。「我可是那個終其一生都必須帶著一隻伸不直的手臂過日子的人！」我爭辯著說：「所以，用力推拿一下，把它弄好。」最後，老醫生終於給予必要的推拿，然後以康巴人方式，用一塊夾板固定住。

這次的情況還不像第一年那麼糟，那次我的骨頭刺穿了皮肉。意外發生在路途遙遠的山上，我花了半天時間才下山來。必須再請醫生來才行，而且我們必須在一位以前幫牛隻整復斷腿的男子，與一位一直是第十五世噶瑪巴弟子的怪老頭醫生之間作選擇。那位年邁的醫生被請了過來，不過當他靠近我們住處時，他的馬兒卻受到了驚嚇，把他從馬背上甩了下來。他的傷勢相當嚴重，大家都以為他死了。大約傍晚，當我總算返抵家門的時候，我撞見了兩名男子扛著那位受傷的醫生。

那位老治療師試圖指導他兩位助手整復我的手臂，但他們卻沒有那麼勇敢。我必須再次插手。「等一下，」我跟他們說：「你們兩個沒有人會感到疼痛！但假使你們不動手的話，我就將會是那個帶著殘廢的手臂四處走動的人。所以就照辦吧！」

「拉它！拉它」老醫生大喊道。

我也說話了：「你們以為保護我免於疼痛就是仁慈嗎？我覺得你們很殘忍！你們兩個沒用的傢伙！」

我開始將自己的手臂拉回原位，但我做得不對，骨頭以一種可笑的角度卡在外頭。最後，他們出於憐憫之心，接手把骨頭拉直，然後包紮了傷口，但包紮得不怎麼好，我帶著難以忍受的疼痛臥病在床兩個月。躺在床上，我能看見鳥兒從窗前飛過。我時常想著，牠們能夠飛翔必定非常快樂，因此，但願自己生為一隻鳥兒；見到了小綿羊與小山羊，我覺得牠們多麼幸運，可以這麼健康，而不像我這樣臥病在床。疼痛日以繼夜，甚至痛到讓我無法入睡。很長一段時間，我甚至無法將那隻手臂抬起來，不過，後來逐漸復原了。

至少，我早年的時候還有些膽量。

半仙生涯

現在說到我為時短暫的「半仙」生涯。我第一次到給恰寺時，大約五歲左右。那段時間，就在黃昏過後，我能夠「看見」東西，彷彿在夢中一樣。有時候，我甚至相信我淨觀到了釋迦牟尼佛。也許只是光線所引發的錯覺，不過我很樂於利用這些事件沾到好處。

尼師們懷著極大的敬意對待這位小冒充者。有時候她們會問：「我們正在修什麼法？」而因為我的「淨觀」，所以我能告訴她們特定本尊與護法的名字。當答案正確的時候，她們都目瞪口呆，並在我面前頂禮。

因此，尼師們開始把我當成珍寶般對待，我甚至成功愚弄了住在住持寢室附近的首席尼師。有人僅僅因為有點神通力，或作過幾個清明的夢境，卻還不具有實質內涵引導別人時，就佔人家便宜，你除了稱呼他為「半仙」之外，還能稱他什麼呢？

我以見到尼師們吃驚地睜大眼睛，以及虔誠的模樣為樂。當我年紀漸長之後，這種神通力慢慢消失了。儘管我的假半仙生涯並沒有持續很久，不過還蠻成功的。

所以，當人們談論到神通力與神幻力時，我並不會感到驚奇。事實上，我真的感到有些不信任。

◎

當我更大一點時，有段時間又當起了假半仙。我搬去德千林跟父親住在一起之後，他很仁慈地教導我，而我也開始瞭解典籍的內容。我父親時常坐在戶外一棵大樹下的大塊圓石上，利用密勒日巴的道歌來教導我，每次半小時。他教我很多曲調，我變得非常喜愛它們。我父親有兩種唱那些道歌的截然不同方式，我至今也仍然清晰地記得它們。

有一回，當我回到給恰寺時，那裡的尼師們不知道我已將那些道歌牢記在心了。我記得，有一次我坐在一個小洞穴裡，把自己裹在一張白色的旗幟裡，讓自己看起來像密勒日巴一樣，並唱道歌給四十到五十位尼師們聽。你應該看看她們的模樣——她們著實驚歎不已！我沉浸在她們的虔誠心之中。我當時仍是個年幼的孩子，當我去解尿時，她們有時會將它收集起來，用手捧著喝下去，把我想成是密勒日巴本人。

①…另一位涅瓊・秋林由宗薩・欽哲認證，他是烏金・多傑仁波切與吉噶・康楚的父親。〔祖古・烏金仁波切說明〕

②…查嘎住在尼泊爾，晚年時，她成為一名尼師，鼓舞著每位見到她的人。我們在二〇〇三年遇見了最年幼的妹妹，她是位非常討人喜愛的老婦，卻曾經在共產黨手中吃過不少苦頭。她的丈夫原是距拉恰寺院騎馬一天路程的達那寺喇嘛，卻被處決了。在那之後，她與年幼的女兒跟游牧民一起住了許多年。遍吉的女兒仍住在康區的結古鎮（Jekundo）。他兒子一家，包括好幾位轉世祖古，已經重建了倉薩家族的拉朗寺（Lhalam Gön）。昆果・卡桑仍然活著，在尼泊爾涅董歐色林（Ngedön Ösel Ling）寺隱居。〔英文口述紀錄者馬西亞・賓德・舒密特、艾瑞克・貝瑪・昆桑說明〕

③…「耶喜・措嘉生命之湖」又稱「措嘉・拉措」（Tsogyal Lhatso），坐落在距離桑耶二十公里處的札達。〔英文口述紀錄者艾瑞克・貝瑪・昆桑說明〕

④…這種寫實像（ngadrama），或稱肖像，是一種非常小型，稱作咕如・措吉・多傑（Guru Tsokye Dorje）的雕像，是由釀惹・尼瑪・歐色所掘出的伏藏寶物。〔祖古・烏金仁波切說明〕

⑤…這是竹千傳承的第十位轉世米龐・確吉・旺波（Mipham Chokyi Wangpo, 1884~1930），他的寺院是竹・桑納確林寺（Druk Sang-Ngak Chöling）。〔英文口述紀錄者艾瑞克・貝瑪・昆桑說明〕

⑥…這包括了應圖旺仁波切（Tubwang Rinpoche），即喇嘛天津・多傑的兄弟之請求而給予的《圖珠巴切昆色》完整傳承。仲翁寺有三名主要喇嘛。岡波・祖古（Gampo Tulku）是岡波巴的轉世，駐錫地在岡波巴原來的道場，這位祖古也參加了這次傳承。他對秋吉・林巴的《新伏藏》懷著深摯的讚賞，儘管無法領受全部教法，他想，至少要領受到桑天・嘉措所給的《圖珠》灌頂。〔祖古・烏金仁波切說明〕

⑦…第七世噶瑪巴確札・蔣措（Chödrak Gyamtso, 1454~1506）。〔英文口述紀錄者艾瑞克・貝瑪・昆桑說明〕

⑧…「不應得的收入」（kor，叩）指的是信徒出於信心，為了生者或亡者利益而供養給僧團或個別喇嘛的實體物品，當它們被用於他途，而非原本目的時，會導致可怕的業果。〔英文口述紀錄者艾瑞克・貝瑪・昆桑說明〕

⑨…阿邦仁千邦巴（Abum Rinchen Pungpa），或稱阿邦山（Mount Abum），距離囊謙的夏達（Sharda）大約需要八小時在黃土路上的車程。〔英文口述紀錄者艾瑞克・貝瑪・昆桑說明〕

⑩…「自然浮現的種子字」的神奇現象，在全西藏與喜馬拉雅山區石壁上都可以發現。一個字母或本尊的形象出現在石面上，經年累月變得愈來愈清晰。〔英文口述紀錄者艾瑞克・貝瑪・昆桑說明〕

⑪…身為一名「尼兒巴」，祖古・烏金仁波切負責管理他父親的事務，包括俗世與宗教儀式兩方面。〔英文口述紀錄者艾瑞克・貝瑪・昆桑說明〕

⑫…二〇〇三年造訪這座尼院時，它已再次成為女性修行人的聚集處，我們也見到檜柏已經又長回來了。現在已有規定，所有這些美麗的樹木、任何樹枝都不准砍伐，儘管也許能收集針葉來做法會點香的材料。〔英文口述紀錄者馬西亞・賓德・舒密特說明〕

⑬…確實是由住在那裡的尼師們重建得美輪美奐！德千林朝南面向美麗的山谷，陽光、水、綠樹豐足。當我們造訪該地時，那裡有卅二名尼師進行長期閉關，其中十二名是進行終生閉關。〔英文口述紀錄者馬西亞・賓德・舒密特說明〕

⑭…金剛上師咒為：「嗡啊吽瓦札咕如貝瑪悉地吽」（OM AH HUNG VAJRA GURU PADMA SIDDHI HUNG）。〔英文口述紀錄者艾瑞克・貝瑪・昆桑說明〕譯按：金剛上師咒也稱「蓮師心咒」，有時也唸為「嗡啊吽班雜咕如貝瑪悉地吽」。

第2章

瑜伽女的尼院

給恰寺的創辦者藏揚．蔣措，在我孩提時期待在那裡之前，就已經圓寂很久了。藏揚．蔣措出生於當地一戶舉足輕重的人家，有錢、有勢，也頗為傲慢。年輕時候，他愛好打獵。當時，步槍一次只能射發一顆子彈。有一天，他在山谷裡見到了一群鹿，並瞄準射中了一頭小鹿。小鹿的母親轉身面向他，發出了一聲乞求的哭號，並繼續護衛著其餘的鹿隻。

當母鹿站在那裡，眼睛直視著他時，藏揚開始轉念一想：「噢！不！牠知道我會殺了牠，但牠為了解救小鹿，仍徘徊在那裡不走。我是個真正的兇手！」

當他沉思著心頭所湧現的極度自我憎惡感時，就把步槍往地上一丟，並拿起一塊大石頭將之砸爛。接著，他扔掉刀子與匕首，並且放開他的馬與犛牛，放牠們自由。在沿途一位村民家中，藏揚告訴屋主他將馬匹留在何處，並告知屋主可以擁有這匹馬。

然後，他步行出發，心裡只有一個念頭：「我必須見喇嘛措尼！」

擁有眾多女性禪修者的尼院給恰寺

當時，第一世措尼為囊謙皇宮主要寺廟的喇嘛。那天早上，措尼已經告訴侍者：「今天也許會有位男子來見我，他抵達時通知我一聲！」

到了用餐時間，措尼問道：「有任何人來了嗎？」侍者回覆道：「沒有什麼特別的人，只有一個精疲力竭、煩躁不安的傢伙，我給了他一些食物和一處休息的地方。沒有重要的人來，只有他而已。」

「就是他了！」措尼驚叫道：「我告訴過你要馬上通知我，立刻把他帶來這裡。」

他們一見面，藏揚．蔣措即刻說道：「我已經完全放棄了此生的追求，現在我唯一的目標就是發自內心深處修持神聖的佛法。請讓我做您的弟子。」

「很好，」措尼答覆道：「倘若那是你真正想要的東西，你就必須從頭開始。你在閉關的時候必須遵照我的指示，我才會教導你。」

藏揚．蔣措隨後就到山坡上的一間小茅屋。小茅屋還在那裡，我親眼看過。不久之後，措尼叫他待在那間茅屋裡，三年後才能回來。藏揚心甘情願地接受了，崇高的人在三年內進步得比任何人還要快。話說三年之後，藏揚已經獲致了非常高深的了悟①。

措尼本身是伏藏寶藏的主要發掘者之一熱他納・林巴（Ratna Lingpa）的轉世②，我則被認證為第一世措尼的弟子確旺・祖古的轉世。

在措尼的指導下，藏揚・蔣措成了一名卓越的修行人，極為大膽而無畏。譬如，他曾經旅行到康區低地去造訪欽哲與康楚兩人。一見到康楚，他便堅持要得到整套他所聽說，康楚即將付梓的絕妙新聖典選集。憑著過人的堅強意志，藏揚・蔣措成為第一位從康楚本人領受到《伏藏珍寶》付梓版本的喇嘛。

藏揚・蔣措成為一位傑出的上師，並擁有五百到六百名顯現成就徵兆的弟子。這些弟子各自又有多得數不清的弟子，能以不計其數的方式利益眾生，我就親身遇見過他們之中的許多人。

興建尼院，以利眾生

有一天，措尼告訴藏揚：「你利益眾生的特長在於興建尼院。女性修行人經常不受重視，所以她們比較難找到合適的指引與教導。因此，與其看顧一群僧侶，你反倒應該照顧尼師們，那是你的任務。」

藏揚遵照措尼的指示，蓋了兩座主要的尼院，其中一座擁有十三處閉關中心。他所利益的眾生變得比他上師還要廣泛。大部分的尼師都修持熱他納．林巴所發掘出的伏藏法，包括馬頭明王（Hayagriva）以及寂靜尊與忿怒尊。每座閉關中心都各自專注這些伏藏法中的一種系統。

藏揚．蔣措對於大型尼師社群應該要怎麼過活，有著他自己的看法，「當然，有個優渥的寺院是很棒的，不過，我同情那些被信徒出於虔信而捐贈的供養品養得肥肥胖胖，死後直接墮入下三道，永無翻身之日的僧侶與尼師。老實說，那有什麼好處呢？另一方面，禪修並不需要吃美味的食物。如果每位尼師的家人能夠各自供給她們，讓她們依此費用過活，這樣會好得多，事情也比較單純。」

「直接贈與尼院的供養品，我們會替大家整體保管，用在每年度邀請祖古以及喇嘛們參與的竺千法會上。否則，依捐贈寺院的供養品維生的人，肯定將被囚禁於下三道中。假使一個人最初是帶著解脫與悟道的目標興建寺院與尼院，但最後卻變成把獻給三寶的供養吃掉了，我覺得那毫無意義。」

藏揚堅持他的看法，把所有捐贈給尼院的供養品全都用在每年度的法會上。每年其餘的日子，尼師們必須依靠從家裡得到的東西，以及季節性的托缽化緣過活。這樣的規畫實際上運作得很好，依這種方式相當容易取得足夠的糧食。在每個閉關中心，生火的燃油都由主要寺院提供，而尼師們也一直都可以從閉關中心的銅製大鍋裡取得熱水。但尼師們須以小團體為單位，烹煮自己的晚餐湯品。

給恰寺主要的大寺院有卅六座相關的尼院，這些尼院當中，有些一座就有多達四百或五百名尼師，即使最小的尼院也有大約七十名尼師。山谷的另一頭，是一座屬於男性托登（tokden）禪修者的「貢巴」（gompa）；「托登」字面上的意思是「了悟者」，就是那些將頭髮綑綁在頭頂上的修行人，他們之中有許多人的了悟程度相當高。不過我也注意到，他們之中有些人藉著擺出自以為是的架子，以掩飾缺乏證悟的事實。

長坐不臥

從山谷往下看，你至少可以看到二十座大型的舍利佛塔。這整座山谷獨一無二，但只有當偉大的上師路過此地時，你才會瞭解它究竟有多麼獨特。在那時候，你眼睛所及之處，都將是一片紅袍之海的景觀。這座山谷變得眾所矚目的另一個時刻，就是尼師們每年一度掛上她們數以千計的經幡時；當經幡掛好之後，風一吹，整座山似乎也生動活潑了起來。

給恰寺主要的大寺院被分成兩個區域：高處的部分是作為全天閉關之用，禁止訪客進入；低處的部分，就沒有那麼嚴格的規定了。收穫季節期間，尼師們會去化緣，然後帶著糧食回來與其他人分享。靠近主要寺院附近，有十三座閉關中心，每一座都以尼師修持的特定本尊壇城命名；每座中心都住了二十或三十位尼師。

尼師宿舍的屋頂上有幾個洞口，可以讓一些光線透進來，但並沒有真正的窗戶。令人吃驚的是，只須少許的光線就能看得相當清楚，即使天空烏雲密佈也一樣。下雨的話，就用屋頂上簡陋的木板蓋住洞口，但仍會有幾滴雨水滲進來。我不會說這是最舒適的住處。

每個禪修箱裡面的桌子下方，尼師們都會存放一袋袋的糌粑粉與一片片的肉乾，以作為茶與湯的補充品。其中一位較年輕的尼師會為其他人服務。尼師們需要的東西不多，只要糌粑、牛油、一些肉乾，以及一些乾酪補給品就夠了。雖然是簡便的食物，卻足以讓她們賴以維生了。

首席喇嘛規定，外頭不能大聲喧嘩。尼師們可以彼此輕聲交談，不過，假如要呼喚某個人，卻不能用喊叫的方式，必須拍自己的手掌，然後向那個人揮手示意。所以，即使有那麼多尼師住在山坡上，我總覺得那裡全然一片寂靜。

坐在禪修箱裡的給恰寺尼師

每位尼師會坐在只比自己大一點，大約一立方公尺的小箱子裡；箱子沿著牆壁排放，中間留下空間，所以一般房間可以住大約十六名尼師。課程從白天一直修持到晚上。一進到修行中心，尼師就會在箱子裡一塊塞得飽滿的墊子上坐下來，此後，就絕對不能躺下來，連睡覺都不行！

我造訪過這些房間，平均大小就跟我在納吉的小寢室一樣。每間房間裡都有一張供桌，上面放著代表身、語、意的聖物；一至兩位資深的尼師會注意日程表的時間，凌晨破曉之前，就會敲鑼。房間中央有個小火爐可以讓茶壺保溫，偶爾還有湯。這類閉關沒有固定的時限，但許多尼師終生都會待在那裡。尼師們簡樸的修持方式讓我印象極為深刻，我覺得那是度過一生的一種有意義方式。

ஜ

尼師的閉關方式稱之為「珠札」（drubdra），即著重在本尊修持與咒語持誦的「儀軌修持閉關」。此外，還有一種密集的團體修持方式，稱之為「貢札」（gomdra），即禪修閉關③。禪修閉關期間，人們通常坐在外面，這並非從早到晚持續不斷地禪修，而是將一天分為幾個時段。有一次，慈克寺的秋林受邀到位在德格附近著名的竹千寺，那裡有個這樣的禪修閉關。我父親吉美．多傑以慈克．秋林侍者的身分跟著一起去。

在那個貢札裡，大約有六十位禪修者，大家都在外頭修持；五或六個人背打得挺直，成排地坐著。在他們頭部前後，也就是恰好在頸步下方的高度，會有一縷縷細線懸在兩根桿子之間。在禪坐時段，他們的身體連移動一吋都不行。他們的心應當安住於無二覺性的狀態中。如果禪修者睡著了，他們的頭不管往前或往後移動，細線都會斷掉。這時候，閉關戒律師就會過來訓斥他們：「喂，你把線弄斷了！」

禪修者的眼睛也不可以眨動。對初學者而言，很難不眨眼睛，不過，到了最後，他們就能安坐而不眨動眼皮。為了確認禪修者真的做到這樣，戒律師有時會在他們的眼皮下方放一些紅色的辛度羅粉。任何人只要一眨眼睛，就會有紅色粉末沾在睫毛上，這就是他們眨過眼睛的證據。

成就拙火內熱

我年紀稍長之後，當我父親受邀教導精熟瑜伽的兩百名尼師團時，我會跟著他一起回到給恰寺。每當他在那裡給予教授時，一到晚上，他的房間裡總是擠滿了五十位或更多提出其他疑問的尼師。

這些尼師中，有許多人展現出成就的徵示，例如拙火的內熱。每年一度，在藏曆第十二個月滿月那天，有個稱之為「濕被單」的特殊盛會，尼師們會展現對內熱拙火修持的純熟功夫；倉薩每年的這個時候，天氣都冷到濕被單從大鍋子裡取出後，就立即結冰。儘管氣候嚴寒澈骨，許多當地人仍會來見證此盛會，而且常帶著他們的孩子一起來。

尼師們罩著大被單，被單底下的身上除了短褲之外，全身赤裸。我不記得她們有沒有穿靴子，她們可能是光著腳。那些沒有拙火經驗的人，覺得天氣寒冷到幾乎無法忍受；隨著夜色漸深，雙腿僵直、腳趾結凍。對普通人來說，幾乎不可能只穿著短褲走上幾步路，更何況身上還罩著濕被單。

尼師們在午夜時分開始唱起祈請文的優美曲調，同時沿著覆蓋山坡的寺院建築步行整整一圈，那可是距離相當遙遠的一段路程。罩著被單的尼師們在歌唱中緩步慢行，當持續繞行直到拂曉來臨時，她們會一邊唱著歌，一邊請求措尼、藏揚，以及其他傳承上師的加持。她們從午夜開始行動，最初被單並沒有浸濕，尼師們只是一邊修持拙火，一邊步行。

當夜晚過了一半，她們的被單被大鍋子裡的水輕微弄濕了，而你可以開始看到從她們拙火內熱所生起的一股水氣；接著，把被單浸泡在大鍋裡久一點，讓它們完全浸濕的時刻來臨了。有時候，成排尼師們所造成的水氣，看起來就像一團飄往山下的薄霧。當我們所有人站在那裡，冷得全身打顫時，卻看到她們身上一顆顆的汗珠。我好幾次親眼見到這樣的情況。大約有八百名左右的尼師參與其中，其中約有兩百位對拙火有某種程度的掌控，只有這些尼師才會將被單浸泡在水鍋裡④。

觀看這樣的行進隊伍極為激勵人心，也讓人為之動容，而我從沒聽說在西藏或康區其他地方有這麼大規模的盛事發生。那些尼師真的令人印象深刻！往生之時，她們大多數都安住在三摩地之中，有些甚至在骨灰中留下了舍利子。

我覺得這是一則人人絕對都該聽到的故事。

①……藏揚・蔣措的「化身基礎」應當是蓮花生大士廿五大弟子之一的嘉華・秋揚（Gyalwa Cho-Yang）。〔祖古・烏金仁波切說明〕

②……措尼取得了好幾部心意伏藏，其中有一部與秋吉・林巴一部講到證悟上師法身面的伏藏非常相近。當秋吉・林巴見到它時，戲謔地跟措尼說：「你偷了我的伏藏！」說完哈哈大笑。第一世措尼是位具有那種能力的大師。〔祖古・烏金仁波切說明〕

③……這與「珠札」或「儀軌修持閉關」不同。進入「貢札」禪修閉關之前，行者通常都已經歷一次或多次涵蓋了前行、本尊法、內瑜伽的「儀軌修持閉關」。此時的修持將針對大手印四瑜伽的單純訓練，或針對立斷（Trekchö）與頓超（Tögal）。〔英文口述紀錄者艾瑞克・貝瑪・昆桑說明〕

④……二〇〇三年，馬西亞（Marcia）和我被告知住在給恰寺的尼師們，有三分之一能達到這樣的成就。〔英文口述紀錄者艾瑞克・貝瑪・昆桑說明〕

第3章

我領受的第一部教法

當我還是個孩童的時候，就領受到我第一次正式的法教；那是由噶瑪．林巴（Karma Lingpa）發掘出來的寂靜尊與忿怒尊法門，是一部我一直渴望領受的教法。我常吵著要這部教法，最後，當一位給恰寺的喇嘛請法的時候，我終於從我父親那兒領受到了。

當灌頂只是要延期一天，我就顯得非常沮喪，後來有人告訴我，我看起來極為不高興。當灌頂總算開始的時候，我熱切地參與，當大家站起來要得到法器加持時，我甚至用西藏人傳統推擠碰撞的方式跟大家爭先恐後①。

在那之後，當我父親給予灌頂與口訣指導時，我就時常在裡面一起聽講。不過，一直到十五歲以後，我才開始認真記下我領受到的教法。我開始學習大部頭經典選集的課程，首先是我父親在德千林給予的《甘珠爾》口傳，這是釋迦牟尼佛法教的紀錄總集，我們敬稱為《世尊的偉大譯言》（*Great Translated Words of the Victorious One*）。

之後不久，我弟弟天嘎邀請了大師穹楚仁波切（Kyungtrul Rinpoche）到我們家的寺院來給予《口傳伏藏》（*Treasury of Oral Instructions*）的教授。這可不是小規模的聚會，許多祖古與喇嘛都出席了這次一連持續了三個月的教授。在這期間，另一位大師給予了第一世康楚的作品集要，以及《知識寶藏》（*Treasury of Knowledge*）的口傳②。

在德千林的年度普巴金剛（Kilaya）法會裡，我學會了唱誦《密要普巴》（*Secret Essence Kilaya*）並牢記於心，直到今天我仍然記得。在德千林的時候，我還參與過普巴金剛（Vajra Kilaya）的年度除魔儀式③。

我哥哥遍吉有一支小普巴杵，據說並非經由人類的手所煅造出來，非常珍貴，因此法會期間被放置在佛龕上。儀式用的普巴杵垂直放置在檯子上，並以長巾包飾著。有一次，長巾不知何故卡在食子用的托盤上，而托盤在除魔法會結束時會被拋擲到外頭。我那位負責將食子扔掉的朋友顯然沒有注意到這點，托盤就這樣被丟到山丘下了。

當我們試著要把小普巴杵找回來時，已經太遲了，剛好有隻大渡鴉啄上啣著長巾飛上天空了。我們都知道那支杵有多麼珍貴，所以一開始連提都不敢提這件事。接下來幾天，我們仍然繼續找尋，直到最後才告訴遍吉。不過，他是位真正的紳士，說道：「沒關係，我們繼續找吧。」

在父親的監督之下，我開始修持傳統的四十萬遍前行法，我也盡了一個孩子最大的努力將它完成。我使用的法本是取出的《圖珠》伏藏系列的一部分。或許我的修法並沒有非常正確，因為當時我大約只有十一歲。

青少年時期，我也經歷了好幾次裝模作樣的嚴格閉關。有兩個月時間，我修了《密要普巴》，對它懷著極大的信心，宣稱它會延長我父親的壽命。我真的這麼相信，還製作了一些驅除長壽障礙的精緻食子，不過，這只是小孩子的遊戲罷了。

◎

我早年待在德千林期間，有一位住在那裡的年邁婦人，她是位古代傳統青草藥方的治療師，擁有一些罕見且秘密的藥方知識，是我應該要學的，但我卻從未學過。事實上那是她的錯。她是個經驗老到的禪修者，卻因為經常來見她的病人而怪罪於醫術。「沒有比治療更糟糕的事了。我是個年老的婦人，幾乎就在死亡邊緣了，但這些生病的人卻從來不讓我清靜一下。」她會沉痛地說：「全都是當醫生的錯。假如我拒絕的話，每個人又都會恨我。當然，這都要怪我自己而不是別人，因為當我有機會選擇的時候，我自認為學習醫術是有益處的。不過，現在一切都太遲了——對一位修行人來說，沒有什麼障礙比當個醫生還大。」

我當時因為年幼，不瞭解她只是佯裝無力同時兼顧禪修者與治療師，所以相信她所說的一切，因此沒有利用機會學習醫方明。我或許不是非常聰明，不過，我覺得自己至少能學到一點關於醫方明的東西。

這位老婦人的醫術極為精湛，治癒了一個又一個病人。我知道只有一個人跟她持有相同的傳承——囊謙一位著名的醫生，但後來死於共產黨之手。這個傳承現在似乎已經絕跡了，我聽說典籍仍然存在，但那是不夠的，藥方與準備藥材的實際經驗必須經由一個人傳給下一個人。

他們傳承的特殊藥方起源於一位名叫天津・拉傑（Tendzin Rabgye）的治療師，他是巴戎噶舉一座古老寺廟中的成就大師。這些藥方與廿一個昆涅諸梵天（genyen）之一有所關連；他們是佛法的守護靈體，當蓮花生大士在西藏時，被迫遵守保護陀佛教法的誓言。

這位居住在克曲河裡的特定護法來到治療師面前，告訴他十八種將折磨未來世代的新疾病。護法給予大師如何治療這些新疾病的指示，並說：「你必須如一支秘密傳承般地持守它們，一次只教導一個人。別糟蹋了它們。」

天津・拉傑將藥方寫下來，並教給他最重要的弟子。不幸的是，康楚並沒有接到藥方，否則他將確保它們廣為流傳地被使用。不幸地，它們就在我家鄉的偏遠山谷裡失傳了。

老婦人告訴我不同藥草生長的特定地點，以及一年當中摘取它們的特定時間。一切都非常精確而且複雜，舉例來說，她知道由九種花混合起來的一帖藥方，能夠治療一種由於水分排不出去，極可能是由腎衰竭而導致腫脹的特定致命疾病；另一帖有廿五種藥材配方的精確比例，能非常有效地在幾天之內治癒癬瘡與潰爛。她的療方中，還包括了用一塊溫熱的金屬碰觸身體的特定點。

倘若這些藥方所能治療的十八種痼疾之一是癌症的話，我也不會感到驚訝。其實我相當確定事實就是如此，因為癌症是我們這個時代比較新的疾病之一。儘管典籍仍保存在一位謙人手中，但口授傳承卻至關緊要。

這樣一種傳承已經中斷了，是不是很令人扼腕呢？

①…灌頂中，用來加持人們的法器，可以是寶瓶、食子、聖像、顱骨器（kapala），或其他這類的東西。〔英文口述紀錄者艾瑞克・貝瑪・昆桑說明〕

②…當穹楚仁波切給予《口傳伏藏》（藏文為「當拿左」，Dam-ngak Dzö）教授時，達那寺的喇嘛遍巴（Lama Pemba）則給予第一世康楚作品集要（藏文為「嘉切卡左」，Gyacher Kadzö），以及《知識寶藏》（藏文為「歇嘉左」，Sheja Dzö）教授。〔祖古・烏金仁波切說明〕

③…普巴金剛的年度除魔儀式通常在藏曆新年前舉行，並在第十二個月的第廿九天將主要的食子扔到外頭。儀式的目的是為了驅離可能對佛法與眾生造成傷害的負面力量，而主要的魔，當然是無明與自私的情緒。〔英文口述紀錄者艾瑞克・貝瑪・昆桑說明〕

第4章

一場不尋常的演說

我同父異母的哥哥遍吉理應是個轉世祖古，但他不想受到認證。他極為聰慧，我還沒遇到過像他一樣聰穎的人。舉例來說，他一天之內就熟記了《文殊真實名經》（*Chanting the Names of Manjushri*）①。想想看，是不是令人吃驚呢?!他就是那樣的人。毫無疑問地，我對他望而生畏。

假如他去了德格攻讀佛學研究，無庸置疑地，他一定會成為一位偉大的學者，每樣他聽聞的東西，他都能瞭解。可惜的是，他沒有繼續堅持靈修之道。

遍吉非常勇敢，而且領悟力極高，沒有人在任何方面能勝過或支配他。如果你聽了他完整的故事，你會對他生起敬畏之心。讓我們從他世俗的特質開始說起：他極為能言善道，甚至到了可能會讓人誤認為惡魔的地步②。

遍吉的膽識聞名全囊謙，他無所畏懼，也不受任何人威嚇；他長得既高大且肩膀寬闊，你應該看看他騎馬馳騁或騎馬射擊的模樣，他可是個優秀的神槍手。我覺得他具有一位英雄的所有重要特質。

根據傳統，當囊謙國王想迎娶皇后時，門當戶對的姻緣通常就是鄰近德格王國的公主。現任國王結婚的時候，來自這兩個國家各地的賓客都受邀參加婚禮。而依據慣例，雙方都會有人在典禮中站起來，發表一場提及皇族先祖、王國歷史等的出色演說。有一位非常傑出的喇嘛雀屏中選，而他花了三個月時間努力要記住所有歷代國王的名字。

德格皇室家族

遍吉則被指派發表一篇特別的演說，要將皇后的美貌與神聖的綠松石與長壽弓箭做比較。

遍吉被選為這個盛會的講者並非巧合。許多年前在囊謙的一場婚禮上，他發表了令人驚歎的傳統祝酒之辭，因而成為馳名的演講者，也使得「倉薩．遍吉」這個名字傳遍千里。他當時只有十八、十九歲，這回他已經廿八、九歲了。

然而，當遍吉接到請求的時候，他騎了一整天路程來告訴我父親，他不想發表演說。不過，我父親告訴他：「你不能拒絕。你有聰明才智與知識，所以你必須演說；你應當尊重他們選擇你的原因。當別人把希望寄託於你之時，讓他們失望是不對的。」

這個時候，德格國王有四位上師能授與國王灌頂③。這四個職務的持有者已隨著歷史的演進有所改變，不過德格國王向來都應當擁有四位上師。這四個人是德格皇室的上上之選，包括王國貴族、他們家人，以及八十位區首長在內。

第一場典禮是正式向公主提親，囊謙朝廷派出了以遍吉為首，包括六十名官員在內的代表團。我不會告訴你所有人的名字，以免增加你的負擔，不過他們其中一人對遍吉說：「明天你必須發表演說。如果你現在排練一次，會不會比較好？」

「假使我預備將要演說的內容，我就不是個真正的囊謙人。我絕對不會拿這樣做作的內容來讓自己感到困窘。」遍吉回覆道。

不過，他的確有個小筆記，內容是秋吉．林巴的私人秘書貝瑪．耶喜（Pema Yeshe）記下的一些重點，有人碰巧在往德格的路上拿給他的。因為他朋友不斷煩他，所以遍吉真的就在路上從頭到尾細讀了一、兩遍，那就是他把全部內容牢記於心所花的所有準備功夫了。

隔天早上，他們一行人走在國王面前，遍吉已經準備好要讚賞公主一番了，而他朋友在準備了三個月之後，也準備好要讚揚國王、皇室先祖、王國美善之處，以及國民的善巧與足智多謀。至少，那是原本應該要發生的事。

「綠松石與弓箭」的演說

在這個聚會裡，每個人都穿上最高級的錦緞，遍吉也穿了四、五層的錦緞長袍，一層又一層的康巴式穿著，讓他看起來很華麗。在極為廣大的集會堂裡，每個人都被要求坐在高於

八蚌寺的錫度

地面平台的位子，有人端上茶水，接著有人向遍吉示意：該是「綠松石與弓箭」演說開始的時候了。一支結著絲質彩帶的華麗弓箭被拿到遍吉面前，並插進一具盛著米的器皿中。

囊謙的人有點兒不諳世故，由於沒有人負責安置代表團，所以沒有人知道要坐哪兒。許多同伴仍在門邊徘徊，遍吉也在那裡自生自滅。但是，有位中國來的代表甚至在所有囊謙官員入座之前，就打手勢向他示意開始演說，所以遍吉在他所在的位子上站了起來，開始發表演說。

遍吉注意到，偉大的錫度正從升高的法座往下看著他，心頭因而感到為之一顫。遍吉後來說：「啊，那是一位寶相莊嚴的喇嘛！不過，魔咒只持續了一會兒。接著我讓自己鎮定了下來，心裡想：『嗯！不管他是不是八蚌寺偉大的錫度，他仍舊是個血肉之軀的人。我也是個人，所以幹嘛要畏懼他？當我感覺內心生起了勇氣的時候，我對自己曾瞬間失去膽識感到懊惱，然後就開始了演說。』」

其他在場的人後來告訴我，他的演說比他們以前聽過的任何演說都還更意味深長，不但內容精確，而且滔滔不絕。遍吉從世界如何形成，以及第一批眾生如何投生於輪迴開始說起，並極其詳細地陳述了世界如何演變為目前的狀態；接下來他對囊謙與德格在歷史上的關聯也做了一長段的比較，並談到兩國國王如何情同手足，以及德格國王傳承的整個歷史背景。然後，他對囊謙國王的背景也做了相似的說明，並將內容導向兩個家族婚配的當前盛事，也就是大家齊聚在那裡的原因，並將之比擬為方便與智慧的結合，且能利益佛陀教法與所有眾生。

彷彿那樣說還不夠，緊接著他又解釋了一般世俗統治者與佛法國王間的不同，強調兩國的君王是法王（dharmaraja），即宗教統治者，而這使得這場盛會非同凡響。接下來，他直接切入「綠松石與弓箭」的演說。不過，他不只運用了綠松石與弓箭作為隱喻，還擴大涵蓋了位在倫珠廳（Lhundrub Teng），稱之為「俱生圓滿宮」（Palace of Spontaneous Perfection）的德格寺廟大殿整個場景，提到了上方天花板上有著千條輪輻的黃金輪，以及位在各個方位的八吉祥徽記，並以弓箭指向它們，且讓絲質彩帶在空中激昂地飄揚起舞。

不知何時，大家的臉上開始浮現笑容，接著開懷大笑了起來，因為他已經把其他人的演說都一傾而出地說完了。然而，大家都相當開心。這一點至關緊要，因為往昔假若有一方未能得到另一方充分的讚美，就會爆發肢體衝突，甚至是外交衝突。老實說，一面倒的演說可能是一場真槍實彈戰爭開打的起因，這樣的危險總是隱約存在，反而不像是場愉快的婚宴。不過，遍吉的演說面面俱到。

四位上師都給了他一條大的白圍巾，並吟誦出他們的祝福。遍吉再次抬起頭看著偉大的錫度，這次他面帶微笑。

那天下午，主辦人之間有場私下聚會。有人站起來說道：「明天我們應當要繼續發表有關皇室傳承的演說。」

八蚌寺偉大的錫度卻說：「這傢伙已經把每件能說的事都說完了，我們沒有人能發表更精彩、更詳盡的演說了。除非演說能比他今天早上發表的還要精彩，否則我們無法比他更成功。所以，我們就略過明天皇室傳承的演說。」其他人也都同意了。

那就是遍吉最後為何成為唯一講者的原因。他就是那樣的男子漢。

在這之後，聽說有人說了這樣的話：「那是一場如此漫長而詳盡的演說，我無法將它默背在心裡。」

「我想要看看遍吉的提示卡，他一定把它們藏在袖子裡。」另一個人提到說：「我走過去查看了一番，但什麼東西都沒有。」

似乎整則故事還有另一種說法。

後來，我聽到父親說：「從那天一大早開始，我獨自坐在那邊的那棵樹下一整天，持續不斷地觀想我自己是四臂瑪哈嘎拉。在我帶過來的彎刀上，我已經附上了一塊上面寫著遍吉名字的牌子，用來增強他的莊嚴儀態。」

遍吉忠於康巴精神，有需要的話，他向來是隨時準備好騎馬上戰場。

「每個人終須一死，只是時間早晚的問題而已——這是無庸置疑的。」他會這麼說：「一個好兒子也必須是個勇敢的戰士，而一位戰士必須跟敵人作戰來保護他的朋友跟家人。倘若一個人因為這麼做而死的話，就認命吧！這遲早一定會發生的，我並不害怕，也沒有遺憾。」

就跟他說的一樣，儘管他無所畏懼，當共產黨來的時候，遍吉卻被紅軍抓了起來，在監牢裡被殺掉了。

①……《文殊真實名經》，又稱為「Manjushri Nama San-girti」，共有六百詩偈。〔英文口述紀錄者艾瑞克·貝瑪·昆桑說明〕

②……滔滔不絕的流利口才，常被視為由神或惡魔力量所賜予的特殊能力。〔英文口述紀錄者艾瑞克·貝瑪·昆桑說明〕

③……八蚌寺的大錫度、類烏齊寺的貝瑪·利津（Pema Rigdzin）、噶陀寺的星炯（Shingkyong），以及白玉寺（Palyul monastery）的古清（Kuching）。〔祖古·烏金仁波切說明〕

第5章

我的前世

當我聽人說起夏迦・師利的兒子喜・帕秋（Sey Phakchok）①住在一處特定的隱修處時，我必定已經年約十三歲了。喜・帕秋也是我父親的老師之一，而我時常聽到父親以極大的敬意提起他；他是位偉大的上師，就跟他父親一樣。

到了某個時候，我想去那個隱修處的渴望變得非常強烈，讓我幾乎無法安分地坐著，我開始計畫著要離家出走。我想出了各式各樣的花招，但最後，我確定我不可能不告訴父親這件事。我唯一的困難是選定一位值得信賴的知己。當時我仍住在德千林，不過，我最後選了鄰近寺院一位大我兩歲的僧侶。

他說：「我們要離開是非常困難的，而且你父親一定會很不高興。」

「就在我們準備離開的時候，我們會告訴他。」我回答道。

我們打包好，準備要走的那天來臨了，我走到父親面前，告訴他，我就要離開了。他問我打算到哪裡去。

「你常常告訴我夏迦・師利與他神奇的兒子喜・帕秋的偉大之處，所以我想去跟他們待在一塊兒！」

我父親回覆道：「當然，他是位偉大的老師，不過你還太年幼，不能去找他。假使你堅持要去的話，我會替你安排合適的護衛隊，並帶著生活必須品與馱獸。但不是今年，今年絕對不行。」

這番話讓我像瀉了氣的皮球。「不管怎樣，」我父親繼續說道：「你只需要確定事前讓桑天．嘉措知道，他是我哥哥，有最後的決定權。」

然而，第二年過去了，我還是沒有去成，因為桑天．嘉措不久之後就接手了我的教育。在那之前，我已經被認證為確旺．祖古的轉世，他是桑天．嘉措寺院的老喇嘛。

確立轉世

以下是事情發生的經過。第十六世噶瑪巴利培．多傑（Rigpey Dorje）已經以書面確認，我目前的投生就是確旺．祖古心相續的延伸。我不曉得確旺．祖古是個多偉大的喇嘛，不過他在壘峰上待了許多年，為囊謙國王修長壽法儀軌，而這是他與他哥哥，即桑天．嘉措的前世共同分擔的責任。到了某個時候，我被送去和伯父桑天．嘉措待在一起，之後他給了我「確旺．祖古」這個名號，而我也成為我伯父的追隨者。

這意味著要共同分擔寺院與閉關中心的責任。我想我當時大約十七、八歲左右。我身陷那種處境之後，就非常難以脫身，因為桑天．嘉措不像我父親那麼寬大，而是個堅決且不動搖的人，不論他說什麼都必須照辦。

有一次，桑天．嘉措的前世看見自己的弟弟是五位最重要的伏藏師之一咕如．確旺（Guru Chöwang）的轉世。而依據確旺．祖古自己的淨觀，他也是蓮師廿五位弟子之一努布之桑傑．耶喜的化身。就如確旺．祖古所言：「它在我記憶中清晰到栩栩如生的地步，清晰到我絕不會忘記我前世是努布千大師。」

確旺．祖古顯然從年幼之時就已經開始修持了，他們說他是一位達到深奧修持次第的禪修者②。後半生待在壘峰期間，他明智地善用了時間，進展到無作修持的階段；在那個階段裡，他就只是坐著，除了禪坐訓練之外，很少做其他事情。我聽曾經見過他的人說，他身材頗為福態，長長的髮辮盤繞在他大大的頭上。

《伏藏珍寶》正在彙編的時候，確旺．祖古還活在人世，所以一聽到這部教法寶藏，他深切地渴望要領受到它。最後，他終於從噶美堪布的弟子之一，同時也是康區一位非常重要的淨戒持有者喇嘛拉喜（Lama Latsey）那兒領受到了。

那是一次不尋常的傳承，因為整部《伏藏珍寶》歷時六個月，而在場的人只有兩位：上師與受灌頂者，也只有兩位侍者被允許進入，幫忙打點佛龕事宜。灌頂在偏遠的隱修處舉行，而且他們將大門鎖起來，因此沒有人能造訪該地。

聽起來，確旺．祖古好像是個行徑有點怪異的人；他狂熱地收藏康楚的《五寶藏》（*Five Treasuries*），付錢讓它們成為他所有③。除了這筆花費之外，他還囤積所有收到且為數眾多的供養品，包括珊瑚、綠松石，以及其他寶物。然後每年一次，他會叫人把這些寶物全部打包運走，還夾帶一句話：「把這些東西帶給我的上師，他知道要如何利用這些東西來推廣佛法。至於我，無法拿它們做任何事。」

也因為如此，他的儲藏室每年會完全清空一次，什麼東西也不留。他的侍者混雜著敬佩與遺憾的口氣告訴我這件事，並補充說道：「事實上，他有一半的人生什麼事也沒做。」

確旺單純地過著秘密瑜伽士的生活。儘管如此，他顯然具有神通力，偶爾還會透露一則預言。有一次，他的侍者喀巴（Kalpa）想要拆掉隱修處的一部分，另蓋一棟昂貴的新建築。確旺．祖古卻說：「不要蓋任何東西！」接著，彷彿從紙張上讀到似的，他又補充說道：「將來有位喇嘛會來到這裡，他將會擴建此地，即使我們現在蓋了任何東西，他反正也會拆掉。所以不要自找麻煩。」

這位老侍者又告訴了我下列的故事。

有一天，確旺看見他的侍者正準備要在一個特定地點為擦擦（tsa-tsa）小黏土塑像蓋一座小工作坊，於是就告訴侍者：「不要蓋在那裡，因為有一天你必須將它移開。」

侍者問他：「仁波切，為什麼呢？這附近還有很多空間。」

「不，不，」確旺回答道：「喇嘛．祖古（Lama Tulku）之後會在這裡蓋一棟大房子。」確旺總是稱呼他的哥哥第三世納克汀．祖古（Ngaktrin Tulku）為喇嘛．祖古，從來沒用過他的真名。

結果這件事真的發生了。許多年後，他哥哥的轉世桑天．嘉措就在那個地點興建了他的隱修處「蓮光聖殿」（Sanctuary of Lotus Light）。

當我遇見確旺的侍者喀巴時，他已經相當年邁了。他繼續修持禪坐，在我看來，他似乎已經達到穩固的經驗與了悟了。喀巴告訴我許多關於確旺的其他故事，而且一定是真的，因為那位老僧人從來不打妄語。

藏揚．蔣措有一次來見確旺．祖古，當喀巴走進去通知他客人到了時，確旺只說：「他不需要見我，他跟我見面得不到東西。」所以，這位訪客繞行了幾匝後就離開了。

又有一次，有位客人大老遠旅行至此地，帶著一件別人送的一塊昂貴中國茶磚作為供品，要獻給確旺．祖古。但在往壘峰半途的時候，這位客人停歇在一條河畔用餐，當他看著那塊高級茶磚時，他決定偷取一半。

所以，他拿出了刀子，把茶磚切成兩半，其中一半包好放回白色圍巾裡，另一半則藏在他袋子中，心裡自言自語道：「喇嘛只要一半就夠了，所以我把另一半留下來。」

當客人會見確旺．祖古時，當然不會提到他拿了一些茶的事。當他把要供養的茶磚拿給確旺．祖古時，只說了：「這是要給您的。」

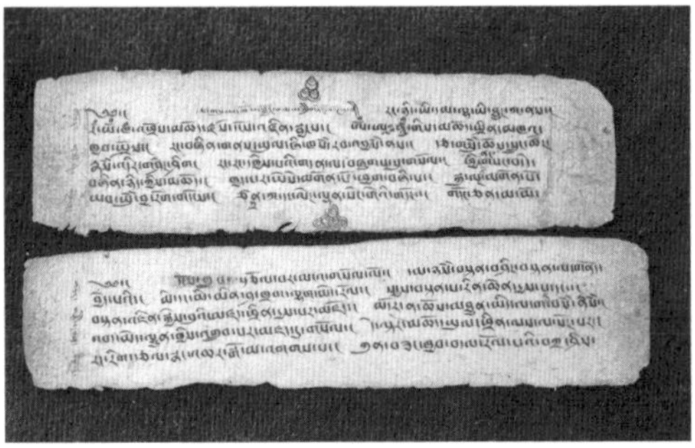

確旺．祖古著作的書頁

然後他發現自己特別喜愛的一把刀子不見了，所以就說：「嘿，仁波切！您可否卜個卦，看我是不是能找回我最喜愛的刀子呢？我來這裡的途中，把它遺失在某處了。」

確旺．祖古毫不猶豫地回覆道：「難道你不記得我們把茶切成兩半，一半給你，一半給我的那個地方嗎？回頭找，你會發現你的刀子就躺在那裡。」

聽到這番話，這人嚇呆了，開始哭了起來。他道歉並坦白說出全部的故事。潸然淚下的他向確旺．祖古頂禮，並拿出他偷取的茶。

確旺．祖古說道：「用不著這麼難過了！我不需要那麼多茶。如果你拿一些回家也沒關係，拿回去為你自己泡一些芬芳可口的茶，好好享用，並跟你家人說是我給你的。」

囊謙王國裡住了一位名叫詠嘎（Yönga）的人，他是位了證的上師，也是老欽哲的弟子，你甚至可以說他是位成就者。有一天，他決定到壘峰探望確旺。確旺日日夜夜所坐的坐床，是一只長寬高皆為一公尺的木製禪坐箱。有訪客來時，確旺通常不會站起來。不過，這次他卻站起來了。

他告訴喀巴：「將犛牛皮鋪在那裡。」然後跟詠嘎說：「坐。」

詠嘎後來敘述道：「他的確到外頭來迎接我，那本身就是一項了不起的事蹟。不過，就這樣而已。我們坐下來之後，他一個字也沒說，只是筆直地坐在那裡，一動也不動。」

坐在那裡時，詠嘎一定打盹兒了，因為臨走時，他跟喀巴說：「我已經達到此行的目的，所以現在要回家了。我從囊謙喀（Nangchen Gar）一路來到此地，因為我想要見確旺。我好好地小睡了一下，真是一趟非常愉快的拜訪。」

然後他就啟程離開了。

◎

到了後半生，確旺．祖古就幾乎完全不再說話了。有一天，他走路好像有點問題，不過當有人問起時，他卻說：「我很好！我完全沒生病。」

那天晚上，他與喀巴短程地散步到一座小山頂，那兒有座古老的佛塔，裡面放有一位薩迦傳承祖師的聖骸。創建壘峰的成就者，便是這位薩迦大師的弟子；當大師圓寂時，這位成就者飛入空中，將部分遺骸帶回康區，而他興建佛塔就是為了保護不受障礙的侵擾④。

確旺．祖古沿著佛塔步行了四、五圈後，想要走進裡面，卻有困難。喀巴心想：「如果上師走路有困難，那他為何要自找麻煩繞行佛塔呢？」

隔天一大早，確旺．祖古說道：「別忘了布置佛龕。在太陽從東部山區射出第一道曙光照亮天際之前，就必須將它備妥。」

「我已經能看見黎明的第一道曙光了。」喀巴跟他的上師說。隨即，確旺．祖古做了瑜伽修持，吐出三口氣。而這第三口長氣，就是他的最後一口氣。

喀巴後來告訴我：「我一時驚慌失措，心頭一團混亂地四處亂跑。當時，只有我們兩人住在壘峰，現在只剩我一個人了，我不知該怎麼辦才好！我跑到下面山坡最近的村莊，然後

遠眺拉恰寺全景

用我最大的聲量嘶吼，讓大家都聽得到我的聲音。有些當地人跑過來了，我喊道：『我們上師已經死了！我們上師已經死了！』」

喀巴繼續說道：「上師離開他肉身之前，給了一份書面指示，已放了一星期沒動過。那份文件寫著：『送個信息給喇嘛拉喜，我從他那兒領受了《伏藏珍寶》，邀請他到此地來。』」

「他身體維持著坐姿，長髮辮仍盤繞在頭上，就跟確旺一生中大部分時間所做的一樣。我們派人請喇嘛拉喜過來。因為他住在距離此地三天路程的地方，大約六天後的清晨，他才被人看見出現在山徑上，騎著馬往這裡來。我跟他說起遺書的事，並保證在他抵達之前，我一直把房間鎖著，所以沒有人干擾過遺體。」

「當他踏進確旺．祖古的房間時，他看到遺體筆直地坐著，彷彿什麼事也沒發生過。他算了算日子，然後說道：『依照遺書上所說，我們必須把遺體依照原樣再多放一天。』」

「所以，我們離開房間，又把門鎖了起來。喇嘛拉喜接著說道：『對了，我們還必須做一些事。首先，安排人開始蓋葬禮用的舍利塔，並派人從拉恰寺院邀請五十到六十位喇嘛與僧侶過來。』」

「第八天早上，我們回到上師房裡，發現遺體已經縮小不少。當遺體被放進葬禮用的舍利塔時，只剩十八吋高，不過仍維持人體的身形，剛好放得進銅罐裡，也輕易地放進了佛塔。然而，髮辮並未縮短，幾乎蓋住了遺骸。然後，我們把這具小遺體火化了。」⑤

◎

因此，我被說成是他轉世的那位喇嘛，就是這樣的喇嘛。至於那是不是真的，我就不知道了。不過，桑天・嘉措拍板定案地說，實情就是如此，然後負責了我的生活和教育。有段時間，為了要跟桑天・嘉措待在一起，我往返搬遷於拉恰寺與我父親的隱修處兩地。在這之前，我不記得我曾在任何地方待過一整年。

這段日子，我在兩地做了幾次為期幾個月的短期閉關，不過，沒有一次時間夠長，除了有一次在壘峰待了六個月之外，那次的閉關才比較像樣。只有當我去了楚布寺之後，才有機會與自由致力於嚴格的三年閉關。

我整個人生似乎都在四處遷徙中度過。

①…據聞喜・帕秋承續他父親的傳承，以及兩部禪修指引的重要典籍，一部關於大手印，另一部關於大圓滿。〔英文口述紀錄者艾瑞克・貝瑪・昆桑說明〕

②…第一世珠旺・措尼（Drubwang Tsoknyi）是他的上師之一。〔祖古・烏金仁波切說明〕

③…一位純正的佛教徒不會認為自己購買了典籍，就將自己視之為典籍的擁有者，而是將自己視為一位功德主，是它們暫時的保管人。〔英文口述紀錄者艾瑞克・貝瑪・昆桑說明〕

④…薩迦祖師是薩千・昆嘎・寧波（Sachen Kunga Ny-ingpo），他的弟子則是嘎婁（Galo）。〔英文口述紀錄者艾瑞克・貝瑪・昆桑說明〕

⑤…在獲致「較輕程度」虹光身的例子中，身體元素並未在七天內消失，也許需要更長的時間讓身體尺寸每天減少。頭髮與指甲既沒有神經分布，也沒有微細的氣脈，通常不會縮小，而是留下來。〔英文口述紀錄者艾瑞克・貝瑪・昆桑說明〕

第6章

我的寺院與陞座大典

桑天・嘉措和我共同承擔拉恰寺的寺院事務，我姑姑札西・吉美則擔任主理的工作。倘若不是因為後來當我要到中藏時，她拒絕讓我帶一些佛龕聖物在身邊的話，今日許多重要的佛龕聖物應該還會在我這裡，但她說它們屬於寺院以及桑天・嘉措未來的轉世祖古。

不知何故，我姑姑就是感覺到我無意承擔寺院的責任，老實說，我內心早已摒除了對它的任何關注。拉恰寺坐落在一處大山谷中，有許多田地，雖然一般人可能會非常樂意擁有它們，但我卻毫無看管它們的欲望。在康區，照料一座寺院是個沉重的負擔。坦白說，那是件令人頭痛的事，你老是要依賴他人，也有許多應盡的義務。

「經歷那些事情有何益處呢？」我心想，最好完全放棄管理寺院的責任。

說實話，我從來不想住在康區，而是渴望著踏遍中藏，沒有既定行程或方向地遊歷一處又一處新奇的地方。不過只有當桑天・嘉措圓寂之後，我才得以這麼做。

壘峰的寺廟還不夠格成為寺院，只是符合我們所稱的「護法堂」（gönchung），也就是一座小寺院。事實上，許許多多世紀以前，壘峰是苯教（Bönpo）禪修者的居住地，他們其中許多人在那裡獲致成就，我曾經聽過他們令人驚歎的故事。後來，這片聖地落入佛教徒手中。當蓮花生大士在西藏時，也去了那裡，經過他給予加持之後，許多金剛上師咒就自然出現在峭壁表面上。

未來之兆

好幾世紀後（十二世紀初期），壘峰成為嘎．婁擦瓦（Ga Lotsawa，或簡稱為Galo，嘎婁）的修持處；他是第一世噶瑪巴的上師之一，也是曾經去過印度的佛法譯師。嘎婁是位偉大的上師，可比擬為本尊勝樂金剛的人身化現。在他的著作中，我們發現了一篇描述壘峰特質的精彩頌辭。

故事敘述大清早的時候，嘎婁與他一位主要弟子飛越山谷去取水，然後再飛回來。他們落地的堅硬岩石上，留下了無數腳印。上師與弟子兩人都是成就者，至今你仍可以看見為了保存他的遺骸而建於壘峰的佛塔。

後來，一位來自中國邊界附近的成就大師在壘峰落腳。更後來，到了十六世紀時，第九世噶瑪巴旺雀．多傑發出一則信息：如果在壘峰山頂修長壽法的話，可確保囊謙國王長壽。接下來幾世紀，大師們應當時國王的請求，每個月都會在那裡修法一次。更近以來，則由桑天．嘉措與確旺輪流修法①。

我陞座那一天，吹起了一陣極為狂暴的大風，稱那為吉兆吧！風力強勁到有些人無法站

從拉恰寺遠眺的景色

立，還差點兒就把遮篷吹走了。風勢似乎絲毫不減，持續在寺院周圍打轉。我問桑天．嘉措那是否代表什麼涵意。

「我也好奇。」他回答：「也許是壞兆頭，也許是好兆頭，也許是守護者，也就是護法在展現威力。」

我又問了他一次，他說：「誰曉得呢，這座寺院也許會保留下來，也許會毀壞殆盡。在我有生之年它會保留下來，不過到了你的時代將會消失。誰曉得！或許在你有生之年，拉恰寺將會崩塌，而且摧毀於戰亂中。」

桑天．嘉措似乎看見了某事，因為他又接著說道：「然而，在那之後某個時間，它會再度重建②。你的健康狀況跟這座寺院息息相關，只要它屹立著，你就會免於病苦，不過當它崩塌時，你也會生病。你此生的部分生命能量繫於拉恰寺。不過，話又說回來，誰曉得呢？只要我們兩人在一起，寺院將平安無事。當然，我的餘生都會待在此地。不過，我懷疑我死了之後，你是否還會繼續住在這裡。」

他繼續說道：「我死了之後，我不確定會發生什麼事。我有感覺禍事就要臨頭了，嚴重的禍事——邪惡的力量將來自東方。」當時，我很納悶他指的是什麼事，而他以清澈的大眼睛望著我。

「假使事情真的發生了，而你被迫要離開的話，你必須到努日（Nubri）去。」桑天．嘉措補充說道。

「努日在哪裡？」我問道。

「目前它隸屬於尼泊爾果卡王（Gorkha king）的領地，所以不再歸西藏政府管轄。除了我幾位對佛法懷著深摯信心的弟子之外，還有赤松．德贊王的一位後裔也仍住在那裡。當你離開這裡之後，你首先會到中藏去，不過，在那裡待一段時間之後，你也無法再繼續住下去了。到那時候，就去努日。努日人既謙卑又單純，他們並不富有，但對佛法懷著深切的感激。你必須聯絡的人，就是法王赤松．德贊的後裔。」③

從壘峰往拉恰寺的路上

大約就在那時候，西寧省的統治者是回教徒，對我們並不友善。和我們在囊謙的待遇恰恰相反，位在囊謙北部邊界以外的西寧首長已經開始對我們地區的每個人，包括寺院，課以日益沉重的稅賦，舉例而言，每年都必須繳交一次數量龐大的犛牛皮④。

稍早時，我們就已經聽說日本與中國開戰了，日本造成了中國部分地區傷亡慘重，並帶來了武力迫害。因為我們受中國統治，所以一聽到這樣的傳聞時，我們焦急地想瞭解中國會發生什麼事⑤。

我與桑天．嘉措的這段對話發生在共產黨入侵的很久之前，事實上，我們甚至都還沒聽過「共產黨」這個字眼。我很好奇他為什麼要跟我說這些話，似乎是跟當時情況很不相干的話題。但到最後，毀滅我們的，並非西寧首長，而是共產黨。

這是桑天．嘉措少數幾次揭露他天眼通的其中一次，除此之外，他是個秘密瑜伽士，甚至連特殊的夢境都不提。

護法的真實威力

人們也許相信，也許不相信護法的威力，不過不管怎樣，讓我說說這則故事。

有四名拉恰寺的僧侶踏上了往岡仁波齊峰的朝聖之旅。回程的時候，他們必須橫渡一條大河，不過因為當時是夏天，所以河水已經上漲超過了正常水位。他們沿著河岸走，試圖找到一處渡口，但在那段期間的西藏，這並非容易的事。

他們已經吃光了糧食，感到饑餓難耐。靠著找到的漸漸腐敗的一頭綿羊屍體，他們維生了一段時間；藉由火的協助，他們才得以保存足量烹煮過的肉，繼續四、五天的路程。就如一位僧侶後來所說：「因為那頭羊，我們才得以活命。」

最後，他們坐在河岸邊，其中一人說道：「就這樣了！反正我們就快要死了，所以再繼續走遠有什麼用呢？」

另一人說道：「如果我們其中一人先死的話，其他人可以吃他的肉。假設結果是我先死的話，千萬別遲疑。」他們就這樣持續討論了一陣子。

到最後，最年輕的那位流淚地悲歎道：「我不確定我吃得下你身上的肉。噢，該怎麼辦才好！」

他們一致同意，唯一的希望就是向拉恰寺的護法度松瑪與四臂瑪哈嘎拉祈求。他們必定是全心全意地投入，發自生命深處地向護法祈請。

「看那邊！」其中一人大喊。

其他人一轉身，就看到河水分開了。

後來，他們其中一人告訴我：「它的寬度足以讓人走過去，我認為大約是兩個手臂張開的寬度。我們不曉得究竟是什麼緣故，但水面被分開成兩道水牆。這可不是一條窄小的河流，我跟你說！然而，我們沒有人敢相信，所以我們討論這種事是否真會發生——這樣的懷疑，幾乎比餓死還難熬。」

最後，其中一人說道：「我們跑過去吧！」於是他們丟下所有東西，快跑過河。

「當我們飛奔過去時，水牆輕微地顫動著。」僧侶繼續說道：「當我們抵達對岸的那一刻，聽到了一聲『咻』的巨響！我們轉身過去，看到河溝已經合起來了。這絕不是謊言。聽我說，捏造這樣的故事對我沒好處。」

這位僧侶告訴我這則故事的時候，已經頗為年邁了。我去找了其他三人，個別單獨詢問這件事，他們的敘述完全一模一樣。我要他們每人都以上師之名發誓沒有說謊。他們並非偉大的大師，只是普通的僧侶，他們所有的資產就是對護法純淨的信心。

令人難以置信，不是嗎？

指出心性的教授

在我年約二十歲時，桑天・嘉措告訴我：「看來你是個能夠給予心性教授的人。你是那種覺得一切都相當容易的人，不瞭解為何有人對領悟心性有困難。最後你可能會變得太無動於衷，不過，或許你只不過是極具信心罷了。」

「有時候，我認為你假設太多。有件事我必須告誡你該當心：一方面，你可以假想一切都很簡單，每個人都能領悟。不過，另一方面，事實並非如此。人們所理解的，常跟你所表達的意思完全不同，他們認定一無所獲，因而變得漫不經心而放棄了。」

他繼續說道：「你覺得了悟心性是理所當然的事，不過我要你瞭解，有些人無法了知心性，那絕對事出有因。許多人修持『心性』，只不過是佇留於神遊當中，而無所覺知地處於含藏識（all-ground）的狀態。」⑥

「儘管如此，你現在應當放手去做，在幾位年邁男子與婦女身上試煉你的信心。你也許能利益一、兩個人，所以你去教導他們是沒問題的。」

藉由這席話，他給了我得以開始傳法的許可。

因為我非常愛說話，所以我開始給予人們關於領悟心性的建議。我就是忍不住，那些話就是脫口而出！當我跟桑天．嘉措在一起時，我聆聽他所給予的所有教導，通常都是關於如何以最簡單的方式進行確實禪修的直指心性教授與建議。

之後，在他房門外的一些人，或許不大能領會他所說的話，他們就會問我：「怎麼會這麼簡單呢？」

我會說：「你為何覺得它一定是困難的呢？它確實就是這麼簡單。」

然後他們會說：「但我無法領悟。」

接著我會告訴他們：「你說你無法領悟，這是什麼意思？只要『安住』（let be）就好了！」我會有那種態度，是因為我已經聽過伯父說的話，而我只是像隻鸚鵡學他講話而已。

然後，伯父會把我叫進房裡，再次說道：「你似乎不僅是個將認出心性視為易如反掌的人，也是個健談的人。我想你以後也還會是這個模樣，不僅會是個口若懸河，也是個舉手投足好像它真是那麼簡單的人。」他說對了。

一方面，或許以我只是在唬弄每個人的教學風格，把它變得過於簡單。然而，就另一方面而言，它的確就是如此！那是事實。當我們能任由佛果的三身自然而然呈現時，那麼試圖坐著，然後勉強自己並掙扎不已有何用處呢？我們何必懷著某種希望，以為經過許多努力之後，未來也許會到達彼岸，因而必須使勁地把自己扭曲在一種不自在的姿勢、一種拘謹的禪修狀態呢？我們不需經歷那些麻煩與緊張，我們所要做的，只是全然地安住，並當下認出我們的自性。

不過，我的作風主要是把目不識丁的人們弄得暈頭轉向，那似乎是我拿手的本事。就如我說過的，聽過許多次桑天．嘉措給予心性的相關指導，也對它們有些許瞭解後，我開始談及心性。有時候我會將他說過的話覆述給其他人聽，就像「一隻發表佛法演說的鸚鵡」般，意思就是試圖教導別人自己未親身經驗的真理，或自己未親身修持的口訣指示。

所以，我猜我那時候又再次表現出假半仙的模樣。

ⓠ

佛陀了知不同眾生有著不同的根器，所以，出於慈悲心與善巧方便，他給了各式各樣的法教，每種法教都契合各別不同眾生的心性。儘管所有覺者的一切教法精髓，都僅僅不過是安住於體認個人的自性，然而，為了滿足人們各別的程度，佛陀開示了種類繁多、錯綜複雜的指引。佛陀與偉大上師教導九乘（nine vehicles）的另一個原因，不只因為他們無法棄眾生於不顧，也是為了要讓眾生開心。人類的天性似乎喜愛將事物複雜化，想要建立很多概念。過後，我們當然必須允許它們再次崩解成碎片。

繁複教法的存在並不會改變佛法真正的精髓，也就是說，心的自性其實是極為單純、不費吹灰之力的事實。實際上，它有時單純、輕易到令人難以置信！

傳統上普遍認為，我們需要循序漸進地給予心性的直指教授。首先，我們圓滿對於轉心四思量（four mind-changings）的思惟。接著，我們從頭到尾修完前行法（preliminary practices），在那之後，才會修持本尊法（yidam practice）的本尊、咒語與三摩地。而其實，即便我們已經領受了心性的教法，這些全部仍舊是必要的修持。不要以為一夜之間，覺者們所教導的所有修持都不重要了。相反地，它們極具重要性。

這是因為對一個人來說，要有機會領受心性教授並非那麼容易，也不是非常普遍的事，所以我覺得應該把話說清楚才給予教授。請記住，我們能輕易地從不同的上師那兒領受其他重要的法教，因此，別輕忽它們。請孜孜不倦地修持。事實上，毅力才是佛與普通人之間的差異。

康區流傳一則故事說，有位老傢伙跟一位喇嘛說道：「當您論及認出心性的利益時，您一定沒有問題；事實上，甚至連這個老罪人也許都能免於投生至地獄。然而，當您談及我們業行的果報時，毫無疑問地，最後我將到地獄去。其實，我懷疑即便是您，是否也可能沒有麻煩，我的喇嘛！」

瞭解空性，中陰解脫

一位假冒的禪修者，也許活著的時候能夠愚弄他人，不過無庸置疑地，當他面臨中陰時，將毫無準備且措手不及。我相當確定，以長遠來看，最大的利益來自於對三寶單純的信心。當然，倘使一個人真正地經驗了心性，那麼就如噶舉諺語告訴我們的：「儘管眾人視死亡為畏途，然而瑜伽士的死亡卻是個小覺醒。」

我也認為，人即使仍未達到了不起的經驗與了悟，但有一些簡單而透徹的理解也是非常有幫助的。瞭解空性，即心空而覺醒的特質，即使只是智識上的，必定也會在中陰時幫助你橫渡至彼岸。當眾生往生時，是他們自己的心變得迷惑，所以也需要由自己的心來挽救他們，因為在那個時候，沒有其他人會那麼做⑦。

因此，透徹瞭解心性可以成為一種提醒，而在中陰時獲致解脫。然而，最重要的利益來自於在活著的時候，實際訓練自己安住於心性是唯一確保真正成功的作法。首先，透過了證來解脫你的生命相續之流，接著再透過你慈悲的行動來解脫其他人。以這樣的方式進行，會使得人生充滿意義。

我開示的時候，有些人瞭解我所說的內容，有些人卻聽不懂，不過我還是會繼續教下去。這種大膽的態度已經緊跟著我，成為我現在的作風了。我不曉得是否對其他人很有幫助。心性的教法也許是最珍貴、最秘密的教法，可能「透過聽聞獲致解脫」，所以任何聽到它們的人都將得到利益。所以，我認為偶爾給予這些教法是可以接受的。

我並不是說每個我向他解釋心性的人，都能夠認出並修持於真實的經驗中。有許多不同類型的學生。那些無法認出心性的學生，無可避免地，心頭都盤據著轉瞬即逝的現象，並且因而散亂。然而，即使他們尚未認出心的自性，任何聽聞過基本教授的人，只要他們不全然放棄嘗試且繼續修持，就算只有一次，也會逐漸接近了悟。而那些已經認出心性，並因此對它有些信任的人，即使有人要他們放棄佛法，也不可能做到，因為這是源自他們對親身經驗的信心。

有一次，桑天．嘉措在他的侍者，也是我的密友杜竹的陪伴下，一路步行前去德格八蚌寺上方的山區附近朝聖。杜竹意外碰見了一位曾是第一世康楚私人弟子的年邁喇嘛。

「你從哪裡來？」他問杜竹道。

「我從囊謙來。」杜竹回答。

「啊！那麼也許你知道這位囊謙喇嘛，我聽說他正造訪這附近的某個地方。」那位老喇嘛問道：「他的名字叫桑天．嘉措，他身兼偉大噶瑪巴的老師與弟子。我知道他，因為噶瑪巴常在作品集裡提到他。你碰巧知道他在哪裡嗎？」

「是的，我的確知道。」杜竹回答：「因為我是他的侍者。」

「真沒想到！請你告訴我。」老喇嘛乞求道。得到指引後，老喇嘛說：「太感謝你了。明天一早，我一定會去探訪他。」

第二天早上，老喇嘛來拜訪桑天．嘉措，他們意謂深長地交談了好長一段時間。當老喇嘛出來時，捧著一杯茶坐下，並問我的朋友說：「請告訴我，這個喇嘛有幾位學生？」

「沒有太多親近弟子。」杜竹說道：「他給予許多灌頂，但沒太多禪修隱士聲稱自己是他的私人弟子。」

「哎呀！真是可惜。」老喇嘛驚叫道：「顯然別人說那些囊謙來的傢伙沒有骨氣是真的。他們為什麼那麼無知呢？他們有位現成的絕佳禪修大師，具有如此高深的知見；他對我的問題所做的回答，著實讓我驚歎不已，而你竟然說他沒有太多弟子！難道囊謙人連牛也不如嗎？我真是同情你們這些傢伙。」

那位老喇嘛說的話句句屬實，沒有太多人不顧一切地追隨桑天．嘉措，這跟成為第一世欽哲與康楚弟子的龐大數目絕對無法相比。事實上，只有四到五個人浮現心頭，不過他們確實都是非常優秀的禪修者。倘若以追隨者的人數來論斷一個喇嘛的話，那麼桑天．嘉措一點兒也不特殊。

然而，他被中藏最傑出的喇嘛，包括第十五世噶瑪巴、竹千．蔣貢，以及與塔朗．哲楚（Taklung Tsetrul）視為一位傳承上師。在囊謙，他也傳授教法給大師阿杜與第二世措尼，並成為他們其中一位的根本上師。至於德格的喇嘛，你可以將宗薩．欽哲算進來，他在壘峰領受了部分《新伏藏》。噶瑟．康楚則為了要從桑天．嘉措領受《新伏藏》，也來到慈克寺。

老喇嘛的確觸及了我們國家的一個重要特點：學院教育並非強調的重點。我倒不是以此為榮，然而另一方面，在這樣的環境下，並非只是空談，只有真正了悟才能讓一個人成為喇嘛。假冒行騙的人，很難在我家鄉得到立足點。

本質、自性和潛藏力

桑天．嘉措在囊謙佔有一席非常重要的地位，因此他忙於許多工作。儘管如此，因為我們共同承擔一座寺院的責任，因此我理所當然有很多時間跟他在一起。共同承擔一座寺院的事務就跟住在同一屋簷下的家庭非常類似，因此，我有充裕的時間提出問題，並得到指導。

我清楚記得在年幼時，桑天．嘉措給了我一個特定的口訣指引，這與一部關於「本質、自性和潛藏力」深奧主題的教法有關。他說：「『潛藏力』這個字眼指的是經驗不受侷限的根基，就如某件事正要發生的前一刻。一旦某件事已經生起了，通常便已經轉為一個念頭了。『潛藏力』是指讓那種情形發生的根基，是覺知無所障礙的一種特質。」

「這種無所障礙的特質極為微細且涵意深遠，一旦你確認了這種無所障礙性後，就不需要再多費事了。在此無所障礙性中，不可能找得到任何主體或客體。這可比擬為一面明亮的鏡子，隨時準備好將經驗揭示出來，絲毫不帶一點成見。所以，請好好瞭解『本質、自性和潛藏力』這三個層面當中，最後一個層面的涵意。」

這是桑天．嘉措如何給予教導的一個例子。我覺得自己非常幸運，能夠在年輕時候得到這樣一位上師指引，因為許多人誤認潛藏力並不是根基——就像鏡子——而是顯現，就像鏡子中的映像。然而，映像意謂著心與所緣境已經連結起來，而注意力也已經陷於散亂了。

「我們不該將潛藏力等同於陷入主體、客體，以及覺察的行為中。」他說：「經驗不受侷限的根基，指的是準備就緒，能夠去經驗了；只是準備好了，但尚未捲入二元對立的經驗中。倘若你是在這種準備就緒之中，而不是在概念性想法中修持自己的心，那麼你在日常活動裡就不會陷入二元分別。這種潛藏力的本質，就是諸佛無所障礙的全知全能，這跟只專注於一件事，而排除對其他所有事物的注意力完全不同。」⑧

無私的責打

跟其他人一樣，轉世祖古顯然也有情緒，只要看看馬爾巴這位大譯師就知道，他有著極強烈的情緒，就像熊熊燃燒的烈焰一般。儘管如此，當一位有經驗的禪修者照見心性時，所有的念頭與情緒，就會如同落在熱盤子上的片片雪花般，消逝不見了；在那當下，禪修者已經完全不再有任何執著。馬爾巴也許對密勒日巴大加凌虐、用尖酸刻薄的言詞罵他，或對他拳打腳踢，但那跟一般人的怒氣完全不同，其中連一絲自私自利都找不到。你不能只憑行為舉止來論斷一個人。

雖然桑天．嘉措的仁慈是無窮盡的，不過，有時候他也會相當震怒。每隔一陣子，我會見到他掌摑其中一名侍者。有時候，我甚至得替他拿藤條來，那也讓我感到害怕，因為那藤條可大了，即使只抽打一下都會痛。偶爾，他會痛打一頓，著實地痛打一頓，尤其是杜竹，常自討苦吃。

「對付這傢伙，沒有其他方法了。」桑天．嘉措曾經說過：「他太駑鈍了，得用棍子打他才會奏效，效力至少可以維持五到六天。」打過後，杜竹的行為舉止會像個正常人，聰慧而溫和——至少一開始是如此。之後，又會開始跟人爭論、找碴、大聲地抱怨每件瑣碎的事。

「你何不置之不理就好了？」我常告訴杜竹：「天底下沒那麼糟的事。難道你不記得上次發生什麼後果嗎？」

儘管如此，故事的最後結局總是桑天．嘉措又再次叫我去拿藤條。噢，我的天哪！有一次，桑天・嘉措揍了他很多下，我以為杜竹隔天早上會沒辦法走路，但後來我遇到他時，他正忙著手邊的工作，彷彿什麼事也沒發生過。

故事經常不斷地重演，但他就是聽不進去。有一次，我問起他的感受，他說：「不要緊，我沒那麼在意，痛一下就過去了。」

他也對桑天・嘉措懷著極大的虔誠心。

①…在當時，每次只有十五、十六個人住在那裡。〔祖古・烏金仁波切說明〕

②…果真，寺院在文化大革命期間被摧毀了，隨後在一九八〇年代末期由桑天・嘉措目前的轉世祖古・哲旺・德千（Tulku Tsewang Dechen）重建，他在中國監牢裡待了廿三年。〔英文口述紀錄者馬西亞・賓德・舒密特說明〕

③…這位是措尼母系的祖父，也是喇嘛札西・多傑（Lama Tashi Dorje）的父親。〔英文口述紀錄者艾瑞克・貝瑪・昆桑說明〕

④…西寧、蒙古邊界上，與拉薩往西之間一條主要的貿易路線，往昔會通過囊謙。這個地點相當於目前青海省的結古鎮。〔英文口述紀錄者艾瑞克・貝瑪・昆桑說明〕

⑤…日本人在一九三一年佔領了滿州國（Manchuria）。中國共產黨則在一九三五至一九三六年長征時現身於東藏，日本則於一九四五年投降。中國國共內戰大約也在那時開打，並於一九四九年由共產黨取得勝利時結束。〔英文口述紀錄者馬西亞・賓德・舒密特說明〕

⑥…「佇留於神遊當中，而無所覺知地處於含藏識的狀態」意思是禪修者決意僅僅休憩於心平靜祥和的狀態中，不只忽視了止和觀（shamatha and vipashyana）念念分明的當下，也忽視了對離於一切概念的無相自性狀態的了知。〔英文口述紀錄者艾瑞克・貝瑪・昆桑說明〕

⑦…「中陰」狀態下得解脫的指引是不可或缺的，因為我們人類太常製造出會發展成下三道現象的因——

出於瞋恨、貪婪、冷漠。〔英文口述紀錄者艾瑞克·貝瑪·昆桑說明〕

⑧……雖然本質上，自性狀態與一位完全覺醒佛的心是無二無別的，然而對大多數人而言，自性狀態的經驗就如天空中的閃電般稍縱即逝。相反地，佛已經達到完全禪定於自性狀態之中了。獲致禪定的訓練需要具格上師的指導。〔英文口述紀錄者艾瑞克·貝瑪·昆桑說明〕

第7章

年少噶瑪巴

年少時期，另一位影響我最深的人物，就是第十六世噶瑪巴利培・多傑（Rigpey Dorje）。我第一次見到他是在東藏的達那寺①，那時候我還很年輕，桑天・嘉措要我當他的侍者，帶著我一起去見噶瑪巴。我當時跟噶瑪巴還沒那麼親近，只知道我是「跟著桑天・嘉措的那位祖古」。

噶瑪巴年幼的時候，意志相當堅決，你無法強迫他讀書，而他非常愛玩。只有桑天・嘉措能夠威嚇他，讓他好好用功念書。由於這樣的緣故，噶瑪巴從桑天・嘉措那裡領受到不少教法，他們後來變得非常親近。

由於共產黨的武力，噶瑪巴後來到囊謙來②。他原本應該直接旅行到目的地德格，但因為康區與中國邊界發生動亂，因此無法前進。

這是我們第一次聽到「共產黨」。我們知道的是他們的中文名稱「共產」，這個名字很快就具有不吉利的涵意，我們也聽說有個叫毛澤東的人，而共產黨已經抵達古老的邊鎮打箭爐（Dartsedo，位於康定），並開始朝德格前進。

這大約是在中國軍隊跟日本人交戰的時候。中國當權者日漸感受到來自雙方的壓力，因為共產黨愈來愈壯大，也培養了自己的軍隊。倘若中國軍隊當初能夠制伏日本軍隊的話，就能夠壓制共產黨，不過中國的軍力被消耗到太薄弱了。

這似乎是個老掉牙的故事了，常被人一再述說：當敵人與鄰近國家開始併吞首都當權者的權力基礎時，他們卻受好日子吸引而無暇他顧，只沉浸在現有的舒適狀態。正當中國高層怠惰而漫不經心之際，共產黨正日以繼夜地忙著準備佔領國家。

接下來我們所聽到的，就是德格的一位首長已經被俘虜了。不過後來共產黨被打敗了，並沉寂了一段時間。我當時大約十六歲左右。

在德格首長被共產黨釋放，並再度掌權後，大家都覺得噶瑪巴應該可以安全地造訪那裡了。他沿途探訪了許多地方，包括位於囊謙，由皇室資助的各座寺院，也受邀到拉恰寺。在他前往著名的帝亞寺之前，我倉薩的親戚也招待了他和他的隨員。

ꩠ

這趟旅程中，噶瑪巴收到了幾隻白色小鼠兔（abra），這是當地一種長得像老鼠般的野兔。有時候人們會養隻鼠兔當寵物，但會關在箱子裡，不然的話，牠們就會跑掉。我小時候也有過兩、三隻這種鼠兔，但全都跑掉了。牠們很不容易被抓住，所以假如你把牠們從

擇善固執的化身第十六世噶瑪巴

箱子裡捉出來，幾乎可以肯定你會失去牠們。儘管如此，我們如意寶（Our Wish-Fulfilling）——噶瑪巴——卻拒絕將他的寵物囚禁在箱子裡，就讓五、六隻鼠兔自由自在地在他的帳篷裡奔跑。

我試著警告他：「如意寶，你必須將牠們關起來。我的鼠兔全都儘快溜掉了。」

「沒關係，沒關係。」他說道：「讓牠們全部放出來。」

鼠兔在帳篷裡四處橫衝直撞。在我看來，牠們彷彿在繞著他行走，當他將牠們抓起來時，牠們甚至看起來不以為意的樣子。雖然帳篷是開放的，但牠們卻待在他附近，沒有任何一隻看起來想要離開的樣子。

有一天，噶瑪巴決定將他的鼠兔塗成黃色與紅色，牠們似乎被他迷住了，所以當他決定要將牠們的皮毛換成不同顏色時，牠們只是坐著不動，任由他擺佈。鼠兔通常有著淡淡的毛色，而我擔心被噶瑪巴塗上顏色的那些鼠兔如果又被野放的話，其他鼠兔可能會攻擊他們。不過，那種情況從未發生過。當他將牠們泡在水裡洗掉顏料時，也沒有任何一隻介意。

我必須說，少年噶瑪巴應付鼠兔的方式，讓我留下極為深刻的印象。

噶瑪巴的親教師

就在這趟旅程中，桑天・嘉措成為噶瑪巴的親教師。過去在楚布寺時，噶瑪巴是由一位非常冷靜明智但嚴厲的喇嘛指導。我聽說有時候他會從裡面把門閂上，對著年少的噶瑪巴頂禮三次，而那通常足以警告我們如意寶趕快乖乖坐好，專心讀書。一定程度的畏懼與崇敬交織，確保了他的教育有良好的進展。

然而，噶瑪巴有位個性有點怯懦的親人，一想到珍貴的轉世偶爾會受到體罰就無法忍受。所以他斥責這位親教師：「你對待噶瑪巴這位佛的轉世，就像對待普通人一樣，你這是犯罪的行為！」

當時，年少的噶瑪巴有許多次淨觀與預言，而他會向這位親教師分享這些揭示的內容，包括他剛見到了哪位佛、他們跟他談及未來什麼事情，這位親教師則會將這些話記載下來。這些預言中混雜了噶瑪巴論及某位親戚是個「魔鬼」的一些評語，後來，那位發牢騷的傢伙發現，這個評語寫的就是他。

他對這件事感到不快，並決定，儘管親教師的立意良善，但顯然不適合擔任這樣一位顯赫轉世的教導工作。所以，這位親戚藉故解除了親教師的職責。就某方面來說，這是件令人遺憾的事，因為噶瑪巴在這位親教師的指導下，已經學習得非常好。

官方說法是：「我們如意寶不需要親教師。噶瑪巴是一位佛，他的功德自然不造作地展現，他不應該像普通人一樣被打且被捏地對待。所以，我們開會決議，這位親教師不需要再服務了。」

年少的噶瑪巴心裡感到難過，並捍衛他的親教師，他說：「沒錯，他偶爾會捏我、打我，不過他是出於善心才這麼做的。他只是希望我學業精益求精。」

噶瑪巴堅持必須給親教師精美的禮物，包括一套華美的僧袍。在那之後一段時間，沒有老師指導噶瑪巴學習。

不過當噶瑪巴抵達帝亞寺後，囊謙的喇嘛們堅持必須指派另一位親教師。這時候，桑天．嘉措的名字被提了出來。因為他以前曾擔任噶瑪巴前世的上師之一，所以他似乎是當然人選。因此，桑天．嘉措被要求接任親教師的角色。他答覆道：「我愈來愈老了，不過我會在八蚌寺任職，那是一座優秀的寺院。」所以，從帝亞寺出發的旅途中，桑天．嘉措成為噶瑪巴的親教師。

桑天．嘉措的教學作風是，他從來不打青少年噶瑪巴，不過取而代之的是，他在噶瑪巴眼前處罰自己的侍者杜竹，而這達到了所要的效果。「我從來不需要打他。」桑天．嘉措告訴我：「體罰杜竹就足以讓噶瑪巴待在座位上繼續唸書了。」

但是，當他們一抵達八蚌寺，桑天．嘉措就請示偉大的錫度是否能免除他教學的職務。錫度回答：「我瞭解您年紀大了，也遇到許多麻煩。您是前一世噶瑪巴的老師之一，所以我現在無法強迫您擔任親教師。因此，我會請八蚌寺的欽哲接下這份工作。」

八蚌欽哲是第十五世噶瑪巴的弟子，具有了不起的功德。不過，他具有非常嚴厲的威儀，當他在附近時，噶瑪巴幾乎動都不敢動。即使八蚌欽哲是完美的教師人選，但在他打過噶瑪巴幾次後，噶瑪巴家族具有影響力的成員再次找到反對理由，要將他解職。「即使是喇嘛，也是個人；即使是虛幻的身體，也是血和肉，所以，除非感受到一點疼痛，否則噶瑪巴是不唸書的。」八蚌欽哲為自己辯護，「一位噶瑪巴應當是整個世界的老師，所以他受的教育愈多愈好。」

他必定又打了噶瑪巴幾次，因為到最後，噶瑪巴的父親來到偉大錫度面前說道：「即使他是噶瑪巴，也仍是我的孩子；既然是我的孩子，就屬於我。內人與我無法承受親眼目睹他被體罰。你來決定要如何執行，不過我們希望解除八蚌寺的欽哲的職務。」

我個人的看法認為，這是個錯誤。噶瑪巴的教育正朝著一個非常好的方向前進。然而他的父親是一位舉足輕重且具影響力的官員，也是個冥頑不靈且難以取悅的人，有著康巴貴族高傲自大的態度，而且毫不顧忌地將自己的意見置於大多數喇嘛的意見之上。

偉大的錫度答覆道：「八蚌寺的欽哲不是個普通人。他不僅僅是偉大欽哲的轉世，也是八蚌寺四位主要喇嘛之一③。我如何能叫八蚌寺偉大的喇嘛之一辭職呢？」

「你必須這麼做！」噶瑪巴的父親堅持道：「否則的話，我們將自己照顧我們的小祖古。」

「你不懂得如何照顧噶瑪巴。」錫度回答道：「他正在接受教育，而他將會脫胎換骨。」

然而，不論錫度說什麼，這位父親都聽不進去。到最後，八蚌欽哲被免除了職務。此後，不可能再找到在智慧與學問上，可與之相比擬的人來擔任噶瑪巴的老師。

一位堪布被解職後，色芒寺的天楚受指派擔任老師。他確實是位大有裨益的老師，三年當中，他完整傳授了偉大康楚舉世聞名的著作《知識寶藏》。然而他也病倒了，不久後就過世了。到了那時，噶瑪巴已經長大成人，可以自己做決定了，因而從錫度與噶瑟．康楚那兒接受了傳承。

就在噶瑪巴穿越囊謙的旅途中，他的母親病倒了。因為我父親以靈驗的治療儀式著稱，因此被召喚跟如意寶一起旅行，而我也得同行。不過在帝亞寺的時候，我父親要求准予離開，不再跟著大家繼續旅行。

「這表示我母親的身體現在不會有大礙了嗎？」噶瑪巴問道。

我父親說：「我已經盡力了。」暗示著她將不久於人世，「我每天晚上都修施身法儀式，看起來似乎無法再做什麼了。」

「告訴我，我母親不會死。」噶瑪巴一再地重覆說道。

「很抱歉，我無法那樣跟你說。」我父親回答道。

隔天早上，吉美．多傑和我就離開了。我們後來聽說噶瑪巴的母親一星期後就過世了，噶瑪巴將她的遺體火葬在帝亞寺北方的廣大平原上。

儘管他們要求吉美．多傑再待久一點，但他仍堅持在她過世前離開。

「總有一天，輔助性儀式不會再有任何效用。」吉美．多傑告訴我。

「什麼意思呢？」我問道。

「到最後，每當我用施身法眼看著她時，她都沒有頭。」他解釋道：「對我而言，那表示死亡是無可避免了，那也是我要求先行離開的原因。」

轉世的生靈

我再度見到噶瑪巴是在色芒寺，我到那裡去迎接結束長途旅行，自西寧返回的父親。很幸運地，碰巧噶瑪巴也造訪那座寺院。那段期間，我輪流當我父親與桑天．嘉措的侍者，端看他們之中誰是噶瑪巴的隨行人員而定。

在色芒寺我有個機會見到了噶瑪巴的馬，牠很不尋常，會把自己的一隻馬蹄放在人的頭上給予加持。人們會成排站好，而當馬觸碰輪到的人的頭部時，牠會發出聲音——運用一點想像力——聽起來就像是「吽、吽、吽」（HUNG）。大部分的人都非常輕柔地被碰觸，不過每隔一陣子就有人會被重擊。

我心裡想：「誰曉得那匹馬會對我做什麼？也許牠會將我的頭蓋骨劈開也說不定！」所以沒有人會強迫我得到「加持」，我寧願站在一旁觀看其他人。

消息傳開，說噶瑪巴的馬正在給予加持。於是排了一長串的人，每個人輪流將白圍巾與供養金獻給馬。這就是康巴人的作風，他們不會空手提出加持的請求。

當然，那匹馬沒有說話。不過每當牠碰觸了一個人的頭之後，的確會發出聲音，而許多人聽到的是「嗡瑪尼唄美吽」（OM MANI PADME HUNG）。我正等著看某個人領受牠「強而有力的」加持，不過，那天並未發生。那匹馬對每個人都相當溫和。

許多年後，我聽說那匹馬有一天就坐在牠的臀部及後腿上往生了，然後還繼續坐在原地。你覺不覺得相當令人吃驚？

每隔一陣子，噶瑪巴就會揭示他對眾生死亡與投生的清晰淨觀。有一次，在往北的旅途中，有些村民供養了一匹馬給噶瑪巴。收下這匹馬之後，噶瑪巴轉身對著他的秘書長說：「這匹馬是你父親的轉世」。」

那位秘書非常難過，請示噶瑪巴是否能做些什麼事。噶瑪巴回答道：「你要我做些什麼呢？他是一匹馬！他已經投生了，他就在那兒。」

「那麼，請求您將那隻馬匹給我，我自己照顧牠。」秘書懇求道：「沒有人可以騎牠。」

秘書將馬留在身邊兩年，餵牠、梳理牠，盡他所能地照料牠，一直到那匹馬往生為止。

◎

在另一次旅行途中，噶瑪巴經過一處山谷，身後跟隨了大約九十名馬伕。突然間，一頭小山羊自同伴中衝了出來，一邊咩咩叫，一邊拚命地跑著要追上噶瑪巴。我們如意寶轉身看牠，然後跟侍者說：「將這頭小羊帶回我們剛剛經過的村莊，找到牠的主人，請他把這頭小羊給我。」

那頭小羊脖子上圍了條彩線，侍者就把羊夾在腋下，騎馬回到村裡去。彩線讓山羊很容易就被辨識出來，因此侍者很快地就找到了牠的主人。主人欣然同意將牠獻給噶瑪巴。

羊兒緊跟在侍者身後，而他在天黑前就追上了噶瑪巴的旅隊。他把小羊帶到噶瑪巴面前，問道：「如意寶，您為何對這頭羊兒這麼感興趣呢？」

「你記得幾年前有人給我，而最近死去的那個孤兒嗎？」噶瑪巴回答道：「那頭羊就是他，可憐的孩子！不知何故，他一定認出了我，因為無法忍受再次分離，所以用他最大的聲量咩咩叫，並追著我。我會把他留在身邊一陣子。」

回楚布寺的接下來旅途，噶瑪巴就把那頭小羊留在身邊當寵物。

①…達那寺是原始噶舉傳承之一葉巴噶舉（Yerpa Kagyü）的道場。寺院名稱的意思為「馬耳」，因為上方山巔具有兩個清晰易辨、如耳朵上揚的形狀。〔英文口述紀錄者艾瑞克・貝瑪・昆桑說明〕

②…我們假設祖古・烏金仁波切指的是一九三六年共產黨武力入侵的事，就如先前提過的，他們被國民黨追擊而進入東藏。〔英文口述紀錄者馬西亞・賓德・舒密特說明〕

③…除了錫度與八蚌的欽哲之外，另外兩位大師噶瑟・康楚與翁楚（Ongtrul）也各有他們督導的寺院區域。〔祖古・烏金仁波切說明〕

第8章

祖母的過世

與生俱來的虔誠心，常來自前世所種下的強烈願望與業緣，而我祖母對老康楚就生起了這樣的虔誠心。當她陷入重病之際，聽說他的轉世噶瑟·康楚正駐錫在囊謙南部的噶瑪寺，她就派了一位信差前去邀請他過來。因為這時又碰巧遇到慈克寺年度的《圖珠巴切昆色》，也就是偉大伏藏師最著名伏藏寶的竺千法會，所以噶瑟·康楚受請求主持法會①。

在慈克寺的時候，噶瑟·康楚住在一間非常的小佛堂裡。這間小寺廟毗連著被稱為蓮師院（Kutsab Lhakhang）的大會堂，因為裡面有一尊雕像被視為蓮花生大士化身大樂上師形象的代表（古察 kutsab）。雕像雖然很小，卻與一系列在鄰近地區發掘出，而被稱為《心願俱生圓滿》（*Spontaneous Fulfillment of Wishes*）的伏藏教法相關，因此是一尊頗為知名的雕像。而它被發掘出來後，偉大的欽哲在淨觀中見到這尊雕像長成如一座山那麼高大。

讓我告訴你一點關於噶瑟·康楚的故事。他大部分時間都駐錫在八蚌寺。後來我在楚布寺的時候，從他那裡領受了《伏藏珍寶》。你也許還記得我提過的那位名叫札西·歐色的傑出學者，他是位博學多聞且獲致成就的大師，也是欽哲與老康楚兩人的弟子。幾年前，札西．歐色曾經受邀至楚布寺給予第十五世噶瑪巴佛陀言教之翻譯《甘珠爾》的口傳。

當札西．歐色讀誦完這部長篇幅的佛陀言教集時，噶瑪巴心懷感激地說：「不論你有什麼願望，我都將讓它實現。」

札西．歐色回答道：「我只有一個請求。如您所知，我們兩人的根本上師是同一位，而他既然已經轉世為您的兒子，請讓我帶他回到八蚌寺去。」

「好，我不會違背我的誓言。」噶瑪巴說道。不過因為當時祖古只有三歲大，札西．歐色明白不能立即就把孩子帶走。儘管如此，最後他仍被視為將康楚轉世帶回八蚌寺的功臣。

慈克寺上方的伏藏地點與現任祖古

噶瑟．康楚的灌頂

很長一段時間過後，噶瑟．康楚請求桑天．嘉措傳予他完整的《圖珠巴切昆色》灌頂，因此必須到慈克寺來領受法教。灌頂是在貢秋．巴炯的私人房裡傳授的，而我則是灌頂的助手之一，每隔一天跟杜竹輪流一次。

噶瑟．康楚是第十五世噶瑪巴的兒子，也是偉大康楚的一位轉世。當桑天．嘉措準備好要給予灌頂時，噶瑟．康楚卻常常看起來不急著進去的樣子。有時候，他會在外頭閒晃、休息，或討論各種話題。

有一天，桑天・嘉措已經完成下一場灌頂的準備工作了，然後跟我說：「嗯，好啦！仁波切還沒來嗎？去找他。」

我到噶瑟・康楚的寢室去，說道：「準備好要傳授灌頂了。」

他回答：「好吧。」身為一位社會地位崇高的人，他毫不感覺趕時間的壓力，他從容不迫地緩步走向灌頂房間。當他終於到達時，桑天・嘉措一如往常，為了表達尊敬之意，會從寢室裡面出來迎接他。

第十五世噶瑪巴之子噶瑟・康楚

我已經提過，桑天・嘉措有時候會有點嚴厲。當他站在那裡等待時，我們可以看見他的模樣頗為惱火，而他接下來跟康楚所說的話也把我嚇到了。

「我們都知道您是噶瑪巴的兒子，也是偉大康楚的轉世。不過，是您命令我給予這些灌頂，我才會這麼做。我並未堅持要給您這些灌頂，不是嗎？因此，假如您想領受灌頂，那麼在它們準備好能被傳授時就要過來。倘若一切準備就緒，而您不想過來，您必須做的唯一事情就是告訴我。那麼，我就不會白忙一場。」

見到桑天・嘉措盛怒的表情，噶瑟・康楚嚇壞了。從那時候開始，他就很害怕會來晚了，不斷地問：「時間到了嗎？時間到了嗎？」所以他的廚師總是在我旁邊，等著我打出把他老師請過來的信號。

有一次，他的廚師傾身過來，在我耳邊低聲問道：「我不該這麼說，因為他也是噶瑪巴的上師，不過，桑天．嘉措是不是很凶悍？」

儘管如此，桑天．嘉措給了噶瑟．康楚超過一百次的灌頂。

修伏藏法的特殊徵兆

在這些灌頂期間，噶瑟．康楚問德喜叔叔是否能仁慈地給予他《新伏藏》第一部《口傳精要》（*Essence Manual of Oral Instruction*）的口傳。當然，噶瑟．康楚要德喜叔叔坐在法座上，但德喜叔叔的反應卻是即刻坐在地板上。

「別把這種重擔強加在我身上，別強迫我當老師，而不是當學生！」德喜叔叔乞求道：「我能給予您這部灌頂的唯一方式，就是把它當成曼達供養獻給您。」

懷著那種態度的德喜叔叔是個極為淳樸的人，也衷心地謙卑，所以他們不停爭論著。噶瑟．康楚甚至送了幾個蒲團過來，但德喜叔叔還是拒絕坐在蒲團上。最後，他同意坐在只稍微墊高一點的位子，也就是比平常高一點的薄墊子上給予口傳。

德喜叔叔的徹底謙遜，是我從未從他那兒領受過多少灌頂的原因之一。我反而是從桑天．嘉措那兒領受到大部分《新伏藏》的教法。就如他極為細心與嚴謹的一貫作風，他連一個音節也不會漏掉，也不會唸錯。所以，雖然《口傳精要》只有單冊的長度，他仍然花了兩天時間大聲唸出來給噶瑟．康楚聽。

噶瑟．康楚有一次告訴我，他用《圖珠巴切昆色》這部伏藏法修了三次竺千法會，毫無例外地，每一次都出現了特殊的徵兆。

「請您告訴我是什麼樣的徵兆？」我問道。

「有一次，豐沛的花蜜湧出，味道嚐起來非常甜，但帶點酸味，就像頂級的青稞酒（chang）一樣；它從佛龕上的食子流出來，一路流到寺廟入口。另一次，佛龕上甘露（amrita）與紅食子器（rakta vessel）裡的液體開始沸騰，聲音聽起來就像奔騰的流水，而一束束的虹光則環繞著大會堂裡的佛龕，並延伸照到最遠的牆壁上，讓兩、三百名參與者都能看到。我第三次的時候，我們也準備了聖藥，而它香甜的芬芳在七天路程之遙的地方都能聞得到。我一生中從未目睹過像那三次般神奇的徵兆。」

「倘使你想確保擁有殊勝的徵象與兆示的話，那麼，《圖珠》是部出色的法。」噶瑟・康楚說道。所有這些徵兆，也可能是源自博大精深的伏藏教法與這樣一位登峰造極的偉大上師兩者結合的結果。

「這些徵兆不也是因為您在場的關係才出現的嗎？」我問道。

「和蓮花生大士比起來，我有何特別呢？《圖珠》是了證他的心的法門。僅僅見到幾個顯示他偉大之處的微小徵象，我就相當開心了。」

出家與在家

噶瑟・康楚不但是位具足比丘戒的僧人，也是能為人剃度的上師。所以，在他主持竺千法會期間，許多人利用機會受持比丘戒。就在那時候，以「尊貴怙主」暱稱上師的我叔叔桑拿，跟我說道：「你何不也向我們的尊貴怙主（Noble Protector）要求成為僧侶？假使你想要護持佛陀教法的話，受具足戒會好得多。看看你父親，以及他跟妻子們與孩子們之間的所有煩惱，身為一家之主就是會有這麼多麻煩。再看看我，一個單純的僧侶日子多自在。」

「能保持自由的唯一方式就是成為僧侶；我想留下或離開，只要我自己決定就好了。一旦你跟女人來往，我告訴你，遲早你都會受她控制。一旦有了孩子，你就必須照顧孩子與孩子的母親，有時候，還得照顧她的家人！看看你周遭的人，有幾個人能自己做得了主？比起桑天．嘉措和我，你不覺得你父親和瑜伽士叔叔德喜辛苦得多嗎？為你自己著想，好好考慮這件事。你何不乾脆直接成為一位僧侶？」

桑天．嘉措也在房間裡，不過他沉默不語。

我答道：「我無法下定決心。」

「決定這件事有什麼困難的呢？此刻，我們因偉大康楚的轉世來訪而蒙受恩惠，他真正是毗盧遮那重返世間的人身化現。你有這個絕佳的機會。別考慮了，就去吧！」

我再次回答：「我必須想一想，給我時間。」

那天下午，他又提了這件事，隔天早上又再說了一次。桑拿叔叔因為沒有寺院需要照料，所以他並未被視為身無分文的喇嘛，他又說了：「假如你受比丘戒的話，我會把我所有的東西都給你，包括最小的物品在內。」

最後，我向他透露：「我已經誠實地問過自己這件事，但我發現自己並沒有想要成為僧

噶瑟・康楚的轉世祖古

人的意願。當然，我想要了證佛法，那是自不待言的事，不過我並沒有意願受具足戒。如果不是心之所向，成為僧人又有何意義呢？那不是該出自一個人的真心嗎？老實說，被迫出家反而比不上受到真實出離心鼓舞來得有意義。仁波切請您別再苦苦相逼了。」

然而，他並未就此放棄，一次又一次地回來看我是否改變了心意。另一方面，儘管桑天・嘉措自己是個全然表裡合一的僧侶，但他從未跟我提起成為僧人的事情。

到後來，我告訴桑拿叔叔：「您非常仁慈，願意將您所有的財富作為禮物送給我。不過我已經下定決心了，即使有人願意給我載滿一頭犛牛的純金，此時我也不會剃度。」

「好吧，好吧。」他回應道：「我看你的確已經下定決心了！」那件事就到此為止了。那就是我為何仍舊是個在家居士，是個平凡的一家之主的緣故。出於愛好，有時候我會穿著佛陀的法袍，例如袈裟之類，但實際上我是個世俗男子。

我在當時或之後任何時機都未剃度，理由只是因為我不相信自己能持守戒律。桑天・嘉措不只從未接觸過女人，他連肉類與酒類都未曾沾口。桑拿叔叔也一樣。

假如你受了比丘戒，就應該保持清淨的戒律，就像我伯父和叔叔，或者像噶美堪布一樣。我對任何能夠這麼做的人，都心懷極大的敬意，但對於現今常可見到的半調子出家人卻不以為然。或許是我自己缺乏清淨的見解，不過即使在當時，我都沒看過多少個持戒清淨的僧侶。

我深深覺得，單只是披上法袍，當個名義上的僧侶是沒有意義的；相反地，我決定誠實面對自己實際是個什樣的人，並依此穿著。我覺得何必要隱藏自己的缺點呢？就像俗話說的：「把糞屎用錦緞包起來有何用處呢？」

貢秋．巴炯的往生

我參加了慈克寺的竺千法會，桑天．嘉措、德喜叔叔，以及我父親也一起參加了。當噶瑟．康楚主持法會時，他們全坐在靠近他的前排座位上。中場休息用茶時，他們也都會回到他們的房間一會兒。有一天下午，休息時間過後，卻沒有人回到座位上。我開始擔憂祖母已經離開了她的身軀了——果然，有人過來告訴我，貢秋．巴炯已經往生了。

顯然地，在她臨終之前，她跟噶瑟．康楚說：「我現在已經到達生死相交之處了。」噶瑟．康楚待在她身旁一會兒，給予稱之為「三摩地提示」的指示；接著，他回到了自己的寢室。我跟著父親、伯父、叔叔，還有遍吉一起待在樓上的主房裡②。

德喜叔叔是第一個開口說話的人，他習慣性表現出好像毫無半點自信心的樣子，並說道：「我們四個兒子都在此，我們之中，我是最常跟母親待在一起，是跟她最親密的兒子。你們其他人來來去去，但我一直都待在她身邊。現在她已經走了——走了！我覺得我的心好像被撕碎了。」

淚珠成串地掛在他的臉頰上，他繼續說道：「現在當我思及業力法則的微妙運作時，我就深深感到擔憂，我們的珍母會發生什麼事呢？」

當德喜叔叔啜泣時，其他人都坐在那裡不發一語。最後，桑天．嘉措開口說道：「別哭了！流淚有什麼用？」

「不管有沒有用，當一個人傷心欲絕時，眼淚就會不由自主地掉下來，我沒辦法克制。」德喜叔叔解釋道。

「你不是唯一傷心的人，大家都很傷心。我們不是全都由同一個母親生的孩子嗎？」桑天．嘉措問道。

「但她現在會到哪裡去呢？」德喜叔叔哀傷地說：「難道你們不記得希利提嘉納（Smritijnana）的故事嗎？他從印度一路來到東藏，解救他那位投生於某間屋子裡，壁爐旁邊一塊石頭中的母親。」

德喜叔叔指的是來到西藏的印度班智達的故事，他因為語言不通，所以必須當個牧羊人。工作三年後，他假裝想要離開，地主問他想要什麼東西當惜別禮物，大師就指著壁爐裡的一塊大石頭。那是個不尋常的請求，不過地主也給了他那塊石頭。當他將石頭劈開時，在裂隙中發現了一條大蟲，每天都在裡面遭受烈焰高溫的折磨。

接著，大師進入三摩地，在眾目睽睽之下，那條蟲被虹光團團圍住。那道光竄入了天空，大師隨後拾起那條蟲的屍體丟進火堆裡。

眼淚仍如泉湧般不停流著的德喜叔叔繼續說道：「儘管班智達是這麼偉大的大師，他的母親依然沒有很好的來生。業力法則是如此微妙。想想看，我們的母親也可能會遇到麻煩。噢！她現在會到哪兒去呢？」

「難道你們不記得老欽哲母親的故事嗎？她是個入世型的空行母，但當她過世的時候，老欽哲必須密集修法，將自己禪定的力量引入，以淨化母親的障礙。這個時代很難找到比他更偉大的上師了，難道不是嗎？但即使如此，他母親死後還是陷入了困境。」

「當然，我們母親是秋吉．林巴的女兒，但秋吉．林巴圓寂後，她的孩子一個接一個出生，又住在別人家裡當媳婦，經歷了極大的苦痛。當然，她到了晚年修法修得比較多了，不過我仍舊擔憂她。那就是我為何這麼傷心的原因。」

由於大家都知道德喜叔叔會這樣情緒激動，所以桑天．嘉措插嘴道：「別這麼說！克制一下你的情緒，思考一下！我們都是親密的家人，所以可以暢所欲言。聽我說！首先，秋吉．林巴不是普通人，而是蓮師的親信使者。就像你們都清楚知道的，偉大伏藏師所有重要弟子是由十位主要持法者（Dharma holder）領頭，而蓮花生大士的這些預言也都應驗了。」

「你們必須注意這句預言：『三個兒子將顯現為三位大菩薩的化身。』這三位中，有一位毫無疑問地就是哲旺．諾布，另一位是旺秋．多傑，而第三位就是我們的母親。這不是你們可以在公開場合說的事。在這個時代，人們如果聽到這件事，會得到錯誤的印象。但不管怎麼說，我們母親是金剛手菩薩，也就是『秘密主』（Lord of Secrets）的化身。我對這件事絲毫懷疑都沒有。你不會稱秋吉．林巴為江湖術士吧？你會稱蓮師為騙子嗎？因此，克制一下你的情緒！」

「金剛手菩薩會被迫投生於地獄嗎?想一想!」桑天・嘉措繼續說道:「那是不可能的事,那不只違反了佛法,也違反了事物的本質。我一點也不擔憂我們的母親,我知道她現在過得好極了。我對她懷著全然清淨的見解,我一刻也不曾生起過她可能到下三道的念頭。」

「這件事我只私底下跟自己家人說,她可是被預言的三個化身之一。她身為秋吉・林巴三個兒子之一的因緣具足,不過人們說因為部分三昧耶的染污,導致她性別的轉變;他們聲稱秋吉・林巴的佛母因為一時倔強,使得兒子生下來變為女兒。但是,從另一方面來說,就因為她,也就是我們母親生為一名女性,才能生下我們四個現在顯然都是伏藏師傳承的兒子。我們有任何理由抱怨自己的命運嗎?這全都得感謝我們的母親。我百分之百確定她是金剛手菩薩的化身,連一刻懷疑都沒有。」

接著,我父親也轉身面向德喜叔叔,開口說道:「依你的看法,在三次淨觀中見到度母,還有可能墮入地獄道嗎?倘真如此的話,那就表示尊貴的度母沒有加持力。再說,我曾經多次將母親加持過的大麥,一粒粒放進小袋子裡給人們當護身符。當山羊與綿羊脖子上掛著這些小袋子時,子彈就打不到這些動物。這還不只發生過一次而已!有這種加持力的人還可能會投生地獄嗎?或者,你是說我們母親沒有加持的力量?」

「當然,你說到業力法則極其微妙是事實,不過,這只發生在普通人之間,別把我們的母親當成普通人。」

心無散亂，不入輪迴

從旁邊傳過來一個低沉的嗓音：「沒錯！跟我的想法一模一樣。」說話的人是桑拿叔叔。

「我不覺得母親將會有任何麻煩。無可否認，業力的運作是微妙的，所以我又真的知道些什麼呢？儘管如此，我是她主要的侍者，而我最近幾年所見到的她，可能跟你認為你所記得的母親有所不同。我發誓她已經完全超越了妄念狀態。我從自己的經驗得知此事，即她已經變得非常自然而不造作，也不再分別食物的不同性質；不論發生什麼事，她都不再持反對看法，每件事她都能接受。我確信她已經不再是個普通人了。」

桑天．嘉措又開口了：「我是給予她心性教授的人。她是偉大伏藏師的女兒，沒錯，當她長大後，嫁給了倉薩家族的一名年輕男子，因而困在世俗責任之中。接著，我們四個人出生了，帶來了所有讓她分心的事情。」

「後來，盡力向她指出心性的事情落到我頭上來。然而不像一般人，甚至在我尚未結束之前，她就已經認出了心性。她每年、每個月、每一天，都有穩定的進步。四、五年前，她就完全轉變了；無論白天或黑夜，她已經超越了任何一刻的妄念。她清楚地跟我解釋了這種狀況。就如你們所知，我們的母親從來不打妄語，她告訴我說：『不論白天或夜晚，我的心都不再散亂了。然而，我在入睡與開始作夢之間，的確會有短暫的不確定感。』」

「你所謂『業力的微妙運作』有賴於概念性思考，但像她這樣覺知已不散亂的人，已經不再陷入念頭裡了。輪迴不就是這個會思考的心的魔術戲法而已嗎？不就是幻覺嗎？我怎麼可能會認為——即使瞬間也不可能，某個超越了散亂的人會墮入下三道呢？」

「除此之外，你可以說我們母親已經獲致完美無缺的記憶力。想想看，不管你跟她說了什麼，她甚至連一個字都不會忘記。她不是能重述她目睹的每件事，包括最微細的細節嗎？要把親眼目睹的事情敘述得那麼詳細是相當困難的。」

「她不也是能對製作食子的傳統，以及吹奏法會的甲鈴精緻技巧下最後斷言的人嗎？將她的風格與當今僧侶的風格做比較，她承續的是正宗的技藝。當她與她父親一起在敏珠林寺時，她就精通了書法，這附近一帶有誰能寫得比她更好呢？她不也是位草藥治療師嗎？她不是也懂占星學嗎？我們每件事不也都向我們的母親尋求意見嗎？不論我為她考量了多少，我都覺得沒有必要擔憂。」

「你憂心業力法則，三摩地不就是對治它的良方嗎？當這兩者交鋒的時候，我們都知道一個是相對的，而另一個是究竟的。曾幾何時發生過相對現象勝過究竟本性的狀況呢？雲能征服天空嗎？想一想吧，德喜！」

一如往常，桑天．嘉措說的話極具說服力。

「的確如此。」桑拿叔叔補充道：「過去這幾年來，我也注意到她並沒有任何自私的想法，這一定是他們所謂的『妄念瓦解』，她如實地接受了每件事。」

我安靜地坐在那裡，用自己的耳朵聆聽全部的對話。今天告訴你們的這些事，我並沒有加油添醋，或對任何他們所說的話加以曲解③。

依照傳統，我們密集地為祖母修了四十九天的法，而當修法圓滿之後，我們在慈克寺前方的一片大草原上，築起了一座荼毘大典用的舍利塔。噶瑟．康楚受邀主持法事，不過，當時他的健康狀況不是很好，因此有段時間不確定他是否能夠成行。最後，當噶瑟．康楚終於抵達時，我被指派為他的私人侍者。有時候到了晚上我會溜進他的房間，沉默地坐在他身旁。即使有其他人在場，現場氣氛也無法讓你胡扯些不必要的廢話。

法會中有許多喇嘛，甚至包括前世的吉噶．康楚入座在四個主要方位，也有極多僧侶與在家修行人。事實上，人數多到喪禮舍利塔周圍就像個擁擠的市集一樣。噶瑟．康楚親自監督中央進行的葬禮儀式。

天空呈現一片吉祥的湛藍晴空，還有許多殊勝的徵兆，例如一道道的虹光。當我們打開火化的舍利塔時，許多骨頭裡充滿了深紅色的辛度羅粉末。噶瑟．康楚保留了其中一根骨頭，而另一根骨頭上則浮現空行母桑瓦．耶喜（Sangwa Yeshe）的小小影像。宗薩．欽哲和其他上師們都認為這個影像極為珍貴，這根骨頭由吉噶．康楚保存在一只由上等檀香木製成的特殊聖物盒中。

依照西藏傳統，貢秋．巴炯的每位子孫都會收到一件她最珍愛的私人物品作為傳家寶。遍吉收到了第二世噶瑪巴以頂級玉石製成的私人念珠，而我繼承了一小張大約四個手指頭寬的黃色羊皮紙，上面寫著空行文字，這是秋吉．林巴掘出的伏藏。然而，我不是個擅長保存物品的人。一段時間過後，因為我擔憂可能會把它弄丟，所以覺得這張黃色羊皮紙還是留在德喜叔叔手上會比較安全。

札西・吉美的悟境

有一次，宗薩・欽哲在旅行到中藏途中，經過涅瓊寺。我姑姑札西・吉美對他深懷信心，找到了一個兩人能私下交談的機會。我從宗薩・欽哲的侍者那裡聽到這件事——這位侍者跟隨了宗薩・欽哲許多年，後來在錫金過世了。

我姑姑將原本屬於貢秋・巴炯的一些頭髮與一串念珠供養給宗薩・欽哲。宗薩・欽哲把它們放在他頭頂上一會兒，然後告訴侍者，他剛剛收到了極為珍貴的物品，要將它們放進他放置聖骸的特殊箱子裡。

我姑姑離開後，大師跟侍者說：「札西・吉美，即貢秋・巴炯的女兒今天來向我報告她的體悟，她說的事相當令人讚歎。她的經驗與了悟都到了非凡的次第。她告訴我，『我只是個管家，有許多日常工作要做，而我的禪修境界既不高昂也非平和。我並不住於寂靜的境界中，我的狀態是全然的了了分明與清醒，絲毫不執取任何東西。』

「當您看著我的時候，」她又補充說：「您見到的是個忙於份內工作的老婦人，不是嗎？然而我完全不是那樣的人。很久以前我就體驗了覺醒狀態。我不需要努力保持不動，彷彿擔心杯子會潑出水來一般。我一點兒也不擔心那種狀況。」

「她又繼續說道：『我的覺知全然就在當下並保持清醒。我不像其他人，要忙著保持一副安詳的面容，心卻在空洞的狀態中。事實上，我不覺得有需要那麼做。我的心是敞開的，我看到其他禪修者非常焦慮，擔憂他們的平靜可能會受到打擾。恐懼怎麼能保持真正的三摩地狀態呢？禪修不就是要超越輪迴三界嗎？當一個人害怕失去空性的時候，怎麼能得到解脫呢？不管怎麼說，空性怎麼會失去呢？』」

她會說的就是那類的事了。那天稍晚，宗薩・欽哲評論道：「當然，札西・吉美的母親是個了悟的禪修者，不過，看來女兒自己也有長足的進步。你不認為嗎？」

①…噶瑟・康楚與慈克寺關係密切的原因，可回溯到之前迫使噶瑪巴取消德格之行而繞道囊謙的西藏與中國邊界紛爭，因為這次爭端，噶瑟・康楚被迫逃離八蚌寺。一段時間之後，政治情勢平靜了下來。在我寺院裡，我們只聽說關於中國那邊各個派系爭鬥的消息。到了一個時候，我們聽說共產黨已經被打敗了，並將士兵撤出了康區。好幾年之後，才又開始另一次動亂。在這段平靜的時期裡，原本一直待在慈克寺的噶瑟・康楚，終於得以回到八蚌寺。噶瑟・康楚抵達慈克寺之前，曾經到類烏齊寺去，而那時慈克寺的秋林在貢秋・巴炯的敦促下，邀請噶瑟・康楚到他的寺院。噶瑟・康楚在那裡待了三個星期。慈克・秋林也生病了，待在寺院旁他自己的屋子裡。他的屋子稱之為「諾布林」（Norbu Ling），即「寶石聖殿」（Jewel Sanctuary）之意。〔祖古・烏金仁波切說明〕

②…「三摩地提示」通常是由老師或親近法友所給予。若要確實而有效果的話，就必須在「內氣運行」停止前給予。欲知更詳盡內容，請參考確吉・尼瑪仁波切所著的《中陰指引書》（*Bardo Guidebook*）。（譯注：「三摩地提示」為提示瀕死者在死亡過程中安住三摩地的法教。）

③…將這段私人對話放進一本書裡，會讓我覺得不自在，因為那樣做不只不符合桑天・嘉措的個性，也可能讓大家誤以為我們只會吹捧自己的家族。〔祖古・烏金仁波切說明〕

第9章

有趣的慈克・秋林

慈克・秋林不僅聰慧、機敏得令人難以置信，也具有名望與影響力，在政治方面也頗有見識；他解決爭端的能力為人所稱道，如果他是你的對手，你不會有機會勝過他；他極具自信心，並有著令人難忘且莊嚴高貴的行為舉止，彷若無人能凌駕於他之上；他極具傲視群雄的氣質。

我從來沒見過任何人擁有像慈克・秋林那樣明亮、清澈的眼睛，大部分人甚至無法承受他短暫的凝視。他也長得非常英俊，我想他年輕的時候，必定看起來幾乎就像個天神一樣。

我覺得他簡直不可思議！

有一回，西藏政府與中國位在康區東部的省份發生政治糾紛，他居中斡旋。雙方都授與他特定的崇高政治位階，以及錦緞長袍與徽章。問題雖然嚴重到足以引起大型衝突，不過，由於他出眾的聰明才智與自信，成功地解決了爭端，避免了一場戰爭①。

當慈克・秋林還很年輕的時候，偉大的欽哲與康楚就已經圓寂了，老一輩的大師中，只有噶美堪布尚存人世。由於兩人性格上的差異，我不確定慈克・秋林與噶美堪布兩人之間有多少聯繫。最後，是桑天・嘉措指出了無所障蔽狀態下本具存在的覺知，慈克・秋林因而才真正認出了它。因此，到了晚年，他將桑天・嘉措視為唯一的根本上師，且懷著無法撼動的信心。桑天・嘉措的年紀其實比他輕，不過那似乎無關緊要，他仍然向桑天・嘉措請法。

晚年的慈克・秋林

慈克・秋林不習慣屈就於其他大師之下。「除了噶瑪巴之外，我不會向任何只是碰巧路過的喇嘛頂禮。」他說道。只有當當桑天・嘉措在附近時，才能看到他頂禮的罕見場面。

在當時，慈克・秋林的位階與地位幾乎與噶瑪巴並駕齊驅，但他從未要求其他喇嘛將手放在頭頂上為他加持。當有其他喇嘛，不論多麼受人推崇的喇嘛到訪時，他都待之以平輩之禮。不過，儘管他自己的靈修位階崇高，他卻拒絕坐在比桑天・嘉措還高的位置。僅有的例外是，當他造訪老師的寺院時，被強迫坐上主法座。對桑天・嘉措而言，那是他展現對慈克・秋林的無上敬意。

慈克・秋林不像秋吉・林巴，給予教授與灌頂並非他的作風，雖然他確實給了我幾次有關心性的簡短指示。

晚年，慈克・秋林的行為舉止也不像一般人，反倒表現出十足的童稚無邪。除非別人要求，否則他幾乎不曾開口說一個字；他從不主動做任何事，只回應別人的要求，不過一旦他做了，就會做得令人滿意。舉例來說，他會紋風不動地坐著，絕不會將杯子拿起來放到嘴邊，除非你說：「仁波切，請用些茶。」他才會啜飲一口。或者倘若有訪客來，他會僅僅只是坐在那邊，直到我說：「仁波切，這裡有個訪客，請跟他說話。」他才會說：「哦，對。」接著開始說話。

沒有人能真正確定他到底是處於三摩地狀態，已經超越了妄念，或是已經中風了，大師本人當然也從未對此發表過意見。然而，即使當他生病的時候，他似乎也沒有遭受任何痛苦。事實上，要適切地描述他並不容易。

由於他真的很老了，健康狀況也不好，所以他問我父親，遍吉或我是否能到慈克寺去照顧他。遍吉當時已經是本波，即當地領主，不過因為慈克．秋林堅持，所以桑天．嘉措最後同意讓我去。「喇嘛真的老了。」桑天．嘉措告訴我父親：「所以我們就順著他吧。」

我待在慈克．秋林身邊六個月左右，擔任他的侍者與護士。我們相處得相當融洽，彼此都很喜歡對方，我很樂意做他要我做的任何事情。那幾個月下來，我們共度了一段美好的時光。

我的工作之一就是娛樂他，避免他睡著。因為我擅長捏塑生的糌粑麵糰，所以有時候我會做他的頭部塑像。他臉部的輪廓異常分明，而看到自己的大鼻子會讓他突然大笑起來，發出低沉而響亮的笑聲。

我很擅於讓人保持清醒。

親見銅山蓮師剎土

慈克・秋林以務實的作風、毫不加油添醋，只陳述顯而易見事實的方式，告訴了我許多故事。

顯然，他有過許多次淨觀的經驗，因為他告訴我幾個他造訪蓮師淨土時發生的故事，他甚至在那裡親見了蓮花生大士本人②。

有一次，當我們到河邊野餐的時候，他告訴我：「他們說桑天・嘉措是四臂瑪哈嘎拉的一位化身，我覺得那個說法相當中肯。」

「您為什麼這麼說呢？」我問道。

他於是告訴了我，有一次他在淨觀中造訪蓮花生大士淨土光耀銅色山（Glorious Copper-Colored Mountain）的經驗，他甚至還形容了內牆與外牆的布局③；中央宮殿四個方位上都各有一座舍利塔，其中一座舍利塔中，放有一塊不可思議的石頭，石面上有一座天然成形的壇城，四十二位寂靜尊的模樣就刻印在其表面上。任何進入光耀銅色山的人，都必須走過這座舍利塔的塔基，由此淨化他們的所知障。

就在慈克・秋林走近舍利塔時，來到了上面有蓮花生大士手印與腳印的大岩塊。正當他要離去之際，注意到舍利塔右邊，即山的正面有個洞穴，他開口問守門人，這是誰的洞穴。

「這是四臂瑪哈嘎拉的洞穴。」守門人回答。

「我必須見見他。」慈克．秋林說道。不過他被告知瑪哈嘎拉不在，但佛母在。在洞穴裡，他見到了法教的女性護法度松瑪，在她身旁有個空著的蓮花座。

當慈克．秋林低下頭看著蓮花座時，看到了桑天．嘉措的刀子平放在那裡。桑天．嘉措一生都帶著這把特別的刀子，但因為他是個吃素的人，所以這把刀子並不像一般康巴人配戴在身上，隨時用來切肉的匕首，而是一把他總是繫在腰帶上的小刀。

「嘿！」慈克．秋林驚叫道：「桑天．嘉措的刀子怎麼會在這裡，做什麼用呢？」

「你何不往下看，瞧一瞧呢？」度松瑪回答道。

當慈克．秋林轉身往下看著我們這個世界——因為他是在淨觀之中，所以他能夠這麼做——他把視線轉到康區，看到了寺院裡桑天．嘉措閃閃發亮的光頭。

「四臂瑪哈嘎拉就在下面。」度松瑪繼續說道：「你看不到他嗎？你不知道他是誰嗎？」

慈克．秋林快速地瀏覽了慈克寺全地區以及東藏其他地方，最後他說道：「我沒有看到瑪哈嘎拉，只見到秋吉．林巴的外孫桑天．嘉措。」

「就是他！」度松瑪說：「難道你不知道那把刀子是瑪哈嘎拉的彎刀嗎？」

慈克．秋林在心裡自言自語道：「現在我知道他為何老是帶著那把小刀了。」

◎

在另一次淨觀中，慈克．秋林見到桑天．嘉措也是無垢友尊者，也就是在大圓滿傳承中，具有無與倫比重要地位的印度大師的化身④。在這次淨觀中，慈克．秋林寫下了一部心意伏藏，裡面包含了揭示這一世桑天・嘉措神妙本性的儀軌，還有他靈修了悟的故事、口訣，以及其他細節的小法本。他把這本書藏在自己的大衣裡，與它須臾不離，並用它做為日常功課。

位在慈曲河與克曲河匯流處的慈克寺

偉大的欽哲曾告訴秋吉・林巴，要將駐錫地建於慈曲河（Tsichu River）與克曲河匯流之處，所以秋吉・林巴的寺院就建於此處，也因而被稱為「慈克」；此地也被預言為蘊含非比尋常的伏藏法《心願俱生圓滿》的聖地。溯河而上，有一些天然形成的溫泉，人們常艱辛地跋涉至此地，花一個星期時間泡在熱水裡休養生息。

有一次，慈克・秋林跟著我珍貴的祖母、桑天・嘉措、德喜叔叔，還有一些慈克的官員往上游溫泉區走去；他們沿著河岸搭帳篷，喇嘛們都到熱水池去泡澡了。當慈克・秋林將衣服脫下來時，小心翼翼地將書包裹在法袍裡，然後穿著瑜伽士短褲進到水池裡。當慈克・秋林正要離開水池時，桑天・嘉措走過來幫他拿衣服，而當他把衣服撿起來時，書本掉了出來。

桑天・嘉措的特質之一就是，不會白白放下一本佛教典籍而不瀏覽其內容⑤。所以當他一看到那本書，就開始拆包裹在外面的袍子。

「如果他看見了法本，可能會將它銷毀。」慈克・秋林心裡想：「我不能讓他碰到書！」所以，慈克・秋林大聲呼喊：「把東西給我！把它拿過來！你不需要把它拆開！」

這一來更勾起桑天・嘉措的懷疑。「沒問題，我會把它交給你。」他答道，「只要讓我先看一眼就好了。」

桑天・嘉措唸了書名，然後迅速翻閱書頁，繼續讀著自己何以被認為是無垢友尊者的一位化身；書裡甚至還有上師成就法，並以微妙的密續生起次第、圓滿次第作結。

慈克・秋林不但沒有拿回書本，還被狠狠地罵了一頓。「你被視為秋吉・林巴的轉世——至少根據偉大欽哲的說法——而且直到今日，我對這件事的真實性有著絕對的信心。我指望由你為佛法以及所有眾生的利益來護持《新伏藏》。但現在，當我看著你這些胡寫亂畫的東西時，我發現你完全是個江湖術士，欺誑他人的騙子，根本是個說謊者！真是佛法的恥辱！對著我發誓，從今以後你絕不會再屈從於誘惑，寫下這種虛假的胡言亂語。」

桑天・嘉措隨即大步邁向寬闊而水流湍急的克曲河，然後把書扔到洶湧澎湃的河水裡。但桑天・嘉措還未結束對慈克・秋林的痛斥，他繼續罵道：「你把這個完全沒有任何品德的老僧人塑造成某個他不相配的人物！真是荒謬至極的詐騙！假使你打算這麼做的話，你身為秋吉・林巴的轉世祖古就毫無益處了。從現在開始，別再做任何有損於我們之間神聖連結的事了。」

從此之後，桑天・嘉措就絕口不再提這件事了。

金剛乘的祕密意

如你所見，桑天・嘉措謹守秘密瑜伽士的生活方式。金剛乘大體而言，應該是要保持私密性，這麼做反而是會增加善德而非減損。對瑜伽士個人的功德來說也是如此。當一項特殊能力被公開時，俗世的人會將它視為一無是處，無非是個人想吹捧自己的嘗試罷了。如果我們真誠關懷世人的福祉，就不應該讓人有一丁點兒藉口對金剛乘及其修行人生起這樣的負面想法。

但即使像我這樣無緣見到這些事情的人，仍有著單純的信念，即桑天・嘉措的意氣用事仍舊無法改變事實，那就是慈克・秋林確實發掘了一部心意伏藏，裡面揭示了桑天・嘉措是無垢友尊者本人。

慈克・秋林後來以一種極為就事論事的態度告訴我：「在那部心意伏藏裡，原本還有更多我能寫下的細節。桑天・嘉措真的是無垢友尊者的人身化現，不過他禁止我再對那件事多說一句話。」

德喜叔叔與慈克・秋林共同擁有一座寺院。偶爾，我叔叔會表現出彷彿他的清淨見解（pure perception）已經減損了一下子，而以他貫常開玩笑的幽默口吻評論這位秋吉・林巴的祖古是如何「狡詐」。他會說：「慈克．秋林在陳述法律案件時非常聰明、大膽，不過，他也是個技巧高明的騙子。當我們在一起的時候，他會編出天花亂墜的故事，把事實大肆渲染、加油添醋一番。有時候，我很納悶秋吉．林巴的轉世怎麼可能對世俗事務涉入這麼深。不過從另一方面來說，偉大的欽哲不可能出錯。」

慈克．秋林事實上已經收到了偉大欽哲親筆所書的一封認證函，也蓋上了欽哲的私章，象徵他是秋吉．林巴真正的轉世。

德喜叔叔時常以玩世不恭，甚至是驚世駭俗的態度發表言論。他會繼續說道：「因為我已經跟他在一起這麼多年了，我曉得他的經驗與禪修的程度。當他愈年長，他的了證也變得愈顯著，那種深度讓我感到驚訝。他時常會揭示自己的神通力，這是我對他懷抱極大信心的原因。」

「身為尊貴的轉世，他應該被賦予圓滿的功德。不過，偶爾他卻表現出富於政治詭計的模樣；他的伶牙俐齒讓他在任何情況下，總是能夠出類拔萃。有時候，我很納悶他到底是誰——他是那麼具有膽識、勇於冒險犯難，我認為也許他在軍隊裡當個將軍會更好。或者，他純粹就是惡魔的轉世。」

說著說著，德喜叔叔會突然大笑出來。

然後他又開始說道：「我們仁波切是如此高大英俊，且有著那種令人肅然起敬的氣度，當他走進人群之中，沒有人會對於哪一個是秋吉．林巴的轉世祖古感到絲毫疑惑；他是位偉大的菩薩，所有功德與生俱來，離於任何過失。不過話又說回來，再看第二眼，難道他不是樂於以爭辯訴訟案件來幫助朋友、制伏敵人嗎?他非常擅長辯論,一般人是無法超越他的。靈修與世俗目標理應互相矛盾,即使佛陀也為了追尋另一個,而放棄了其中之一。」

我們又再度跟著我叔叔一起大笑。

「當然,我對他沒有任何懷疑。」德喜叔叔會以這句話結束:「只不過有時候這些念頭會悄悄地溜進我的心裡。」

事實上,這兩位喇嘛感情甚篤,彼此分享每件事情。德喜叔叔對慈克・秋林深懷信心,而這也使得他的評論聽來格外有趣。

我不入地獄,誰入地獄?

有一次,慈克・秋林告訴了我一則關於對見地具有信心涵意的怪異故事。

有位年邁的喇嘛,他是一座小寺院的財務總管,他只用生命將盡的最後幾個月進行閉關。當他躺在床上,行將就木之際,也將時常受請求給予臨終者最後口訣指示或灌頂的慈克・秋林請過來。

「您是秋吉・林巴的轉世,」老人開始說話了:「所以我有特殊的事要請求您。這不是一般的請求,您必須答應我。」

慈克・秋林心想:「可憐的老傢伙!人們在瀕死之際變得如此害怕,而且還以為在最後一刻仍有時間改變自己的一生。這又是另一個嚇得魂不附體,害怕落入下三道的例子。儘管如此，我如何能承諾說他的惡行不會將他拖入下三道呢？或許他這一生應該早一點開始持咒與禪坐。」

不過他只跟那位僧侶說：「告訴我你想要什麼。」

「我告訴您之前，您必須先保證會答應我，我才要告訴您！」

慈克・秋林答覆道：「你先告訴我，我再決定！」

那位奄奄一息的喇嘛不斷堅持己見，到最後慈克・秋林不得不同意。

「除了這件事之外，我別無所求。我們都知道下三道很恐怖，尤其是十八層地獄⑥。這些地獄中最低的一層是不是無間地獄（Incessant Torment）呢？而在那底下是不是有令人聞之喪膽的金剛地獄（Vajra Hell）呢？那就是我想要去的地方。求求您，喇嘛！當我死的那一刻，直接將我送到那裡去。那是您必須允諾我的事！」

「你為什麼想去那裡呢？」慈克・秋林問道：「你為什麼需要我幫助你到那裡去呢？」

「沒有您的協助與加持，我終究不可能靠一己之力到那裡去。」老喇嘛答覆道，「除非有位具特殊能力的人把我送到那裡，否則我是不可能去的。我自己已經偶爾會去造訪十八層地獄道，不過，我就是無法直接下到金剛地獄去。所以身為秋吉・林巴轉世的您必須幫助我！」

慈克・秋林後來告訴我：「那位老喇嘛真的對見地有信心，他全然無所畏懼。他很快就往生了，而我從未遇見任何人具有那種程度的勇氣。我探訪過的所有即將往生的人，都要求我的加持，讓他們逃過這個或免於那個，有人甚至要我確保他能獲致圓滿開悟，卻沒有人要求被送往地獄，更別說是金剛地獄了。」

「那位老喇嘛讓我非常讚歎。」他補充說道：「實際上，我對他生起了一些信心。我自願回去參加他的荼毘法會，親眼看見他的骨灰中非比尋常地滿布了舍利子。荼毘法會進行當中，大家都看見從火葬柴火堆中現起許多彩虹。」

這些全都顯示了那位老喇嘛已經徹底超越了希望與恐懼；人一旦了悟了法身本然的覺醒性，下三道就不再是個威脅，也不再指望會有可能在其他地方悟道，因為他或她已然在本初清淨的內在空之中覺醒了⑦。這樣的人在死亡那一刻將證得圓滿了悟。既然如此，還有什麼好害怕的呢？

一個已經獲致大圓滿教法⑧所說的「四重信心」的人，也已經獲致穩定的覺醒狀態，所以不渴望在其他某個地方獲得解脫，也無畏於投生輪迴中的下三道。那就是超越希望與恐懼的涵意。到那個時候，即使你嘗試，也無法經由負面業力投生於接近地獄道的任何地方。所以，當一個人已經熟諳了無二覺性，就不可能墮入金剛地獄。我也懷疑慈克・秋林可以幸運地將他送到那裡去⑨。

◎

生命將盡之時，慈克・秋林顯然具有天眼通，他甚至告訴我，他將投生於何處——就在中藏的雅魯山谷⑩。

他說：「儘管我的足跡踏遍各地，但我從未有機會造訪雅魯。現在，我的心依戀著那個地方，所以我一定要投生那裡。我真的很開心要那麼做，我已經多次盼望要到雅魯去。」

「有段時間，我想像我身邊這裡的景物就是雅魯，我發現自己甚至相信克曲河就是位於雅魯的河流。年輕時，我習慣住在帳篷裡，我享受那樣的生活，所以，現在我將在我的小雅魯河邊紮營；我把它幻想成雅魯，冥想它就是雅魯。那是我想待下來的地方。」他補充說道。

克曲河不是一條小河，不管是馬或犛牛都無法涉水渡過，只有大型船隻才能通行。慈克．秋林具有非常崇高的地位，他所擁有為數極多的土地，與噶瑪巴所擁有的等量齊觀，所以當他搬到帳篷住的時候，大約有五十名官員與侍者必須陪同。

後來我聽說他真的搬進了帳篷裡，並在河邊待了兩、三個月。

◎

有一天，我得到一項消息，即色芒寺一位重要喇嘛天楚邀請桑天．嘉措到那裡傳授秋吉．林巴的《新伏藏》，而我也必須出席。我想要跟慈克．秋林待在一起，尤其當他告訴我說：「如果你現在離開的話，我們將不會再見面了。」他又補充說道：「不過，我們兩人對這件事都沒有選擇餘地，你必須去領受《新伏藏》。」

我沿路走了一大段，忽然間，我聽到了慈克．秋林低沉有力的聲音在我背後響起：「祖古！」所以我走回他面前問道：「什麼事，仁波切？」他只是睜大眼睛坐在那裡，不發一語。我慢慢地後退離開，再次啟程前往色芒寺。當我第二次聽到他呼喚的聲音：「喂，祖古！」時，我幾乎已經快走出聽力範圍了。

我怎麼敢自顧自地繼續走下去呢？所以我一路走回他面前，再次問道：「仁波切，有什麼事嗎？」

他只是張大眼睛，沉默地坐在那裡。這樣的情景重演了大概六次。

我強烈感受到這不是離開的適當時機，而他也並非真的允許我離去。但另一方面，我父親與桑天・嘉措正在色芒寺等著我，也已經派人請我儘快趕到。

我還記得慈克・秋林每次喚我回去之前，我都已經愈走愈遠，直到最後終於從他的視線消失為止。

從此我就沒有再見到他了。

慈克・秋林的轉世

慈克・秋林的下個轉世由噶瑪巴在一首詩中認證了；詩文以這幾個字開始：

「就在雅魯山谷的上端，靠近昌珠寺（Tramdruk Temple）[11]之處，他出生於一戶中等收入的貴族家庭中。他父親是威力功德（Powerful Merit），而母親是富足長壽（Bountiful Longevity）；他是三位手足中最年幼者。」

這首詩以他出生的年份與月份，以及當時天空出現的星座作結。從來不曾這麼輕易就找到一名祖古，錦上添花的是，尋訪團一抵達，這位孩童所說的第一句話就是：「你們一定是來找我的。」絕對毫無疑問，這名幼童就是轉世祖古。而這位祖古相貌俊美，就像天神的孩子一般。

年幼的慈克祖古由噶瑪巴在楚布寺為他陞座，之後西藏攝政王瑞廷（Reding）也為他陞座，因為他過去生的時候與攝政王有過特殊的緣分。攝政王給了祖古一尊稱為「大樂上師」的著名蓮師雕像，以及西藏最重要的守護靈之一「地神瑪千彭拉」（Machen Pomra）的頭盔。攝政王非常親暱地讓祖古坐在他腿上，並讓祖古把玩他一套套的金剛杵與金剛鈴，其中有一套法器屬於偉大的欽哲。那裡有好幾套法器，攝政王問小祖古是否認得其中任何一套。

「我認得這套，」小男孩指著一套說道，「就是它！」果真，這套曾經是他的法器。當他還是個青少年時，就受邀到康區。有一次，他在宗薩的佛學院待了六個月。在這段短暫的時間裡，他憑記憶教導了寂天菩薩（Shantideva）的《入菩薩行論》（*Way of a Bodhisattva*）。他既聰慧又談吐文雅，也學了一種罕見的書法形式，閒暇之餘，他以一手漂亮的字體抄寫了八、九大部經典。

祖古的早逝

到達康區之後，祖古收到行將就木的一位年邁喇嘛的家人請求；那位喇嘛來自一個具有影響力的家族，每年送給該地區寺院幾百頭牛和馬⑫。這名喇嘛被視為上一世慈克．秋林最重要的弟子。

當財務總管告知祖古這件請求時，他斷然拒絕，「我絕對不去。」他抗議道，「沒什麼好說的，我不去。」

不過，有些人不懂得何時該適可而止——喇嘛的家人很固執。此外，祖古寺院的管家也堅持：「這位喇嘛跟您前世非常親近，您非去不可。」

一如往常，祖古啟程之前，先到德喜叔叔的寢室。祖古再度說道：「我真的不想去。」德喜叔叔答覆道：「假如寺院裡的每個人都已經形成共識，我的話有什麼用呢？我並不是說你應該要去，不過看來我好像也無法阻止。」

「我不要去！我不要去！」祖古一再說道，甚至開始哭了起來。但每個人都準備好要離開了，並過來請他。

他臨行前跟德喜叔叔說：「假使我進行這趟旅行，我們就不會再相見了！」這個男孩只是個青少年，卻比老是戲稱自己只能看見一片漆黑而不是預知未來的德喜叔叔還清楚。

在這裡，真正的問題牽涉到一座寺院的管理責任——每天有這麼多人需要餵養，所以，跟富有人家必須維持某種關係。所以，有時候會優先考量名望與物質利益。這些都是實際上無法抗拒的因素。

前往喇嘛家的旅途，以及荼毘法會都進行得很順利，他們獻給寺院與慈克的供養金也非常豐厚。災難發生在回程的路上。

正當他們通過一處山谷時，接到消息說，住在該地的一位權貴突然死亡了。大家都知道這人是個死硬派的騙子，並且犯下許多罪行。一聽說慈克・秋林與隨行人員正經過該地，那家人就過來央求他們再主持另一場荼毘法會。

「我不會到那裡去，也不會為那個人主持任何法會。」祖古回應道。

「不過，仁波切，」他們乞求道：「就在很近的地方，順路就到了！」

嚴重的爭執又再次爆發了，而寺院的經理們也再度估了上風。祖古為往生的靈體主持了淨罪儀式，喪禮的柴火堆也點燃了。

濃煙第一次吹往祖古的方向時，他頓時因疼痛而大叫了起來；座位離他最近的那些人都看到了他的喉部出現了一個疔瘡。從那時候開始，祖古就一直顯現極度痛苦的樣子。疔瘡不久之後就裂開了，到了隔天早上，你可以看到他脖子上的頸骨了。很快地，他就過世了。

當整隊人馬回到慈克寺時，他的馬運載的卻是他的遺體，每個人都驚愕不已，德喜叔叔尤其極度哀傷，不只哀傷祖古的死亡，也因為他是那麼年輕，簡直就像暴殄天物一樣。

①……在一段未錄音的對話中，祖古·烏金仁波切告訴我，跟中國皇帝代表接洽絕非易事——如果他覺得你浪費他的時間的話，你可能會遭他以惡名昭彰、帶有尖刺的手套掌摑，那樣做鐵定會讓你的臉皮開肉綻。〔英文口述紀錄者艾瑞克·貝瑪·昆桑說明〕

②……慈克·秋林在一次淨觀中，見到了我父親吉美·多傑手持一把透明彎刀，他飄揚的長髮往上盤起來。他告訴我說：「你父親毫無疑問地是鴉面護法的一位化身。」鴉面護法是佛陀法教的一位特別護法。〔祖古·烏金仁波切說明〕

③……有趣且值得一提的是，當大部分伏藏師造訪此處淨土時，都有類似的淨觀體驗，事實上，他們常見到完全一模一樣的細節。〔祖古·烏金仁波切說明〕

④……對一位成長於物質主義—虛無主義世界觀的人來說，要敞開心胸接受轉世的觀念已經夠難了，現在我們又聽到某個人同時是好幾位菩薩或往昔大師的

轉世！祖古．烏金仁波切解釋道，祖古的一個化身就好像月亮在水面上的倒影一般，好幾個倒影能輕易地顯現在同一池水中。〔英文口述紀錄者艾瑞克．貝瑪．昆桑說明〕

⑤…他以這種審視佛法典籍的習慣而聞名，這讓他能認出並收集許多重要而罕見，或已散佚的禪修手冊與其他典籍。〔祖古．烏金仁波切說明〕

⑥…想要瞭解地獄道的細節，請參閱《普賢上師言教集》（*Words of my perfect teacher*）第63~72頁。〔英文口述紀錄者馬西亞．賓德．舒密特說明〕

⑦…「本初清淨的內在空」就是佛性本身未顯現的那個層面——本質是空，自性為了知，潛藏力則無遠弗屆。〔英文口述紀錄者艾瑞克．貝瑪．昆桑說明〕

⑧…關於「四重信心」，容我引述策勒．納措．讓卓所著《太陽之圈》（*Circle of the Sun*, Rangjung Yeshe Pulication, 1990）的內容：「已經圓滿了四種知見（指大圓滿）的行者，也獲致了解脫的四重信心。有兩種往下的信心：第一種是離於恐懼的信心，因此絲毫不再受任何事情所威嚇，例如危險或地獄熱與冷的苦受；第二種是不再害怕徘徊於六道眾生的投生處和輪迴三界的信心。有兩種往上的信心：不再迷戀佛果的功德、佛國的快樂等信心，以及離於期望的信心，意思是不再有得到涅槃成果的願望或欲望。這四種信心來自於理解輪迴與涅槃的所有一切都是自我了知（self-cognizance）而超越概念。」自我了知而超越概念，指的是我們存有的基本狀態，也就是佛性。〔英文口述紀錄者艾瑞克．貝瑪．昆桑說明〕

⑨…從大乘與金剛乘的觀點來看——這也讓故事益發有趣——地獄道並非真實或實際的地方，而是近似於身處眾生心中所上演的恐怖電影場景。〔英文口述紀錄者艾瑞克．貝瑪．昆桑說明〕

⑩…這是以前西藏所有早期國王住的地方。〔英文口述紀錄者艾瑞克．貝瑪．昆桑說明〕

⑪…昌珠寺是知名的中藏三大法輪之一，另外兩座為拉薩的桑耶寺與大昭寺。〔祖古．烏金仁波切說明〕

⑫…那位喇嘛與薩迦上師塔立仁波切（Tarik Rinpoche）以及噶舉上師薩曲仁波切（Sabchu Rinpoche）來自同一家族。〔祖古．烏金仁波切說明〕

第10章

色芒寺傳法

噶瑪噶舉傳承中，還有另外兩個派別，稱為「色芒」與「南多」（Nendo），兩個派別都有主要的寺院道場。天楚是色芒寺偉大的上師之一，也被認為是秋吉．林巴十位主要法子當中的一位；他是位極為重要的上師，對於經部與續部（Sutra and Tantra）都有豐富的學養。

當時的天楚邀請了桑天．嘉措到色芒寺其中一座分院，並獨力資助了《新伏藏》的傳法。許多學問淵博的大師為了這件盛事而群集在色芒寺，其中包括了十八位來自康區的重要喇嘛與祖古。

老實說，在噶舉傳承中，很難找到能與色芒寺素質並駕齊驅的喇嘛了。色芒寺裡有大約九百個受具足戒的僧侶，以及三百個就讀佛學院的學生，其中有許多人都非常博學多聞。每個月有兩次，分別在陰曆十日與廿五日，桑天．嘉措會對著他們全部的人發表談話；好幾位堪布也會一個接一個發表出色的演說。

出席的人還有吉噶．康楚，也就是你們所知當今吉噶．康楚的前世。整個德格上上下下都知道他有個「如斷水之刀般銳利」的舌頭，能言善道且滔滔不絕；每當輪到他發表演說時，都引人側目；他毫不遲疑地穿插引述自經典的名句，且一字不差，讓大家嘖嘖稱奇。

整整三個月時間，我父親與伯父兩人同心協力；早上的時候，桑天．嘉措做灌頂的準備工作，而我父親給予口傳；下午的時候，桑天．嘉措則會在大型集會堂給予灌頂。

一開始的時候，桑天．嘉措要我跟著杜竹和另一位僧侶共同擔任法會侍者。過了一段時間，我父親說：「倘若你像那樣在喇嘛和佛龕之間跑來跑去的話，你將錯失一部分的傳法。我會試著問問桑天．嘉措，可否免除你的工作。」

我知道連我父親也畏懼桑天．嘉措，所以我告訴他：「我覺得自己透過這個方式也在接受灌頂。最好什麼話都不要說，我沒問題的。」

不過，我父親真的將這件事提出來了，而桑天．嘉措也同意了，讓我免除了這項工作。我可以只是坐著，跟所有聚集於色芒寺的卓越大師們一起領受其餘的《新伏藏》教法。

◎

三個月即將結束時，桑天．嘉措跟天楚說：「你們之中的博學喇嘛能瞭解並珍視《新伏藏》的本質。從明天早上起，我將開始給予「限定灌頂」①。我不是來這裡提高自己的身價，也不隨便不加選擇地就給予秘密灌頂。我已經注意到有些妄自尊大的官員與傲慢的功德主也參與了這場聚會。但從明天開始，不歡迎他們出席。天楚，決定誰可以參加或不可以參加是你的職責。」

那天聚會結束時，天楚宣布，接下來的法會任何在家居士都不准參加，只有喇嘛與剃度的僧侶才可以。

儘管如此，第二天早上，一位喇嘛的法座後方懸掛了一塊簾子，簾子後面坐了多位當地的權貴與官員。他們假裝人不在那裡——來自色芒的那些人，可是以厚顏無恥著稱。

通常灌頂結束時，喇嘛們會到前面來接受桑天．嘉措親自以法器加持，而在這之後，會有人拿著加持物在全場走動。然而那一天，桑天．嘉措只是一直坐在法座上，紋風不動。

一段凝重的沉默之後，桑天．嘉措宣布：「我聽說色芒的統治階級非常勇敢。那是不是你們所要告訴我的呢？不過，色芒上流階級的大無畏精神並不構成我將秋吉．林巴伏藏法扔向風中的理由。我這個老喇嘛不需要服從任何當地貴賓，我唯一必須服從的人是我的根本上師。我說過，我會將傳承傳給喇嘛與剃度的僧侶，但不傳給世俗人士。這是我昨天告訴天楚的話，也是他通知各位的事情。但告訴我，那邊那塊簾子後方是不是真的有五十名世俗人士已經偷偷摸摸溜進來了？所以，今天是最後一天。我要離開了，灌頂到此結束。」

這頓斥責讓每個人驚愕不已，集會堂裡一片鴉雀無聲。桑天．嘉措告訴法會侍者開始打包，除了我、我父親，以及我表弟噶美．堪楚（Karmey Khentrul）以外，每個人都魚貫地離開集會堂。

天楚仍待在後面，並叫喚我父親到他的法座那邊，「你是他弟弟，你必須告訴桑天．嘉措，假使我讓這件事發生，而沒有在天黑前將它糾正過來的話，我將違犯三昧耶。我誠心誠意地珍視《新伏藏》的嚴密傳承。」事實上，幾世紀以前蓮花生大士就已經預言了這位色芒．天楚（Surmang Tentrul）有一天會成為十位主要傳承持有人之一。

「我出於對佛陀教法以及對眾生的關切，也出於純然的渴望，所以安排了這次盛會，」天楚繼續說道：「我對事情目前的轉折感到深切的遺憾，看來我已經毀壞了上師的指令。請你請求他重新考慮，間斷三天後，再來傳授我們剩餘的傳承。到那時，我將親自嚴格執行他的期望。」

當吉美·多傑傳達這個訊息時，桑天·嘉措態度卻堅決不移，「絕對不行！我怎麼能將仍洋溢著空行母溫暖氣息的深奧伏藏法隨意交出去呢？」②

因為我父親對天楚懷著極大的敬意，而且是個態度相當溫和的人，所以他陷入了左右為難的局面。幸運地，噶美·堪楚比較有膽量，所以受託將這個壞消息透露給天楚知道。絕望的天楚開始啜泣。

桑天·嘉措聽到聲音而問道：「他在做什麼？」我告訴他，天楚在哭泣，並問他我們該怎麼辦。

「他把原本應該要自己做的事授權給下面的人。」桑天·嘉措說道，「他沒用心去把那些咄咄逼人的權貴擋在外頭。我怎麼能將珍貴的伏藏教法傳給那些妄自尊大的人呢？反正，他現在說什麼都無關緊要，我要打包走人了！」

噶美·堪楚毫不退縮地再次靠近問道：「舅舅，中斷灌頂儀式有什麼好處呢？您得完成您已經開端的事情。您不能棄天楚那樣偉大的上師於不顧。」

「胡說八道！」這是桑天·嘉措唯一的答覆，完全不予理會。我父親開始斡旋，在他兄長與天楚之間來回走動。杜竹與另一位法會侍者自始至終都站在門外，阻擋任何人進入。

「他今天必須原諒我。」天楚哀求道：「不然的話，我拒絕吃東西或睡覺。」

「他為什麼還坐在那裡？」桑天．嘉措怒氣沖沖地問道。因為我父親沒有勇氣覆述給他聽，所以我告訴他天楚說的話：「除非您原諒他，否則他晚上不睡覺，白天不吃東西。」

「那有什麼幫助呢？」我伯父回覆道：「他這麼做只是讓自己的生活痛苦不堪而已。那樣的威脅不該發生在上師與弟子之間。」

這狀況一直持續到桑天．嘉措終於讓步為止，並說道：「好啦！告訴他沒事了，他可以離開了。」

那真是難熬的一天！此後五天期間，僧眾和喇嘛以成千上萬的食子修了薈供，作為正式法會的一部分，藉以癒合嫌隙。又繼續灌頂了，然而卻是在一種極為陰鬱的氣氛中進行。

如你所見，桑天．嘉措有時候相當嚴苛。

①…「限定灌頂」可能包含了某些秘密修持，或將接受灌頂的人託付給法教特定的護法，通常只授予傳承持有人。〔英文口述紀錄者艾瑞克．貝瑪．昆桑說明〕

②…「空行母的溫暖氣息」隱喻著具有未受毀壞而簡短

傳承的有效教授。在蓮花生大世與桑天．嘉措之間只有兩位上師：秋吉．林巴與授予桑天．嘉措特定灌頂的一位傳承持有人，例如哲旺．諾布或噶美堪布。〔英文口述紀錄者艾瑞克．貝瑪．昆桑說明〕

第11章

樹洞裡的大師

讓我來告訴你關於《智慧之光》這部殊勝典籍的事情。蓮花生大士所著的這部根本經文，讀起來就像一首充滿詩意的歌曲；作為一部修持的指導手冊，它的內容極為清晰易懂。《智慧之光》論及的範圍廣泛，幾乎包含了佛教成佛之道的所有面向。老欽哲用這些字眼形容它：「單單我前臂大小的這一部書，就比一百頭犛牛所承載的典籍更有價值。」

伴隨這部根本經文的，是由康楚所著，內容廣博的論典。這個文本是部真正的心意伏藏，而它本身就是一部取出的伏藏，內容極具深度且詳盡，充滿了需要大量參考其他眾多典籍內容的濃縮形式。

我年少的時候，特立獨行的大師蔣札（Jamdrak）就被視為是尋求闡釋《智慧之光》的人選。根本經文結尾的部分，有好幾段內容預示了未來將為佛法與所有眾生利益貢獻心力的人，以及他們將如何去做的確切描述。偉大的欽哲甚至說，蔣札也是蓮花生大士八百年前在這部經文中所預言人物之一。

經文中也陳述了那些被授記人物的特定佛行事業。老欽哲告訴蔣札：「你的佛行事業，就是盡量廣為傳布這部典籍。」因此，終其一生，蔣札對於每個去見他的人，不管有沒有向他請法，他都會給予這部經文的口傳。

有一回，有個人純粹只是來向蔣札表達敬意，並依西藏傳統作風獻上了白圍巾。蔣札要他坐下來，然後開始迅速地大聲唸起這部包含卅三大張紙的經典。進行了好一會兒時間，這人變得不耐煩起來，並且發起牢騷：「我只是來此向您獻上圍巾而已！」

「如果你不想要口傳的話，就不應該來我這裡。」蔣札厲聲說道，「現在坐下來，並且保持安靜。」①

真正的瑜伽士

由於曾經跟隨馳名的大師欽哲與康楚學習，蔣札的學識極為淵博。他協助康楚編纂由蓮花生大士所著，而被人取出的《伏藏珍寶》，這是一部最絕妙的伏藏法選集。後來，廿世紀最偉大的上師，包括欽哲與康楚兩人的轉世在內，都跟著蔣札學習。

蔣札圓寂之前，桑天．嘉措跟德喜叔叔派了一位天資聰穎的堪布去向這位年邁的喇嘛領受口訣指示。德喜叔叔給了他一封信，裡頭寫著這項請求：「請將您對於《智慧之光》獨特的闡釋傳承給予這位博學的僧人，這樣一來，它就不會消聲匿跡。」

這位堪布名叫究恰（Jokyab），文學技巧為人所稱道。他後來告訴我，由於他在很年輕的時候，就已經讀過內容廣泛的蓮師傳記《金鬘紀事》（*Golden Garland Chronicles*），「不管走到哪裡，我都將那部書掛在我肩上，並請求每一位遇見的喇嘛教授我不同段落。」他藉此精通了佛法的教授②。

當究恰啟程去見蔣札的時候，蔣札已經八十三歲了，他心滿意足地住在位於偏遠山區，由一棵大樹樹根所形成的隱修洞裡。這位老喇嘛無法挺直腰桿地坐著，因為他的脊椎已隨著年齡而彎曲了。依西藏的標準來看，蔣札不僅年事極高，他的作風也頗為奇特；他脖子上圍著一條棉質的大圍兜，因為他容易流口水，他也從不擤鼻涕，任由鼻水往下流。他毫不在乎別人怎麼看待他，他是位真正的瑜伽士。

他並未穿著剃度行者所穿的上衣與披肩，而是穿著一件由老舊羊皮碎片做成的大衣，外頭則以不同種類的布料拼湊而成。這些布料當中，有一大塊是上面有著金龍圖樣的精緻綢緞。顯然，別人將這塊精緻的絲質布料供養給他之後，他就把它縫在他的破爛袍子上。這麼做也讓他遭致鄰近寺院經理憤慨的批評，因為那位經理痛恨見到這麼高級的綢緞竟然被那樣蹧蹋掉了。

究恰和同行的轉世喇嘛朋友前去蔣札隱修處的旅程萬分艱鉅，必須徒步與騎馬好幾個星期時間。但當他們總算抵達之後，蔣札最初卻這麼跟他們說：「三年前我就開始了終生閉關。」那表示說，他已經承諾了要一直閉關，直到死亡為止，「我不再教學了。」他繼續說道：「我實在太老了，不適合教學。請別生氣。」

究恰與他的喇嘛朋友並不生氣，只是感到萬分沮喪。尤其旅行了那麼長遠一段路程後，被如此拒絕，實在是大失所望，所以他們決定不屈不撓。「明天早上再回來。」這是蔣札僅有的回答。

第二天早上，老喇嘛說：「我的身體不像過去那麼強壯了。我能怎麼辦呢？請別生氣。只好明天早上再來。」究恰與他的朋友茫然不知所措，不過，他們的確也無計可施。

隔天早上，蔣札拿出德喜叔叔的信，在他自己頭頂碰觸了一下以示尊敬，然後以微弱的聲音說道：「天哪！我已經年邁到無法教學了，但這是一封來自伏藏師兒子轉世的信。我從來沒有見過伏藏師本人，不過我是他兒子旺秋．多傑的弟子。這是來自秋吉．林巴其中一個兒子的指令，所以我必須履行它。假使我不那麼做的話，我會違反對上師神聖的許諾。」

然後，他虛弱地甩了甩頭，接著又說：「不過我今天無法負荷了，明天再回來。」

隔天早上——已經第四天了——老蔣札再次把信拿出來，又讀了一遍，又像之前一樣把它放在頭頂上，並重複先前說過的話。然後補充說道：「天哪！任何違背上師指令的人，無疑是要到金剛地獄去。我無論如何一定要給你們這部教法。不過老實說，我今天無法負荷了。」那天就這樣結束了。

究恰隔天早上又回去找他，這次備妥了傳統上請求教授用的曼達盤。正當他唱誦請求文時，老上師輕柔地拿出了信件、讀了它、將它舉起放在頭頂上，接著又再次說道：「我必須服從我上師的指示，不過今天我無法負荷了。明天再來。」

這情景每天早上都像發條般規律地上演。大約反覆了一個月之後，究恰的同伴受夠了，

「我知道我們是遵從桑天．嘉措與德喜祖古的命令來到此地，但這怪老頭幾乎無法溝通。除此之外，我無法確定他是不是個老糊塗；他的生命能量如此枯竭，身體也塌落了，他怎麼可能有辦法教導我們？看看他怎麼吃東西，大半的食物都灑到胸前！你可以在他的上衣看見過去幾天他吃了什麼東西。他已經返老還童，我不知道繼續待在此地有什麼意義。」

即使如此，年輕的究恰說服了他的朋友堅持下去，但日子一天天過去了，還是沒有任何改變。有時候，老喇嘛喃喃自語著：「我今天無法負荷了。」之後，就乾脆打起盹來。

就這樣過了三個月，這名同伴的耐心消耗殆盡了，「夠了！繼續在此地耗下去實在是荒謬之舉，這位老喇嘛絕不可能教導我們任何東西。他幾乎不會說話！坦白說，我懷疑他還有多久可活。我不覺得如果我們現在走的話，會違背老師的心意。畢竟，我們已經用心嘗試了整整三個月。」

「隨你高興，不過我不離開。」究恰回答：「即使要耗掉一年時間，我還是要待下來。我怎麼能違抗像桑天．嘉措與德喜祖古那樣的上師呢？」

他們最後一次一起回到蔣札那兒，但還是上演同樣的故事。最後，究恰的同伴請求准予離開。

「天哪！」老喇嘛說，但沒有叫他走，也沒有叫他不要走。老喇嘛只是一再重複地說了好幾次：「天哪！」因此，那位祖古獻給了老喇嘛一條白圍巾，正式表明他要離開，然後就啟程回家了。

預警來自東方的障難

在那之後，儘管蔣札仍舊沒有給予《智慧之光》的教授，但情況確實有所進展。究恰就如同蔣札一樣，在心中熟記了另一部經文：《密藏密續》（*Guhyagarbha*），也就是《秘密精要的密續》（*Tantra on the Essence of Secrets*），那是藏傳佛教舊譯派所有密續中最重要的一部。他們兩人以隨興的方式，在接下來的三個月期間詳細討論了那部經文，究恰得以澄清許多困難的疑點，且因而對那部部密續變得相當熟悉。「回顧那幾個月，」究恰告訴我：「似乎我們只是單純地交談，可是實際上，我大量領受了這部珍貴密續的詳盡指引。」

所以他們養成了一套規律的作息；每天早上大約九點的時候，大師會說：「該是小解的時候了，你何不一起來呢？我走在前頭，不過要帶著我的蒲團，好放在太陽下。」

究恰會拿著蔣札坐與睡覺用的大蒲團，並將它放在附近的小草原上。年老的大師小解後，會猛然躺在蒲團上，接下來幾個小時就只是躺在那裡。

「一直到午餐之前，他絕對不會回到樹那邊。」究恰心想。老瑜伽士仰躺在那裡，張著大眼睛凝視天空直到吃飯時間為止。到了中午，會有個小僧人來通知午餐準備好了。日復一日都是如此。

每天一到黃昏的時候，蔣札必定會修簡短的伏魔儀式，並朝東方丟個食子——供養用的一種糕餅，象徵一種武器。

「仁波切，您為什麼每天都這麼做呢？」究恰問道。

「天哪！」大師解釋道：「將有一股邪惡的力量會從位於東方的一個國家生起；它將徹徹底底地摧毀西藏雪鄉的佛陀教法，讓這國家陷入一片暗無天日的黑暗之中。這股力量無法阻擋。不過，僅僅只是嘗試阻止它，所帶來的利益就超過我唸誦寂靜尊與忿怒尊儀式一百遍，或點燃一萬盞酥油燈。當我擲出這個食子時，我想像它直接擊中惡魔的頭部。然而，它卻無所助益，沒有人能擊退這個惡魔。儘管如此，僅僅只是嘗試，我將在成佛道上累積大量功德並淨化障難。」

當我從究恰那裡聽到這則故事時，我還年幼，覺得這段故事聽起來頗為怪異，因為在當時，我尚未聽說過毛澤東這個名字。

教授《智慧之光》

已經六個月過去了，有三個月時間什麼事也沒發生，而後來的三個月則有一些交談和問答。後來，蔣札終於開始教授《智慧之光》了，光標題就花了好幾天時間。他連續不斷地開示，接下來的六個月，一天都沒有錯過，內容涵蓋經文的每一個細節。每當偉大的康楚在論典中寫下「等等」時，蔣札就會特別指明從寺院藏書館的哪一本書、哪一頁可以找到資料。他說的總是正確無誤。

當蔣札開始教授《智慧之光》時，究恰偶爾會建議：「您何不搬到寺院去住呢？那會讓我們更加容易完成所有必須做的事。對我來說，一直從藏書館扛著書來來回回相當困難。」

蔣札答道：「我一生從未在建築物裡住過。我住在這個樹洞裡，覺得非常舒適。倘若你想要跟其他喇嘛住在寺院裡，就去吧。」

當究恰跟蔣札待在一塊兒時，見到了許多來訪的人，包括重要的喇嘛與富有的功德主；他們時常會給蔣札禮物，包括相當貴重的物品和金錢。然而，老上師對於這些供養品已經完全離於做作了，倘使有件物品碰巧看起很漂亮，他會將它舉起，並說道：「哇，多討人喜愛的小禮物！真感謝你！」

等來訪的人走了之後，不管別人給他的是什麼，他只是轉過身去，丟進他座位後方的箱子裡；大塊大塊的肉乾、一塊塊的綠松石、一袋袋的乾酪、一包包的糌粑、一片片價值連城的珊瑚……全都混在一起，他從來不看供養品第二眼。

究恰注意到其中有位訪客不敢進來，是個乞丐，聽起來這好像不是他第一次來；他將頭倚在窗戶上：「喂，仁波切！給我一些救濟品好嗎？」

這名乞丐每次來的時候，蔣札都會傾身向後，把頭放在擺放供養品的箱子裡，連看都沒看就抓了東西拿到窗戶外面，大聲喊道：「拿去！好好享受吧！」

有一天，寺院一名官員路過，見到乞丐拿著精緻的黃金雕像剛走開。他衝進樹洞裡去，開始埋怨。

「仁波切，您不能把東西這樣分送出去，每樣東西都應該要先清點、估價；接著，再把合適的東西送給那樣的傢伙。」

「天哪！」蔣札回覆道：「你想要為無價的佛陀標價?!我做不到。」那名經理無言以對。

蔣札轉身對著究恰說道：「可憐的傢伙們！他們其實對我非常仁慈，我不能因為那樣就看不起他們——他們必須包辦寺院的生活所需。一開始，經理過來說他要我一半的供養品。他告訴我，他們正在擴建房舍，有許多開銷，而我不需要那麼多東西，因為我唯一做的事就是修持。我同意讓他們擁有一半供養品。顯然，人們給的東西已經累積得相當多了。現在看來，他們彷彿已經覺得擁有我的供養品，想要清點以便確認他們的份兒。」

「他們已經提議要給我寺院裡的一個房間，但我總告訴他們，我只不過是個住在樹裡的怪老頭。我在這裡很開心。」他接著輕笑說：「不過，如果他們想要住在由富麗堂皇的雕像與許許多多閃閃發亮的裝飾品所環繞的寺院，如果那會讓他們開心的話，就由他們去吧。」

為了追尋這些教法，究恰花了一整年時間跟蔣札待在一起，回去時帶了厚厚一疊的筆記。因為待在那裡的期間，紙張都用完了，他就利用樺樹皮來抄寫筆記。所以當究恰完成任務回來時，看起來就好像扛著大量的木刨片！當他卸下重擔時，我們看見每一片樹皮上都有個小小的號碼。桑天・嘉措指示他將它們全部依照正確的順序謄寫下來，而他花了好幾個月時間才完成這項工作。

究恰的筆記詳細解釋了經文中簡略以及相互參照的部分，並澄清了困難的疑點。最後，究恰將它們編纂成一部非同凡響的書，書名為《智慧之光的花邊》（*Side Ornament to the Light of Wisdom*），目前廣泛為人所使用。

究恰有時候會打趣說道：「這些筆記真正是讓《智慧之光》教法在我心中維持清晰易懂、記憶鮮明的寶庫。沒有了它們，我就無法給予完整的闡釋。這全都要歸功於蔣札。」他的聲音聽起來帶著些微悲傷的語調，因為這些教法可是得來不易。

究恰後來用了六個月時間，給了我《智慧之光》一系列廣泛的教授③。桑天・嘉措認為這些教法非常重要，連他也參加了。究恰一開始先從頭到尾把根本詩文教一遍，接著連同釋論又再教一遍；教第二遍的時候，他補充了每個他學得的註記，而每個註記都在適切的位置。沒有這些註記，即使最有學養的老師也難以找到所有參考資料。

①…印度籍的大師古努仁波切（Khunu Rinpoche）向確吉・尼瑪仁波切敘述，他也以這種方式從蔣札那兒領受了《智慧心要道次第》。〔英文口述紀錄者艾瑞克・貝瑪・昆桑說明〕

②…究恰仁波切出生於格吉（Gegyal）區，是位來自重要家族的政府官員之子。年幼開始，他就誠摯地想要追尋靈修之道，並得到允許去了給恰寺，在那裡成為喇嘛旺多（Lama Wangdor）的弟子，並得到《密藏密續》教授。獲得了一些正確理解後，他成了帝亞寺的僧人，並跟著偉大噶美堪布的一名弟子學習。不知何時，他遇到了桑天・嘉措，並領受了完整的《新伏藏》教法。究恰也告訴我，他從穹楚

仁波切那兒得到了一些重要的口訣指引。〔祖古・烏金仁波切說明〕

③…由於究恰的堅強意志與信守諾言，我們才能將蔣札學識廣博的釋論紀錄為完整的一部書。現今它是完整深入瞭解《智慧之光》至為重要的輔助，英文版本裡有針對主要經文的大量注釋。難以解釋為何蔣札延遲了這麼久才給予教授，或許他是在測試這些學生的誠意。〔英文口述紀錄者艾瑞克・貝瑪・昆桑說明〕

特立獨行的囊謙國王

第12章

特立獨行的國王

桑天・嘉措的名氣在囊謙已經變得極其響亮。由於他的知名度和高深的了悟，所以晚年時成為囊謙國王的上師。讓我告訴你一點關於這件事是如何發生的，還有它所帶來難以預料的後果。

說到故事發生的背景，囊謙本身就是個國家，政府裡有廿五位掌管對外事務與十八位掌管內政事務的大臣，國王則統領全部的人。我倉薩宗族的先祖於幾世紀之前落入了囊謙國王的統治，並一直持續到一九三〇年代西寧回教軍閥入侵為止①。入侵者並非像有組織的軍隊般陣容堅強，他們比較像是一群盜匪。儘管如此，他們仍深入康區，所到之處皆洗劫一空。在這過程中，兩地的皇宮都被摧毀了。

當時的玉炯皇后（Queen Yudrön）——她名字的意思是「綠松石燈」——是位德格公主，生了好幾個小孩，包括三名男孩和三名女孩，但孩子一個接一個過世了。在康區，這被視為一種特定障礙，是一種被稱為「覷」（tsiu）的惡魔力量。因而舉辦了許多法事，想要補救這一再發生的災難，然而卻都無濟於事。

這些法事有個目的，就是要「召喚」罹難者的生命力，因而需要一位才能高深的大師②。噶瑪巴收到了一封信息：「我們的王子與公主一個接一個過世了。囊謙現在沒有男性王位繼承人，請您推薦一位有能力解決這個問題的大師。」

桑天．嘉措與囊謙皇室

此時，第十五世噶瑪巴已經圓寂了，第十六世噶瑪巴利培．多傑駐錫於楚布寺。他傳回這樣的答覆：「目前在囊謙王國，沒有喇嘛比桑天．嘉措更卓越的大師了。邀請他到您的皇宮，並請求他修保護性儀式。」在此同時，來自八蚌寺的偉大錫度，同樣指名桑天．嘉措的信息也抵達了。因此，我的上師被迫離開他位於壘峰的隱修處。

那三年期間，桑天．嘉措就待在位於採久寺旁的皇宮裡。皇后生了一個兒子，稱為「阿千王子」（Prince Achen）。王子出生後頭幾年都一直受到桑天．嘉措的保護，因此並沒有像他的手足們那樣不幸死亡。在那之後，國王又生了五個孩子，包括三名男孩和兩名女孩。我相信他們大部分至今仍然在世。

人們相信桑天．嘉措運用了他非凡的能力拯救了皇室傳承。當然，囊謙國王喜出望外，就如先前幾個時代國王的慣例，贈予了桑天．嘉措一片片廣大肥沃的土地。

囊謙的阿千王子

所以老年時，我的老師成為皇室最重要的喇嘛——一位他們由衷感激，所有事務都要徵詢他意見的喇嘛。

由於囊謙國王將桑天・嘉措視為他的上師之一，所以我常以伯父侍者的身分造訪皇宮。否則的話，一般喇嘛，當然更別提平民百姓了，沒有人能夠進入國王的內宮，只有位階最高的宗教顯要才准予覲見[3]。

國王對於資助佛行事業也比對世俗事務更加有興趣，他甚至拒絕接見一位重要的首領，並稱呼對方為「佛法的敵人」。

這位國王本身就是個喇嘛，每天晚上只睡幾個小時，其餘時間都以極大的毅力修持；他整天持誦普巴金剛咒，以最快的速度持誦，但咬字又很清楚；他從來沒有略過一個音節不唸，也未曾中斷持咒。我聽說他一生中持誦了一億三千萬遍普巴金剛咒。最後，這位國王將統治權交給了王子，並持續進行嚴格的禪修閉關。

這裡還有另一則讓大家明白他是怎樣一個國王的故事。

一群群移地而棲的野鵝與鶴會在皇宮的花園落腳，碰巧，有隻斷了腿的鶴飛入他房裡，還盤旋了一陣子。

國王非常認真看待此事，派出特使查訪是誰讓鶴受了傷。特使成功找到一個孩童，他坦承對著鳥丟了一顆石子。一聽到此事，國王就讓那名男童在鳥兒接受治療期間接受拘禁，直到鳥兒的傷勢復原後，才釋放那名男童。

後來，一隻野鵝也發生了類似的意外，一名青少年遭到逮捕。後來消息傳開，說王國裡的所有鳥類都受到皇室法令的保護，因而沒有孩童膽敢對著鳥舉起石子了。

桑天．嘉措待在舊皇宮，國王與家人則住在附近一棟新宅第。新皇宮裡有間稱為「正誠堂」（Square Hall）集會室，大首領、大臣、顯貴人士們以高傲自大的姿態，身著高雅的長袖錦緞裙袍（chuba）外衣坐在裡面開會；他們鼻孔朝天、趾高氣昂地行走，無視於一般人民的存在。

也許你已經注意到了，國王是個有點特立獨行的人，他不准「正誠堂」的座位加飾椅套，所以只有硬梆梆的木製長椅。不論大臣們認為自己的身分多特殊，還是必須坐在未加軟墊的木板上！

為了世俗事務而能接觸國王的那些官員，都屬於精英白虎（behu）階級；他們有四個人，全都穿著最華麗的錦緞長衫，也都下巴朝天，顯示他們地位的尊貴與崇高——他們幾乎看不到正走過的地面。他們被視為「貴族」，但我朋友和我都覺得他們妄自尊大的態度令人發笑，因而喜愛模仿他們。

不管怎樣，桑天．嘉措常被召喚至皇宮主持法會。當他到達時，必須先經過「正誠堂」，而他進去之前通常會輕輕咳一下。當顯貴們聽到了咳嗽聲，身體頓時挺直起來，所有人都試圖馬上站起來。一旦他們試圖倚在鄰座人的肩膀上站起來，就會跟骨牌一樣，摔得東倒西歪，所有人都亂成一團。

當桑天．嘉措終於走進皇室寢宮時，場面並沒有多大不同；皇后、王子、公主立刻跳起來站好，放下手邊正在忙的任何事。看起來似乎大家都畏懼他，即使是國王也不例外。

國王的癖好

玉炯皇后喜歡邀請舉足輕重的人物到皇宮來。不過，除了桑天．嘉措之外，我相信國王只允許噶瑪巴與偉大的錫度進入他的私人寢宮。

有一次，國王邀請噶瑪巴進入這間內室舉行著名的黑寶冠法會，由一位事業金剛、兩名號手、一位財務總管的小群隨行人員陪同。

這種場合可能還會有另一位偉大的祖古參與，不過這並非常規。有一次囊謙的主要喇嘛之一色芒．天楚跟著噶瑪巴一同抵達皇宮。

「如意寶，」天楚請求道：「請帶我一起去。據說囊謙國王是個非同凡響的人，是觀世音菩薩的化身。我時常祈願至少能見到他面容一次。不過，直到現在他從未給我機會。請您仁慈地將我納入您的侍者。」

「當然可以。」噶瑪巴答覆道：「你是我的主要喇嘛之一，有何不可呢？」因此他的隨行人員多了一位。

法會圓滿之後，國王向噶瑪巴問道多出來的那位喇嘛是什麼人。噶瑪巴答覆說是色芒・天楚。

「喔！那位是色芒・天楚。喲，喲！因此我們現在已經見面了。」但直到噶瑪巴告辭，那是國王唯一說的話。不過，國王隨即把噶瑪巴的財務總管喚到房裡。

「天楚不是我的臣民之一嗎？」國王問道：「他難道不是一介囊謙國民，就像我腳下的一顆石子嗎？他卻想要爬到我頭上？利用作噶瑪巴的侍者之一為藉口，強行進入我私人寢宮而沒有尋求我的准許。難道不是這樣嗎？」

「現在就去問天楚是否情況並非如此，還有問他要這種花招的理由。他是不是計畫讓國王的臣民隨心所欲地自由進出，就像扔到我臉上的一顆石頭？問那是不是他的意圖。」

這位財務總管通常都很大膽、專斷，不過當他回來時，卻無法到噶瑪巴面前把國王的話重述一遍。因而他試圖迴避議題，所以就先與桑天・嘉措商討，然後桑天・嘉措把我父親叫進去幫忙。

「我們要如何將這件事透露給色芒・天楚知道呢？」他們思索著。

他們其中一人指出：「因為國王邀請噶瑪巴回去參加晚宴，所以我們必須在這之前告訴天楚。」

另一人問道：「我們能說什麼？」

最後他們決定，最好是由噶瑪巴本人去解釋。

然而，當他們懇求噶瑪巴時，他卻答道：「我無法跟色芒．天楚說任何事。他不只是我所遴選的喇嘛代表之一，他也持有非常崇高的位階，已經接獲中國皇帝的印信了。除此之外，他也是我的上師之一。因此，倘若有任何人該向國王道歉的話，那個人應該是我！」

就天楚的部分來說，他不覺得他違反了任何法規，他請求了噶瑪巴的允許，也誠心誠意地希望能見到國王。真正的問題出在國王古怪的個性。他們討論的結果是，噶瑪巴會解決這件事，「假如已經犯了任何罪，我表達我的遺憾之意。」他會這麼告訴國王。

噶瑪巴道歉之後，國王回答道：「我絕對不可能接受噶瑪巴的道歉——那不是問題所在！真正的問題是我的臣民竟然厚顏無恥地擅自進入國王的內宮。」

這就是我們國王怪異的性格。不管他的理由是什麼，是因為他大部分時間都在嚴格閉關，還是不應該允許人民自由進出皇室宮殿，總之，他一點兒也不肯讓步。

他對於所有事情都毫不妥協——至少可以這麼說。

◎

在那個年代，科技創新已經開始從中國傳入康區了，被稱為「外來發明」，後來國王頒布了一道法令規定：「這些外來物品一樣都不准進到我皇宮圍牆裡面。」事實上，連他的窗戶都完全沒有使用玻璃，窗口就如同往昔一般，只以布或紙遮蓋。他的理由是，既然我們的先祖沒有那些東西，我們也不該有。因此當這位國王活著的時候，你在皇宮各處都找不到玻璃的蹤跡。

接下來，國王宣布他也不要讓外國武器出現在他的皇宮裡。因而士兵只有幾支單發子彈的舊式步槍，開火的時候，神槍手就被包圍在一團煙霧之中。他將現代武器歸於「杜魯卡」（duruka）之類，他這麼解釋道：「古老的預言提到三種『杜魯卡』：入侵的軍隊、傳染疾病與有形物質。儘管戰事、饑饉、疾病被預言將散布於我們這個時代，但是我將用盡一切可能方法延緩它們傳入。我知道舶來品在我的國家裡變得愈來愈受歡迎了，儘管如此，我禁止任何一件杜魯卡裝備被帶進我的大門。」

國王終生都堅定不移地保持那種態度，你也許可以說他是個真正的老古板。

①……這可能是蒙古軍閥馬步芳於一九三一至一九三二年襲擊囊謙的事件，詳見高斯坦（Goldstein）的書第221~222頁。〔英文編輯麥可·特威德說明〕

②……這個包含「召喚生命力」的儀式，修法的基礎可以是長壽佛（Buddha Amitayus）、他的佛母嫦達利（Chandali），或是許多其他長壽本尊之一。〔英文口述紀錄者艾瑞克·貝瑪·昆桑說明〕

③……在德格國王的皇宮裡也一樣，當他現身的時候，只有像大錫度或噶瑪巴那樣的喇嘛才會受到歡迎，或許對其他喇嘛就不是那樣了。〔祖古·烏金仁波切說明〕

第13章

與桑天・嘉措度過的最後時光

早在我出生以前，桑天・嘉措就已經將完整的《新伏藏》傳承獻給第十五世噶瑪巴卡恰・多傑。噶瑪巴的佛母後來告訴我，兩位喇嘛時常坐在一塊兒談話到深夜。桑天・嘉措離開後的一天傍晚，噶瑪巴兩手合掌以示尊敬地告訴佛母說：「在這個時代、這個世紀當中，也許沒有人像桑天・嘉措那般，對大圓滿的甚深精髓具有那麼偉大、真實的了悟。」那是噶瑪巴發自內心對我上師由衷的讚賞。

幾年後，桑天・嘉措邀請新的轉世，即第十六世噶瑪巴到壘峰的隱修處，他們在那裡交換了彼此需要的靈修教授之傳承。年輕噶瑪巴對我上師極為敬重，因為桑天・嘉措曾經教導過噶瑪巴及他的前世。當他們完成了傳承後，噶瑪巴受邀到另一座寺院，桑天・嘉措也陪同他一起去。

那次造訪結束時，桑天・嘉措跟噶瑪巴說：「你跟我將不會再見面了。我不會再回到中藏去，而你要由此處往西邊走，長久一段時間都不會回來了。我現在已垂垂老矣，死亡指日可待。今天是我們最後一次見面了。」

噶瑪巴並未開口回覆任何話，只是看起來一副哀傷的樣子，並保持沉默不語。後來桑天・嘉措就動身離開了。我父親跟我也在那裡，留下來多待了幾天。這也是我父親最後一次見到第十六世噶瑪巴。

祕密修持而不展現了悟

我想要多跟你們說說我上師桑天・嘉措的故事，然而我所能聯想到的，只有幾則他外在生活的片段故事，我無法恰當地表述他內在禪定的覺知。他是位傑出的修行人，從未吹噓過自己的成就次第，實際上，即使連一點暗示他都鮮少給予。相反地，他維持著祕密道，修持而不展現他的了悟，難得會有東西流露出來。

圓寂的前一年，他造訪了一座小寺院，當時我大概廿五、六歲，擔任他的侍者，跟著他一起去。「您何不在此處閉關呢？」我問道，「我將會服侍您的。」

「我最好回到我的隱修處。」桑天・嘉措答道：「在寺院裡無法進行嚴格的閉關。」

那天晚上，我因為要離開而打包行李。本來躺下來準備睡覺，我們卻開始談起話來。我問了他一個接一個問題，而他說了一個接一個故事作為答覆。

後來他告訴我說：「我八歲的時候，領受了大圓滿無可超越見地的直指心性教授。我認出了心性，而從那時開始，我就持續而穩定地修持它。由於我堅定的典型『土元素型』性格，我有了長足的進步①。雖然我的進展並非突飛猛進，不過也未見退步的情形，只是緩慢而穩定地開展。實際上，只有當我回顧過往，拿目前的進展跟過去幾年相比較時，才會發現到自己的轉變。」

「你有時會聽到瑜伽士在幾個月內有了極大的進步，並非常快速地達致了悟。我必須承認，這從未在我身上發生過。然而，因為我從八歲起就持續不斷地修持，你可以說現在我修持的程度已經相當不錯了。」

「儘管如此，我仍然有個難題，即在入睡與真正睡著的短暫時間當中保持覺知。在這之間的幾個片刻，我的心失去了專注，覺醒的狀態也暫時消失了。不過，一旦睡眠開始，覺醒狀態又被認出了，並且整個晚上都能保持禪定。現在，唯一剩下的難關就是當我入睡之際的小間隙。」

「你是我唯一傾吐這件事的人。」他補充說道：「沒有人問過我這個問題，即使有人問了，我一個字也不會說。」

不知何時，我注意到拂曉已然來臨，鳥兒也已經在外頭引吭高歌了。我第一個念頭是，我們都還沒睡一下。然而桑天．嘉措卻說：「沒關係，就起床吧！每隔一陣子失眠一晚，不會造成多大差別。」

這是他少數幾次分享他甚深經驗的其中一次。除此之外，他幾乎未曾談到關於他自己了悟的事情。

不過，就在他圓寂前的那個冬天，我跟他談了相當多話，偶爾，他會吐露一些關於他自己修持非比尋常的秘密。

有一天他告訴我：「我實在沒有偉大的德行，除了我的散亂心已經消失無影之外，沒有什麼了不起的事可自吹自擂，忘卻心性的傾向現在似乎已完全不存在於我的經驗中了。」

「不管堆積了多少工作，不管誰來見我，不管有多少人擠進我房間，清明的特質只有不斷增長。我發現，當我一個人獨處而手邊沒有工作、無所事事時，覺知的清晰度會有幾分減退，但我並非處於散亂的狀態中。然而，愈多人、愈忙碌、涉入愈多騷動中，我覺知的力量就愈增長。」

「這只是你跟我之間的悄悄話，我確定我不會墮入地獄之中。」

桑天・嘉措隨後又補充說：「我死了之後，毫無疑問地，人們將要求噶瑪巴尋找我的祖古。不過請體諒，老實說我絲毫沒有意願要將我的名字貼在某個人身上，彷如他是我的轉世般。或許不管怎樣，他們都會指定一個人，不過其實我已經和噶瑪巴討論過這件事了。」

「我在他上次造訪康區期間，當你跟我兩人都和他在一起時，我就告訴他：『我是個行將就木的老人了，人們會來向您請求辨識我的轉世。不過，老實說，將不會有轉世。我真正的轉世祖古將是祖古・烏金，他會照料我的寺院。因此，請不要認證任何人當我的轉世。』噶瑪巴並未作答；他既沒有同意，也沒有不同意。」

我知道這是我上師的心願，因為我親耳聽見他這樣說。

就我個人來說，我不太喜歡聽到任何關於這件事的討論。回到他隱密的房間時，我告訴他：「您是教法之王②，必須要找出您的轉世以延續這個傳承。從另一方面來說，我或許會雲遊四海，走過一處又一處不知名的地方，我絕對不會一直待在拉恰寺。當我聽到您跟噶瑪巴說的話，我感到相當不快樂，因為我不會待在康區，絕對不會。我百分之百確定我會到其他地方去！我想要去沒有人聽過我的地方。」

「誰知道呢？我們如意寶的慈悲與善巧讓人意想不到。」桑天・嘉措答道：「不過有件事是確定的，仍然不會有任何直接的轉世，因為我不希望那件事發生。另一方面來說，或許將會有個能利益佛法與眾生的人出現，被冠上『桑天・嘉措的轉世祖古』的稱謂。」

①…一般會將一個人的個性與元素特質相提並論：土型的人穩定、水型的人有彈性、火型的人善變、風型的人敏捷，而空型的人具包容心。

②…「教法之王」的頭銜，指的是一支傳承或一座寺院的領袖。〔英文口述紀錄者艾瑞克・貝瑪・昆桑說明〕

第14章

上師的圓寂

在最後的那些時光中，我有個隱約的焦慮感，那就是我跟桑天·嘉措相處的日子已來日無多了。所以，每當機會來臨時，我都不放過，趕緊向他請益以澄清許多疑點。

在這段期間，我也變得大膽到敢問他人生最深處的目標。這是他所說的話：「年少時，除了待在山上一個又一個洞穴之外，我什麼都不渴求，我從不希冀崇高喇嘛的頭銜與地位。實際上，我想要過著隱姓埋名的生活，而且盡最大努力這樣去做。」

他補充告訴我另一個目標：「我打從心底渴望搜集完整一套秋吉·林巴的伏藏法。」①他成功地達成了這個願望，不只收集了典籍，還連同圖像、壇城，以及其他每件必要的配備，而且每樣東西的品質都無可挑剔。

雖然做得極為成功，而且非常知名，但桑天·嘉措總是將身為其他人的金剛上師或根本上師視為一種個人障礙。因為，事實上他的主要目標一直都是終生獨自待在巖穴裡修持，所以他哀歎地對我說：「我感覺自己整個人生已經走錯方向了，因為我受到障礙的左右。」

往昔的傳統是，一個人必須服從上師的指示，上師會說：「去某某地方，高舉了悟的勝利旗幟。當你獲致了成就，就可以真正利益眾生了。」

弟子會到那個地點專心一致地修持，直至達到了悟為止。在那之後，他或她會走出來冒險犯難，進入紅塵利益眾生。那是理所當然的過程。沒有接獲上師的允許或指示，一個人是不會以金剛上師的身分為他人福祉而打拚。然而，接獲指示或允許之後，一個人就必定要擔負起任務。

當桑天．嘉措年紀漸長後，他心裡時常想著：「我本該要待在洞穴裡的，但相反地，我卻陷於障難的威勢之下。」

功成名就是修道的障礙

這不是嘴巴說說而已，他確實那麼認為；他並沒有企圖要成為一位金剛上師，或高坐於任何其他人之上。他有一次說明道：「功成名就事實上是令人愉快的障礙。相對於任何令人不愉快的障礙能夠輕易地被認出，成功卻鮮少被認為是修道上的一種障礙。令人不愉快的障礙，舉例來說，包括了遭人誹謗、涉入醜聞、身陷病苦，不然就是遭致失敗或不幸。有能力的行者可以處理這些問題，他們認出這些情況是障礙，並運用它們作為修道的一部分。」

「然而對於令人愉快的障礙，例如變得知名、身邊有弟子聚集、致力於他人福祉，一個人心裡就會開始想著：『喲，這下好了！我真的變得與眾不同了。我利益許多人，事事順心！我是如此的成功！』卻沒有認出，對成功的迷戀是進步的主要障難。」

當這樣的情況發生時，桑天・嘉措警示道，人們心裡只會想：「我利益他人的能力正在擴展！」這是他們跟自己說的話，卻始終沒有發現自己已成為障礙的俘虜。

桑天・嘉措有一次以他貫常輕描淡寫的口氣提到，他期待他的家族能為《新伏藏》的延續至少貢獻一點心力。

我表弟堪楚是噶美堪布的轉世，他的心智極為敏銳，也精通佛教典籍。我認為他理所當然會是主要傳承的持有人。然而，那卻不在桑天・嘉措的規畫裡。堪楚跟我時常住在同一座寺院裡，不過我卻跟桑天・嘉措比較親近。我時常納悶為何我們上師從未將堪楚視為傳承持有人：「假若不是他的話，那麼誰有可能會護持傳承呢？為何桑天・嘉措不給他更多特殊待遇呢？」

這個年輕人除了非常有膽識外，也相當博學多聞，展現出威嚴的儀態。然而，有一次他到中藏領受更多教法與灌頂時，我們卻接到了他在那裡過世的消息。

當堪楚過世時，我們全都悲傷欲絕，而那發生在他能夠傳續傳承之前。要不是因為這樣的話，我毫不懷疑他將會是個稱職的上師。然而回顧過往，我想桑天・嘉措極可能早已經瞭解堪楚的生命力不會持久，將會英年早逝。

堪楚過世後，桑天．嘉措說道：「你是我寄望延續傳承的第二人選。」他以這種態度說話是極不尋常的；他絕不會奉承討好任何人，更別說是他自己的家人了，他甚至不會當著噶瑪巴的面來誇讚他。

另一方面，他也從未批評過任何人。倘使任何人有過錯的話，他也只會視而不見，不發一語。我只聽過他讚揚欽哲、康楚、秋林，再也沒有其他人了；他莊重、寡言，是不會做出無意義言行的那種人。除非你對他知之甚詳，否則你絕對無從得知他真正的看法。

然而，當我誠實地面對自己時，我心想：「我毫無特殊之處，我教養不佳。我唯一的優點是跟桑天．嘉措住在一起。」在當時，我只想待在他身邊，除此之外並無特別的企圖心。

他告訴我好幾次：「《新伏藏》的傳承是否有一天會中斷，就掌握在你的手中。因此我希望我對你的稍微嚴格，能夠有所代價。」

當阿杜仁波切幾年前從囊謙來的時候，他說在家鄉那裡，他們都視我為《新伏藏》的主要持有人。這並非因為我一直特別勤奮，完全是由於桑天．嘉措的緣故。

因為我們共同肩負同一座寺院的責任，而且我一直都跟桑天．嘉措待在一起，因此當他給予灌頂時，根本不可能找到理由不參加。

「我盼望以後你會護持這個傳承。」他會這麼說。因此，我領受了他所給予的每個灌頂與教法。這並非每次都出於我自己的選擇，我只是不敢缺席罷了，因為他可是個令人非常畏懼的人。

委交《新伏藏》護法

生命將盡之際，桑天．嘉措給了我一次特殊的託付儀式，將我委託給《新伏藏》的護法②，這是他從未授予任何人的一種傳承。秋吉．林巴也只將這個特定的修持傳給偉大的康楚而已，而康楚又只傳給了噶美堪布，桑天．嘉措就是從他那兒領受到的。桑天．嘉措現在是唯一知道細節並定期在壘峰修持的人。它特殊的功能之一，就是保護穀物免於霜凍之害。

然而不幸地，缺乏毅力似乎是我的人格特質之一。倘使某個傳承必須每日保持任何方式的嚴格專注，那就違反了我的本性，這是我為何沒有進一步將那項修持運用在相關特殊場合的理由所在③。所以，現今我擁有口傳與灌頂可以將它傳承下去，不過卻沒有實際運用時所必要的專門知識，顯然其他人也沒有。

在甘托克的時候，宗薩．欽哲問我是否有帶來由該項修持加持而做出的物品，於是我將我所有的相關東西都給了他。現在我沒有任何東西留下來，所以儘管宗薩．欽哲證實它具有極大效用，但也沒有人能將它做出來了。

◎

我的父親與伯叔們相繼過世前，他們的臉龐似乎有了驚人的改變，他們彷彿變年輕了。他們灰白的頭髮並未轉成黑色，但他們的肌膚確實變得更年輕、更有光澤。有些人說這種青春的肌膚狀況與光澤是一種了悟的徵兆。事實上，密續典籍談及達到某種程度的經驗與了悟後，肌膚會變得柔軟而有彈性。

我首先注意到桑天．嘉措有了轉變。他離開身軀的那一年，肌膚顯而易見變得充滿了生氣；臉部的五官似乎就像位年輕男子一樣，因此你完全忘記他其實已經相當年老了；他的肌膚轉為淺淡、柔亮的顏色，宛如內在正發生著某些不尋常的變化。

在那之前，他看起來衰老而疲倦，然而倏忽間他呈現出青春的相貌。人們會問道：「您到底幾歲了，桑天．嘉措？您看起來如此年輕！怎麼一回事？他們餵您吃神奇的東西，還是您正在修特別的法？」

這種相貌上的轉變，大約在他圓寂前一年開始。不過老實說，如果你仔細思量一下，那其實並非是個好兆頭——在內心深處的某個角落，你感覺到那是不可能持久的。

相同的情況也發生在我父親身上；他的肌膚散發出古銅色調的亮光，你可以將它稱為「莊嚴光彩」，彷若肌膚裡面有著燃燒未盡的餘火般，面容也呈現出很有朝氣的青春樣貌。他在三個月後過世了。

當桑拿叔叔過世時，我在楚布寺，不過我聽說他也發生了相同的情形。所有當地人都注意到他的皺紋消失不見了，也好奇是什麼原因所造成。當地流傳著：「桑拿仁波切發生了什麼事，讓他看起來如此年輕？我們都看不到他的皺紋了。我們曾經在他兩位兄長身上見到這種情形，這有可能是他也許將於今年圓寂的徵兆嗎？」事實的確如此，因為稍後他在那年去世了。

德喜叔叔有一次對我說道：「當親近的家人像我兄長那樣，看起來比他們實際年齡朝氣蓬勃、容光煥發時，一般人應該會感到開心才對。然而我卻沒有。我覺得那是個惡兆，表示死期將至。」至於德喜叔叔自己，他過世前不久，儘管滿頭灰髮，臉龐卻像個年輕男子一樣。

那就是一個人如何預先知道這幾位兄弟即將不久人世。我並未捏造這些事情，而這也不僅止於一、兩個人的印象而已，每個見到他們的人都這麼說。

生命將盡的閉關

生命將盡之際，桑天．嘉措進行閉關，且打算餘生都待在那裡。但是，他並未直接宣布這件事，只是跟大家說，他要留在距拉恰寺一天行程的壘峰，進行為期兩星期的鬆散閉關，而在那段期間，他會為國家的人民修保護儀式。之後，當他一安頓好就傳送信息說，這是他進行長期嚴格閉關的時機。

然而只過了一小段時間，囊謙王子就病倒了，兩位重要大臣被派來召喚桑天．嘉措。「我們王子病況嚴重，也許不久就會過世了。」他們宣稱：「您必須跟我們一同回到皇宮。陛下已經指示我們，沒有您同行就不要回去，所以我們不會走！」

由於這兩位高官在客房裡等待，我們這些跟桑天．嘉措親近的人爭辯著該如何處理。除了他妹妹，也就是擔任寺院與閉關中心管家的札西．吉美之外，桑拿叔叔當時也在附近。

當時我雖然只是個年輕人，卻不畏懼皇室家族。我力爭說，不管任何人請求，也無論他們是多麼重要的人物，桑天．嘉措都不該離開閉關。

另一個人提出相反論調：「早年，上師待在皇宮三年期間，時常主持法會幫助國王。到目前為止，每件事都吉祥如意。國王捐贈了一大片包含許多肥沃田地的土地給寺院，他一直是個慷慨大方的功德主，所以實在沒有選擇餘地——桑天．嘉措必須中斷閉關到皇宮去。」

「我們上師應該不會理會這項信息，會拒絕跟他們走。」我由衷地堅持，儘管或許有點兒天真。

又有人提出反對意見：「國王已經下達命令了，臣民不是通常都要服從君命嗎？」

「即使這樣的命令難以回絕，」我繼續說道：「如果你這次同意了，你將永遠都必須順從。因為我們上師受到如此崇高的珍視，我憂心每個人都有可能會要求他做一件又一件的事情。請求將沒完沒了！」

一股強烈的不祥預感沉重地壓在我心頭。我有一個比較不受讚賞的特質，那就是無法將這種感覺放在心裡。因此，我一心一意試圖勸阻房間裡的每個人。

討論過程中，有一度大家其實決議不要去。我們告知了兩位正在等候的大臣這個決定。然而，他們其中一人回覆道：「如果結論是這樣的話，我們不會返回皇宮，未來的日子我們都會待在這裡！我將睡在桑天．嘉措的門前！」

他以冷靜頑強的典型康巴人強硬態度這麼說道。他又補充說道：「即使我必須在壘峰等桑天．嘉措九年，我也不會在沒有他同行之下回去！」

這時，另一位舉足輕重的喇嘛說：「倘若桑天．嘉措拒絕，而年輕王子過世了，會發生什麼事呢？說真的，除了去之外，他沒有選擇的餘地。」

到最後，大家的共識是桑天．嘉措必須要去。我做了最後一次的努力，提高聲量說道：「假使他現在中斷閉關到皇宮去，將會沒完沒了，他將永遠無法再回去閉關了。倘使你這次順從了國王的心願，你未來就無法違抗，將永遠都必須照著辦。因此，還是請求免除任務，保持堅定的態度。」

然而，似乎我是團體中唯一持有這種看法的人，且因為我仍被視為是年輕人，能有多少權力說服任何人呢？其他人有最後的決定權，因此到後來，桑天．嘉措還是決定去了。

我被要求跟著一塊兒去，但我拒絕：「我絕對不會去，尤其不會在這樣的情況下去。說實在話，事情這樣轉變讓我深感不快。請見諒，我要回拉恰寺。」

◎

就在臨行前，桑天．嘉措的小刀怎麼找都找不到。他從來不曾跟這把刀子分開過；刀鞘還在，但刀子不見了，他必須在沒有這把刀子的情況下離開。

一抵達皇宮後，桑天．嘉措就開始修持一場精細複雜，為期九天的長壽法會④。當法會結束時，年輕的阿千王子就已經病癒了，絲毫不見疾病，也不見任何邪惡力的蹤影。那場儀式的威力是如此強大。

接著，就如我所擔憂的，又有了另一項請求。由於囊謙皇后來自於德格的皇室家族，桑天．嘉措也受邀到德格的宮廷主持法會。那裡有盛大的遊行隊伍列隊歡迎他，他們以皇室王宮招待人的深切敬意來接待他。幾個星期之後，他終於完成了他的任務並啟程返家。

一切事情似乎都進行得很順利，直到他抵達壘峰山腳下，他從馬背上摔了下來，腿受了傷。他的侍者幫忙將他扶上馬，騎了最後一段路往上到隱修處。我不確定是出了什麼差錯，不過在那之後，他就無法走路了。

不吉的夢兆

桑天．嘉措抵達後的那天早上，他遣人到拉恰寺找我過去。信使花了一整天時間才抵達寺院，當那位僧侶走進來時，已經接近黃昏了，「桑嘉仁波切（Samgya Rinpoche）已經病倒了。」他指的人就是我上師，「病情顯得相當嚴重，他在找你。」

一聽到這件事，我內心充塞著排山倒海的哀傷；桑天．嘉措即將離我們而去的直覺緊緊抓住了我，讓我難以自抑。他在閉關中途離開，絕對是不吉祥的，而遺失刀子，也絕不會是個好兆頭。自從他離開以後，我沒有片刻感到歡欣。事實上，就在那天早上，我做了一個極為不吉利的夢，夢見桑天．嘉措就要離開壘峰了。我在那裡當他的侍者，抬頭望向西邊的山麓，我看見太陽低垂在天邊。

「嘿，仁波切！」我敦促道：「現在別走！太陽快要下山了！別在黑暗中遠行，拜託您回頭，回到屋裡來。」

我伸出手要引領他回到屋裡，他卻回答說：「不行，不行！我的時間已經到了，我沒有選擇餘地，必須離開。」

在夢中我哀求道：「請不要那麼說！」

他卻答道：「業的力量是無法阻擋的，不是嗎？」他從我的手掌滑開，騎馬離開了。片刻之後，太陽下山，而他也消失在一片黑暗之中。

下一刻我醒了過來，心裡想道：「真是糟透了的夢！」那天早上，我告訴我的廚師：「我做了一個跟桑天．嘉措有關，卻令人不安的夢。那個夢讓我想到他已經回到了壘峰。」

「不要說那樣的事！」老廚師抗議道。

所以，當那天稍後信使抵達，召喚我回壘峰時，我並不意外，我心裡唯一的想法是，我們上師即將不久於人世，一種讓我心如刀割般的痛苦想法。那夜我輾轉難眠，離破曉還很久時，我就已經起床，為當天騎馬回壘峰做準備。

在山徑上奔馳超過十二個小時之後，還沒喘過氣來，我就直接走進桑天．嘉措的房間，探問他的身體狀況。顯而易見，他病懨懨地，承受著持續不斷的強烈疼痛。他只能說幾句話而已。

兩位醫師被請來做診治，不過坦白說，他們完全不管用。其中一名醫師將這個可怕病情診斷為「三十重黑暗」，也發現桑天．嘉措的腸子有破裂的跡象。

「他需要施以火療法。」另一個醫生說：「不過那老早以前就該做了。現在已經太晚了，我沒把握我能辦得到。」

醫生提到的是一種傳統的醫療方式「味雜」（metsa），只用在嚴重的病症上[5]。我準備了火療法的用具，接著用熱得發紅的鐵輕輕碰觸了他的皮膚。這麼做稍微減輕了他的疼痛，讓他能說幾句話。然而，當疾病正在吞噬他的腸道時，暫時減輕痛苦又有什麼用呢？

「仁波切，看起來並未好轉！」我說道：「將會發生什麼事呢？」

「誰曉得呢？」他回答：「秋吉．林巴與他大部分的後代子孫都不長壽；他的兒子旺秋．多傑英年早逝，他的女兒，也就是我們珍貴的母親比較好，活到七十好幾。他另一個兒子哲旺．諾布，六十多歲時過世。我們另一邊家族，倉薩傳承似乎也都不長命。幾乎這個傳承的每個人，包括我自己的父親，都在五十多歲時就往生。我現在已經六十五歲了。」

他繼續說道：「從另一方面來說，我現在死了也沒關係，實在沒什麼差別。如果我能活得久一點當然很好，不過如果我死了也沒什麼關係，我已經活得夠久了。」

「仁波切，」我接著問道：「我能做什麼幫助您康復嗎？」

「別再談這件事了。」他答道。

這讓我哀傷欲絕。那天稍晚的時候，我對他康復所抱的希望已化為泡影。他明顯地就快要離開他的身軀了。

輪迴與涅槃皆由心所現

我上師曾一度說道：「心的幻現是言說所無法企及的，嘗試將它們表達出來並沒有意義，因為描述將無止無盡。我現在明瞭了，沒有東西是沒見過的，沒有東西是沒聽過的；輪迴與涅槃（nirvana）的所有現象都由此心所幻現，你不同意嗎？」

「我同意，仁波切。」我答道。

這個情況似乎需要我隨順他，雖然這麼深奧的知見肯定不是我當前經驗的一部分。我從來不曾對桑天．嘉措極高層次的證量與神通起過任何疑惑，然而當他到達此生終點的時候，這些甚至變得更為顯而易見。他說的話似乎出自一種無所障礙的心的狀態。

沉默一段時間之後，他又繼續說道：「啊！蔣揚．欽哲．旺波來了！現在偉大的伏藏師秋吉．林巴到了！還有蔣貢．康楚（Jamgön Kongtrul）也來了！」

所有大師中，他對康楚懷有最強大的信心，有一種不可思議的信念；他對康楚的著作大為讚歎，時常以這些措辭描述道：「譯師毗盧遮那的轉世、大日如來佛的人身化現，以熠熠生輝的海螺殼——釋迦牟尼佛簡潔明確而無所畏懼的聲音，以無限智慧（Infinite Wisdom）的名義展現出來。」⑥這指的是佛陀曾經預言過的康楚。

這時候，桑天．嘉措說他也抵達了。聽到這樣的話讓我內心更加悲傷，因為我覺得已經沒有剩下多少時間了。

他的侍者杜竹和我那晚都沒有睡覺，熬夜照顧他。我們試圖要給他一些東西吃，然而他只能喝一點水，而且虛弱到無法說出一、兩個字。杜竹喜歡睡覺，不久我就發現剩下我一人獨自陪伴我臥病的上師。整個夜晚，桑天．嘉措唯一吐出的話語就是要求喝杯水。

我們都開始覺得生命的終點接近了，我問他，但他既不證實也不否認即將離去，他只是說：「我說不準，我們就靜觀其變，明天早上將會分曉。不管哪一種情況，都不需要擔憂。」

第二天早上，他開始發燒得更厲害了。

◎

大約就在這時候，我哥哥遍吉捲入了一場土地紛爭。我哥哥具有一種果決的自信，甚至可以說是挑釁的性格。後來我們發現就在那一天——第四個月的第十九天——一群敵手逮住了他。就在那一刻，桑天・嘉措從病床上驚叫道：「噢，天哪！」

「怎麼了，仁波切？」我問道。

他又再次說了：「噢，天哪！」並補上一句：「遍吉遇到大麻煩了！」

「他發生了什麼事，仁波切？」我問道。

桑天・嘉措回答道：「噢，天哪！現在遍吉大難臨頭了！他快要被人刺殺了！」

偶爾，我們地區的康巴人會有幫派打鬥的事件發生，有時候也會有一、兩個人進入中陰（死去），而不是回家。事實上，幾個月前，遍吉的侍者就不幸在打鬥中喪命。

桑天・嘉措這時候提到了他，繼續說道：「遍吉已故的侍者告訴我，他有一匹馬；他死了之後，私人財物以他的名義分送出去，以增進他的功德，然而他家人不知何故忘記將那匹馬也算進去。現在他請求我告訴他家人，賣掉那匹馬，所得的錢做供養。他人在中陰，需要幫助。」

過一會兒之後，桑天・嘉措又接著說：「喲，喲！一個人能說的話是說不完的，所以叨叨絮絮講個不停有什麼用。」然後，他揚起了微笑，看著我輕聲笑了起來。

遙呼上師，祈請鑒知

那整個晚上我都待在他房裡。一大清早的時候，我探問他感覺如何。他非但沒有直接回答我，還親暱地跟我說話，問道：「噶嘎（Kargah），已經破曉了嗎？」⑦

「是的，就要破曉了。」

「那好，請納迪喇嘛（Ngakdi Lama）進來。」桑天．嘉措低聲說道，叫的是桑拿叔叔的小名。我告訴杜竹把桑拿叔叔請過來。

桑拿叔叔到了，並頂禮了三次。

桑天．嘉措請他坐在一個小法座上，接著說道：「喲，喲！既然喇嘛在這兒，我們何不一起唸誦蔣貢．康楚的《遙呼上師祈請文》（*Calling the Guru from Afar*）呢？」

這是一部極為知名的經文，目的是為了打開一個人的虔誠心，能讓我們的心與上師的心更易融合在一起。

我們開始一起唱誦，桑拿叔叔帶頭唱起詩文：

上師，鑒知我。
仁慈之根本上師，鑒知我。
三世一切佛之髓，

教證諸聖法之源，
聖眾總集僧之首，
根本上師，鑒知我。

當我們唱誦時，桑天・嘉措以令人吃驚的強勁聲音跟著我們一起唱誦。這時候，他把身體坐起來，兩腿散盤，以稱為「安住於心性」的禪修姿勢將手掌心放在膝蓋上；他披著一塊布，從頭部蓋住雙耳，以保護他的光頭不受寒氣侵襲，而他的肌膚散發出引人注目的光彩。我們並沒有將那首祈請文唱完，因為在某個時候，桑天・嘉措打斷了我們，重複唱著經文中的這一句：

護佑加持我真正地覺知死亡。

我們全部人都停止唸誦，幾經片刻之後，他又唱了這句詩文一次：

護佑加持我真正地覺知死亡。

當太陽開始升起時，他又唱了第三次，接著他的身體稍微往下彎一點。你能見到死亡那一刻身軀所發生的鬆弛。

當我看著我上師時，我相信他已經圓寂了，儘管當時他的臉龐還掛著美好的微笑，眼睛仍然清澈並睜得大大的，看起來非常像活著的樣子；他的肌膚散發出亮光，幾乎是閃閃發光。他仍舊以知名的龍欽巴大師畫像中可見的同樣禪修姿勢坐著，看起來十分有信心且平靜，然而卻沒有脈搏或呼吸跡象。

根據大圓滿傳統，在死亡過程的特定時刻，在行者耳邊重複唸誦廿一次「啊」種子字，可以提醒行者持續修持心的究竟本性。我這時候靠近上師跪了下來，開始重複唸誦「啊，啊，啊，啊，啊……」

不過，我沒氣了，因此覺得必須從頭再來一次。當我正要吸第二口氣的時候，他相當明顯地點了點頭，彷彿表示說他已經得到要領了。

我仍然唸誦第二次一串的「啊」，而他再次點頭了，不過只有輕微地點一下。因為我不肯定這樣子唸夠不夠，所以我又繼續重複第三遍。當我唸完時，他的身體甚至挺得更加筆直了；他坐在那裡，眼睛明亮有神、睜得偌大，臉上掛著清楚的笑容。看起來確實宛如根本未曾死去⑧。

只有杜竹、桑拿叔叔，還有我在場而已。如果德喜叔叔也在場的話，毫無疑問地，他會魯莽地要求知道關於桑天．嘉措的轉世可能會在何處被找到的精確消息。他有辦法詢問這麼高度私人的問題，我卻沒有膽量問，因為我還記得桑天．嘉措早先曾經跟噶瑪巴說過，關於他不想過世之後有祖古被找到的事。然而不管怎麼說，我哀傷得難以自抑。

我們上師已經離開這個世界了，而我們對此卻完全束手無策。

進入法界

過了一會兒之後，我們將他的遺體裹在錦緞裡。那天下午稍後，他的遺體被抬下來，放置在大佛堂的一個法座上。偉大上師的遺體通常會被放入一只巨大的銅盤裡，以防止體液滲出，並覆上一袋袋的鹽來吸收水氣，接著再用袍子將這些全都包裹起來。

在上師前方的桌上，我們放置了他的金剛杵與金剛鈴，再加上其他法器。當人們見到他的面容時，完全無法相信他已經圓寂了；他看起來仍像活著的樣子，臉上帶著平靜祥和的笑容、眼睛明亮清澄，而且就這樣維持了三天。後來，遺體開始有點蜷曲了，所以我們就蓋住了他的臉。

有一位信使前去通知住在類烏齊寺的德喜叔叔，另一位則去我父親那兒。我父親在第三天時抵達，而類烏齊寺則因為無論從哪條路徑過來，都需要五天路程，所以德喜叔叔一直到次週才抵達。等大家都到齊後，我們開始在法體，即其神聖的遺體前修竺千法會。

當時有一位從拉恰寺過來，後來在中國人入侵時遇害的喇嘛被人聽見驚叫著說：「像桑天．嘉措那樣的人怎麼能死呢？我無法相信，簡直是不可能的事！我從來沒想過他會死。如果這件事是真的，那麼這世界上肯定沒有東西是可靠的了。」

我問他：「你為什麼那麼想？」

「因為他在各方面都非常可靠。」他答道：「因為他的堅定不移與精確感，以及他不變的誠實正直，絲毫沒有欺瞞。像那樣的人怎麼會死呢？」

荼毘大典後，我們在骨灰中發現了令人驚異的東西：顱骨仍維持完好無損⑨。而儘管其他衣物全部都燒得精光了，其中一件卻未燒毀，且不知為何，這件衣服上有著彩虹的五種顏色；骨灰裡則出現包含了東（dung）與舍利子等無數聖骸。

荼毘大典中，每個在場的人都目睹了天空中出現令人難以置信的彩虹圖案。真的不可思議！因為深藍的天空清朗到完全不見一絲雲蹤。也許你知道，這被視為是最棒的徵兆。

這些就是伴隨我的上師圓寂進入法界未顯空的徵兆，這些也是以我的凡夫肉眼所能見證的。除此之外，對於他一般的生平故事，我能說的就沒多少了。

桑天・嘉措的三位弟弟齊聚參加了他的荼毘大典。在康區的習俗裡，人往生後會修兩種法事：一是「施身法」，另一則是「杜爾」（dur）；「杜爾」和相應於每個人肉身存在的某些靈體有關，在法事的主要部分中，主法上師會讓九種毀滅性靈體脫離往生者的生命能量。我們的瞭解是，人死亡時，除非能與這九種靈體分開，否則就會減緩，甚至障礙到中陰時的解脫。

我父親理所當然地主修施身法。雖然迷信觀念認為「杜爾」不應該由兒子、父親或其他親近男性親戚主修，但我仍自願修此儀式，而且不曾發生任何不幸的事。

我常聽說尼泊爾家庭抱怨他們往生親人的鬼魂返回家中，還陰魂不散地待在房子裡，有時候甚至聽說丈夫往生、火化之後，還試圖回到床上跟妻子在一起；妻子並未見到任何東西，不過，譬如說聽到了他說話的聲音或打鼾的聲音。然而在康區，我從未聽說發生過這種事，或許因為有人往生後，我們總是馬上藉由施身法與「杜爾」來撫慰這九種靈體。「杜爾」儀式有「平息」與「降伏」兩個部分，有時候還包括超渡儀式；這是一種召喚亡者意識，淨化它，並將它送到佛國的安撫性活動。「降伏」的部分是要驅除已控制亡者的邪惡力，這些吞食性的靈體是魔鬼，也是眾生的一種。當儀式進行到將九種靈體從各個躲藏的角落驅逐出去時，你會聽到許多次「吽」與「帕」的咒音。

這種法會甚至對桑天．嘉措這樣偉大的上師都是不可或缺的，因為這樣一位上師的恢弘氣度會吸引許多的世間靈體。同樣的情形也發生在大多數偉大的金剛持有者身上，因為這九種靈體與正在化入無相境界，即所有一切俱生之本空的大師具有某種關連。

因為吉美．多傑是一位具有如此威力的大師，也是一位老練的施身法行者，他或許成功地讓這九種靈體「脫離」了。

◎

當所有法事都圓滿之後，我到中藏旅行了一趟，依慣例為桑天．嘉措的往生作供養。在拉薩時，我碰巧遇見了一位來自德格的桑天．嘉措弟子，是位非常虔誠又固執的喇嘛。儘管這位喇嘛已聽說桑天．嘉措明確表示不要請示噶瑪巴找出轉世祖古的心願，但他無論如何還是跟著我們寺院的財務總管一起出發前往中藏請示噶瑪巴。

我們彼此交談了幾句話：「難道你上師沒有告訴你，不要去找尋他的轉世祖古嗎？」我問他：「然而你卻違背了他的意願，一路遠行去拜見噶瑪巴。」

不過，那樣說也沒什麼用，因為康巴人相當頑固，就如俗諺所說：「康巴人就跟犛牛一樣固執——不管是盜匪，還是大禪修者都一樣。」

儘管我一再反對，這名弟子還是逕行前往請示噶瑪巴，那就是為何今日有人被稱為「桑天・嘉措的祖古」的原因。

①……在這段期間之前，秋吉・林巴取出的伏藏法並沒有一套完整的集要。偉大伏藏師在諸多場合中立即將包含雕像、聖物，或來自天界空行母解碼的文字等寶藏，交給一位預言中的領受者，這人就成了那部特定伏藏法的主要傳承持有人。桑天・嘉措年少時期，大約就在世紀之交時，偉大上師已經圓寂三十年了，這段期間有些傳承流傳廣遠，有些傳承卻幾乎不存在了。那時候，囊謙既沒有交通運輸，也沒有現代化通訊工具，但桑天・嘉措開始著手「搜尋伏藏寶」——就以「尋寶」（treasure hunt，譯注：英譯的「伏藏」和英文的「寶藏」是相同的用字）最有意義的方面來說。如今集要包含了超過四十部巨作。〔英文口述紀錄者艾瑞克・貝瑪・昆桑說明〕

②……託付給伏藏教法護法的儀式，包含了確立上師做為「壇城之主」的地位，而後特定護法將隨時供他差遣。這些教法的護法接著應當執行上師神聖的願望與佛行事業。〔英文口述紀錄者艾瑞克・貝瑪・昆桑說明〕

③……儀軌修持到特定數量或持咒到特定次數之後，行者可以運用在某些特定用途上，例如準備聖物來從事各種不同的佛行事業以保護或服務生者與亡者。〔英文口述紀錄者艾瑞克・貝瑪・昆桑說明〕

④……以偉大上師欽哲的心意伏藏《長壽佛母嫦達利》（*Chandali, the Mother of Longevity*）為根基。〔祖古・烏金仁波切說明〕

⑤……這種以醫療用鐵或黃金尖端快速碰觸身體感染部位

的治療方式，比針灸還要激烈得多，有時候馬上就形成了水泡。〔英文口述紀錄者艾瑞克・貝瑪・昆桑說明〕

⑥…「熠熠生輝的海螺殼」指的是如釋迦牟尼佛般至高無上化身的喉輪。這種語的力量來自無量無邊的功德，勝過其他卅二相、八十隨行好（major and minor marks）的總集，而且據說會發出讓人們能以自己語言理解的聲音。〔英文口述紀錄者艾瑞克・貝瑪・昆桑說明〕

⑦…拿一個人名字開頭的第一個音節，後面再加上「嘎」，表示「親愛的」意思，這是康巴人通常用來簡稱名字的方式。祖古・烏金仁波切的名字是噶瑪・烏金（Karma Urgyen）。〔英文口述紀錄者艾瑞克・貝瑪・昆桑說明〕

⑧…當偉大修行人往生的時候，能完全掌控自己心靈的狀態；他們絕對不像普通人那樣有任何焦慮，因為對他們而言，轉換身體就跟換衣服一樣。有些行者甚至能決定以什麼方式、在何種情況下往生。桑天・嘉措選在與最後那些深刻強烈的詩句相應時往生。在呼出了他們最後一口氣之後，安住於三摩地當中；這是一種非凡的禪定狀態，也是一種常見於高僧與高明佛教行者的現象。這種狀態稱為圖當（tukdam），特徵是心臟周圍仍有些微溫，而肌膚並未失去光澤或褪色，身體也沒有轉為僵硬，仍維持著挺直的坐姿。這種狀態可以持續幾個小時到一星期或更長時間。〔英文口述紀錄者艾瑞克・貝瑪・昆桑說明〕

⑨…在祖古・烏金仁波切的荼毘大典後，打開火葬舍利塔時，也發現他的顱骨全然完好如初。顱骨目前被保存在確吉・尼瑪仁波切於尼泊爾博達的卡寧謝珠林寺（Ka-Nying Shedrub Ling monastery）私人佛堂裡；其表面可以見到一個自然浮現的「阿」種子字。〔英文口述紀錄者艾瑞克・貝瑪・昆桑說明〕

第15章

與一位非凡的老師見面

我在中藏時，又有機會再度與噶瑪巴見面了。我到楚布寺住了兩個星期，又在拉薩待了幾天，然後就直接返回康區。

回到囊謙之後，我承繼了拉恰寺的管理責任。儘管身負那些義務，我仍試著斷除各種事務，以進行一次三年的嚴格閉關。我父親代為照料寺院的事務，但就在我與世隔絕的那段期間，我父親過世了。雖然因為閉關期間不定且有所中斷，不過閉關時間加起來也達到了三年之久①。

在這段期間，我邀請了穹楚．卡將（Kyungtrul Kargyam）；他是位珍貴的上師，我將他視為極其重要的一位老師，也是我的根本上師之一。他有著大而滿布血絲的眼睛以及黑皮膚，極為溫和仁慈；他是位了不起的上師，而我也慶幸能認識這樣一位有成就的上師——任何遇見他的人，都會對他印象深刻。

他學識極為淵博，彷彿那是他的第二天性，尤其是在哲學經典方面，我覺得我所能請教他關於修持方面的問題，他無一不給予精闢答覆。沒有人知道他為何能那麼快速成為那麼博學的人，而他在十三歲時，就已經對著廣大群眾傳授了整部《甘珠爾》的口傳，並加以闡釋，每個人都對這名孩童能那麼清晰地解說佛陀言教感到吃驚。

就在當時，大家都已經預期他會成為一位卓越的大師，他寺院的督導也對他特別禮遇——也就是說，直到他在夜晚的掩護下逃到德格為止。到了德格，他跟偉大伏藏師的弟子之一大師巴威．多傑（Barwey Dorje）②住在一起，當時他才十六歲。

巴威．多傑熱情地接待他，給予他指導以及直指心性的教授，「你是位真正超群出眾的人。」上師對他說道：「你只要遊歷德格就好，不需要到其他地方。」

巴威．多傑給了他一份最重要上師的名單，好讓他一一造訪。徒步旅行的穹楚穿得像乞丐一樣，身上只帶著一根手杖與一只包袱。他首先到八蚌寺去，在那裡見到了偉大學者札西．歐色，並領受了許多教法。札西．歐色問他從哪裡來，他回答說來自穹波區（Kyungpo region）。當他離開時，札西．歐色說：「他必定是位祖古，我們就叫他穹楚，意思是來自穹波的祖古。」這名字從此就跟著他了。

穹楚後來繼續到康區的四個寧瑪派主要寺院：雪謙寺（Shechen）、竹千寺、噶陀寺、昂瓊寺（Ngakchung），並設法見到了每一位偉大的上師，包括馳名的堪布昂瓊（Khenpo Ngakchung）在內。回程的時候，他又再度造訪八蚌寺，偉大錫度對他極為讚賞，並任命他為閉關中心的上師達九年之久。

在這段期間，穹楚有多次淨觀和殊勝的夢境，並有徵兆指出他是一位伏藏師。儘管他不費吹灰之力就能寫下一部又一部的修持法，但他卻隱藏著這些伏藏法，拒絕將它們寫下成為文字，一直到獲得噶瑪巴的准許為止。最後，他請求錫度允許他離開，讓他回到囊謙的家鄉。儘管如此，他也沒有在那裡安定下來，因為他強烈感覺到需要拜見噶瑪巴。

幾年過後，穹楚告訴我說：「噶瑪巴是能夠決定我心意伏藏是否真實的人。只有他能夠確認伏藏師，以及伏藏法最後是否能利益眾生。我原本能寫下更多，因為在含藏識的廣空中所能湧現的東西，是沒有止境的。」

穹楚當時唯一寫下的伏藏法是《三根本》（*Three Roots*）儀軌，文字優美得令人驚歎。然而，在他到達楚布寺之前，偉大的噶瑪巴已經離開了他的身軀，因此穹楚從未獲得許可③。

《大圓滿三部》的灌頂手冊

在楚布寺的時候，穹楚遇到了桑天．嘉措。當時桑天．嘉措正傷心不已，因為某種業力的緣故讓他無法將《大圓滿三部》，即心部、界部與口訣部的傳承獻給噶瑪巴。但這時候，噶瑪巴的主要弟子之一蔣巴．篋清卻一再請求這些灌頂。

穹楚也想要獲得這個傳承，因此桑天．嘉措告訴他：「好，如果你也要參加《三部》傳承的話，就必須運用你的技巧與學問編著一份灌頂手冊。」穹楚允諾協助，並成功編排了心部的灌頂④。

桑天．嘉措在楚布寺上方知名的蓮花大鵬金翅鳥堡壘給予灌頂。當他灌頂的時候，穹楚將儀式的過程寫下來，而在此過程中，他們得以討論許多細微的觀點。由於穹楚知識廣博，第一部的手冊本身就寫滿了整整一冊。有時候，當大師的學識範圍極為廣泛時，就可以無止境地寫下去。

灌頂開始後不久，沒有侍者、隨扈或大隊人馬干擾，年輕的敦珠也到來了；因為來自貝瑪古省（Pemakö Province，即墨脫縣），所以他成了鼎鼎大名的「貝古．敦珠」（Pekö Dud-jom）；他是位蓄長髮、穿白裙袍的瑜伽士。他也請求了一些灌頂，並加入了其他人行列。年輕的敦珠在草原上搭起帳篷，在那兒待了十九天⑤。

敦珠也主動表示要幫忙寫下灌頂次序的筆記，以協助穹楚編排灌頂手冊。敦珠以簡寫的方式記下筆記，因此在每個灌頂結尾時就已完成了筆記。接著，穹楚被問到要花多少時間來完成手冊。

「如果將它簡化的話，要花四個月時間，不然的話，看來是要花上大約一年時間。」他答覆道。聽到穹楚這麼說，敦珠露出吃驚的樣子。但因為穹楚想將灌頂手冊製作得詳細且精緻，因而無法完成。隨著時光流逝，他們的通力合作最後終究無法圓滿。穹楚說他不想待到著作完成，所以就離開了，帶著他的灌頂法本回到了壘峰⑥。

我心裡一直惦記著這個故事，所以後來當我跟穹楚見面時，就問他是否能將他寫下的東西借給我，讓我讀一讀。那是一本文辭優美的小冊子，但很遺憾地，我必須說，他似乎被精微的小細節弄得忘乎所以了，他是如此博學多聞，把意部所有的傳承支脈都加進去了，也深奧得令人驚歎。不過，如果繼續這樣寫下去的話，光意部本身就會是一大冊了。

穹楚承認桑天・嘉措告訴過他：「你能這麼寫是很了不起，但是，如果我必須以這麼精確的細節給予灌頂的話，每次都要花上一年時間。我無法一整年時間都待在楚布寺！」⑦讀完這部經文後，更加深了我對穹楚的信心；他在灌頂手冊開頭的講授是如此精細、高明，勝過我所讀過的任何東西。桑天・嘉措並非對此不悅，而且正好相反。

在這一點上，穹楚自己說了：「我非常懷疑自己在這方面的努力會開花結果。」他說的沒錯，他從來不曾為界部與口訣部寫過手冊。

回到康區後，穹楚成為知名的伏藏師，也因為長久以來身為瑜伽士，他娶了一位佛母。他也愈來愈常受請求給予教授與灌頂，還曾經傳授整部《伏藏珍寶》兩次⑧。我父親因為從穹楚那兒領受了《施身法百部》（*One Hundred Chö*）灌頂，兩人就成了好朋友，桑天・嘉措也以深切的敬意對待他。

如我之前曾指出的，我邀請穹楚到倉薩寺給予名為《直接揭露的了悟》（*Realization Directly Revealed*）的大圓滿傳承，這是他懷著最深摯敬意的一部教授；我也邀請他到拉恰寺給予《寧瑪密續教法選集》（*Collected Nyingma Tantras*）特別注釋版本的教授⑨。

因為這樣，他跟我們共度了三個月時光，我們時常在一起放鬆休息，饒有興味地談天說地。偶爾他會說：「我必須走了，我想到貝瑪古去。」

但是，我請求他看在佛陀教法與眾生份上，延後離開的時間，而他每次都回答：「好吧，對我來說沒什麼要緊。反正，也不會有任何差別。」

然後，他會多待一陣子。但有一天，他驟然就離開了他的身軀。

當我回顧那段時光，以及他圓寂後幾年所發生的事，雖然他並未提到詳細情形，看來他已事先清楚知道西藏與康區將發生什麼事。

教授《法界體性寶》

能從穹楚那兒領受三個月《智慧之光》的指引，我真是夠幸運的了。他住在一處與一間小佛堂相連的洞穴中；早晨的時候，他會坐在外頭，沐浴在陽光之中享受著他最喜愛的菜餚之一：豌豆湯。喝完最後一口湯時，他還會舔一舔碗，然後把碗放在一旁，露出精神飽滿、心滿意足的神情。

有一天早晨，我鼓起勇氣跟他說：「請您教導我《法界體性寶》（*Treasury of Dharmadhatu*）。」

「好，好。」他回覆道：「你要我為你讀誦嗎？」

「不只是讀誦，我還要您解說它的內容。」

「好，好！最近看來，沒什麼事是不可能發生的。」他答道，接著開了一個關於一位平凡喇嘛向一位在家女居士開示龍欽巴深奧了悟的玩笑，講得好像那位喇嘛是個尊貴的金剛上師，在蓮光莊園（Mansion of Lotus Light）為一位具格空行母滔滔不絕地講授如瓊漿玉液般的佛法——講到他自己放聲大笑⑩。

你知道，他談論的那位女士其實就是我姑姑；她最近在壘峰向宗薩．欽哲的一位弟子請求相同的開示。為了某種原因，穹楚覺得這事極為滑稽。他利用了意為「可能性的境地」的「輪迴」這字眼玩文字遊戲地說道：「這只是顯示了沒有什麼事是不可能發生的。」

所有這些只不過是穹楚藉以表達觀點的方式，即教授深奧的《法界體性寶》絕非簡單任務。我第二天早晨又再請求了一次，他則以相同的故事作為回覆，並再次放聲大笑。

◎

當穹楚跟我們住在一起時，人們常來找他，尋求了知心性的指引。有位年輕的禪修者來找他，並依照傳統，講述了自身的經驗。

在某個時刻，穹楚說道：「在我看來，你應該單純地讓你的本空與覺知融合並存。」

「好，仁波切。」年輕男子回覆道：「不過，空應該要多大呢？」

穹楚忍住不笑，答道：「哦，對！對！對！只要將它跟你覺得舒適的尺寸融合在一起就對了。」⑪然而，那位年輕伙子仍鍥而不捨地繼續問道：「求求您，仁波切，給我真正心性的禪修指引！」

「哦，好！好！好！」他答覆道，但仍保持不苟言笑的表情：「看來，我自己也還沒有領受到真正的指引。」

儘管如此，你還是可以看到他眼中閃爍著笑意。

幾年前，當吉噶．康楚從色芒寺《新伏藏》灌頂法會出來後，在回家途中短暫造訪了涅瓊寺，當時穹楚正在給予《伏藏珍寶》的教授。他們當時已是非常要好的朋友。後來我有機會向吉噶．康楚請教問題，我們的話題常轉向談論偉大上師們的生平事蹟。有時候，我們只是放輕鬆地談天說地，直到大清早開始聽見鳥兒開始歌唱了，才意會到原來我們忘了睡覺這件事。

吉噶．康楚的讚譽

吉噶．康楚向我證實的其中一件事，就是「當今，在全西藏與康區，穹楚大概是最偉大的上師了。我已經跟許多位優秀的上師研讀過許多部經典，然而，當穹楚跟我討論任何主題，不管是哲學或科學，有些論點我知道得比他多，只有一件事情除外，那就是他似乎通曉這片雪域中任何一位大師的詳細生平故事。」

「不過奇怪的是，當我們兩年後見面，儘管我認為我當時已經知道的跟他一樣多，但他又知道了更多他們的精確生平細節。接著一年後，他似乎又通曉了比以前更多的故事。」⑫

「我不瞭解他從哪裡得知那些細節。如果它們只是大師們尋常的生平故事，那我也會曉得才對。最後，我只好問他：『你是如何比去年多曉得這麼多細節呢？』」

「穹楚只是輕聲笑著告訴我：『他們所有的生平故事會直接從含藏識的廣空中湧出，就像廣大湖面源源不絕的漣漪一般。』那就是他所說的一切。」

吉噶．康楚又繼續說道：「對我來說，穹楚與噶舉傳承偉大的馬爾巴並沒有什麼不同——當然，除了馬爾巴是位梵文專家之外。當我讀到關於馬爾巴譯師的故事時，他浩瀚無垠的洞見與成就與我老師穹楚完全相符。然而談到對於密續與口訣指引的洞悉力時，我不認為即使馬爾巴本人親臨，會讓我得到更卓越的教授。他們倆人無二無別，連芥子般大小的差異都沒有。」

「我們曉得馬爾巴應當已經獲致成就了，不過毫無疑問的，這人也了悟了。穹楚是位真正的秘密瑜伽士，事實上，即使他慣於隱瞞，但也無法改變他的天眼神通清晰而精確這件事。我個人的看法是，在這世界的這一部分，沒有任何大師比他更卓越。」

從吉噶．康楚這樣有才能且敏銳的大師口中說出這樣的話，可不能等閒視之，因為他言語的威力令人不可思議；他說出的每句話就像切斷水流的刀一般，完全沒有窒礙。在康區，一提到辯經，不管是經部或續部，沒有人比得上他。他又是一位格言與俗諺專家，當他將它們與哲學思辯結合在一起時，所有對手都啞口無言。很難再遇到像他這麼有學問的大師了！當穹楚圓寂之後，他跟我分享了這些對穹楚的高度讚賞之辭。

因為穹楚來自囊謙，而非盛出博學之士的德格，所以他的言談格外受到重視。如果你回顧整個囊謙的歷史，你會發現此地只出了少數幾位偉大的學者。事實上，老欽哲有一次造訪囊謙後說道：「那裡的僧人甚至連如何恰當地穿著法袍都不懂；他們把法袍拋到身上、纏繞起來，看起來就像背上有個包袱一樣。」

所以考量穹楚的出生地，吉噶·康楚的讚美讓他地位格外顯得崇高。然而，這樣偉大的上師卻也圓寂了。

偉大上師的故事

當我們在一起時，穹楚告訴了我好幾則故事，許多是他從八蚌寺札西·歐色那兒聽來的。札西·歐色曾是欽哲、康楚與巴楚這三位偉大上師的弟子，而這三位大師是雪謙寺的同學⑬。巴楚來自果洛地區，那是正直的高地游牧人民之鄉；可能因為家庭貧困，或位在太遙遠的地方，因而無法給予他資助，所以他時常沒有糧食。欽哲則由於他有錢的父親是位出生在富裕、有權勢家庭的貴族，因而生活所需相當充裕。康楚的家就住在附近，也相當富有，所以巴楚就常常吃朋友盤子裡剩下的糌粑丸。

吃完飯後，巴楚會躺下來，用他出家人穿的披肩蒙住頭。當欽哲與康楚告訴他，應該唸書而不要躺下來時，巴楚回答道：「幹嘛唸書？難道人類只能夠聽跟說嗎？我所需要做的，就是覆述老師說過的內容。所以我何必擔憂呢？」

如果巴楚被點名要解說前一天的主題時，他會幾乎一字不差地重複老師說過的內容，而且說得快要比老師本人還好。雖然康楚是最勤奮用功的學生，但欽哲似乎更為聰慧，而巴楚則是全然無所窒礙。

巴楚有一次告訴札西・歐色說：「孩子啊，你現在應成為一名出離者，過著像山之子般的生活，以霧靄為法袍穿戴身上，只保留一件簡樸的羊皮大衣；放棄騎馬，只帶著一根手杖徒步行走；離棄所有牽絆，過著像密勒日巴那樣的生活！」

札西・歐色同意了，並將所有私人財物都送走，過著雲遊四海的化緣生活，而且就這樣到達了欽哲駐錫的宗薩寺。

「知名學者札西・歐色已經到了，」侍者通知道：「看來他現在好像是巴楚的弟子。」

「把他安置在僧侶宿舍。」欽哲回答道。

一整個星期過去了，沒有任何動靜，所以札西・歐色心想，或許他應該主動去見大師。但是，侍者告訴他，只要待在房間裡就好了。

「我好奇到底發生了什麼事。」他心想，「以前當我見到欽哲・旺波時，他都對我特別禮遇。我做了什麼讓他不高興的事嗎？他不可能忌妒我，那是不可能的事。他這麼做一定是為了要淨化我的惡業與障礙。」

儘管他本身是位傑出的喇嘛，但這些疑惑仍深深困擾著他。過了一會兒，他覺得非常難受，所以開始哭了起來。

不久之後，他被告知進去欽哲房間。當他進到房裡，看到了欽哲旁邊有個法座，桌上則有披肩、法裙等一整套僧侶的裝束。

「喂，你！」欽哲宣告說：「你在八蚌寺受封為『堪千』（Khenchen），即『大學者』之意，那是極大的榮耀。當你把那些丟棄，穿上發臭的羊皮時，你心裡到底在想什麼？馬上把它脫掉，穿上這些法袍！」

「請別強迫我。」札西．歐色試圖抗議。

「只要你再猶豫一下，我就用棍子打你！」欽哲威嚇道。

那是札西．歐色穿老舊羊皮大衣的最後一天。

有一次巴楚說：「我聽人說夏卡（Shabkar）住在果洛的低勢地區⑭，我打算去見他。」然後他就出發了。途中，巴楚遇到了一名問他要往哪裡去的男子。

「我正要去見喇嘛夏卡。」巴楚說。

「那你是在浪費你的時間，我才剛從那邊來，即使你去了，也無法見到他，因為他最近過世了。」聽完後，巴楚馬上做了一百次大禮拜，同時以哀傷的語調誦經。

過了一會兒，他說道：「我想要去見喇嘛夏卡，並不是因為我需要領受任何教法；我對他無所求，而他對我也無所求。然而當今世界上，他是具有最純正菩薩精神的人。我覺得如果能當面見他一次就好，那將會有多大的功德啊！」

「既然如此，也無法再做什麼了。我們轉頭回家好了，我已經頂禮一百次做為曼達供養，那應該足夠了。」

有一次，當巴楚住在德格的竹千寺時，另一位大師兜．欽哲（Do Khyentse）從康區的低勢地區來探訪他。兜．欽哲抵達後，提到說他是當天早上出發的，但那是不太可能的事，因為那段旅程通常要騎馬十五天才會到。

話說回來，誰曉得呢！因為兜．欽哲跟印度大成就者一樣，能讓死者復活，而且已經做了好幾次。譬如，我曾聽說他有一群追隨者，是一大群愛好肉食的野狗。有時候，為了讓牠們大飽口福，他會將鹿骨頭上的肉切下來餵狗吃。

然後叫他的人類弟子把骨頭堆疊在鹿皮上，當他一用他的棍杖敲擊鹿皮，鹿就會站起來飛奔而去。這種情況發生了許多次，而獵人開始定期供養幾頭羚羊與鹿給大師與他的弟子們。他們會把肉吃了，雖然康巴人喜歡吸食骨頭裡的骨髓液，但兜．欽哲卻禁止他們那麼做。他們反而會將骨頭收集起來，堆疊在每張鹿皮上，當兜．欽哲用棍杖擊打鹿皮時，鹿就會跳起來跑走。

有一次，一位新弟子不知道不可以敲開骨頭，當兜．欽哲試著阻止他時，已經來不及了。所以當他們收集骨頭時，也把新弟子的那塊骨頭碎片拿過來，與其他骨頭一起用毛皮包起來。當兜．欽哲用棍杖拍擊那捆鹿皮跟骨頭時，鹿搖搖晃晃地站了起來，拖著一條斷腿一瘸一瘸地離開了。

直指心性！

言歸正傳，這就是來到德格，想確認巴楚能成為他弟子的兜．欽哲。他一抵達，便迅疾以逆時鐘方向繞行主寺，這和包括巴楚在內的所有人繞行方向相反。當兩個人以相反方向繞圈子時，遲早會相遇。

但當他們兩人不期而遇時，兜．欽哲對著巴楚吼叫：「你這隻老狗！江湖術士！騙子！」他不只對著巴楚謾罵，還動手打他；當巴楚試著站起來時，兜．欽哲又把他打回地上。

忽然間，巴楚靈機一動，想到這個陌生人也許就是兜．欽哲。他的下一個念頭是：「這位大師是嘿魯嘎（heruka）的化身。但他為什麼要欺凌我？」

接著，倏忽之間，他平常覺察現實的方式完全停止了。

「就是那樣了，老狗！」兜．欽哲大喊道：「從現在開始，對你而言，就是那樣了！」

巴楚後來告訴札西．歐色：「那就是我認出赤裸裸的心性之時，完全沒有一點執取或概念。在那一瞬間，我與真正的覺醒狀態面對面。那是為何我現在使用『老狗』做為我秘密灌頂的名字，因為這是偉大上師兜．欽哲授予我的名字。」

你可以說那是一種非常直接直指心性的教授。

有一次，來自囊謙一位名叫安吉．天達（Angi Tendar）的瑜伽士去見巴楚；這人可不是一般修行人，而是已經有著相當的了悟。

「你打哪裡來呢？」巴楚問道。

「我是措尼在囊謙的弟子。」

「喲，喲！我聽人提過這位囊謙的措尼，他應當已經了悟大圓滿的見地了。他是不是非常喜歡以某種方式教授的那位？如同密勒日巴所說：『如果你在早上修持，你在早上就是個佛；如果你在晚上修持，你在晚上就是個佛。因業力際遇而命中注定的人，甚至不用禪修就成佛了』？」

「如果這就是你的老師的話，告訴我，他弟子當中有多少人已經獲致了虹光身呢？」巴楚逗弄著問道。

「有一個原本能獲致虹光身，」天達答道：「如果他沒有死於嚴重感染的瘡的話。」

任何疾病都不可能阻止高明的修行人獲致虹光身，所以有一會兒時間，巴楚不知道該說什麼才好。

接著，兩人放聲大笑了起來。

◎

巴楚所引用的那段話來自密勒日巴的生平故事。密勒日巴遇見馬爾巴之前，曾向一位大圓滿上師請求指引。

「你看起來是位令人敬畏的行者。」大師告訴密勒日巴：「因此，我將給你大圓滿教授，藉著見、聞、憶而得解脫。」然後他告訴了密勒日巴關於在早晨或夜晚成佛的事，即巴楚所覆述過的那些話。

沒有禪修的佛

這個指引真正的涵意是，當一個人記起了認出覺醒狀態的那一瞬間，在本質上就與佛無二無別，無論那一瞬間是在早上或夜晚。更進一步來說，認出自性並非禪坐活動；任何能夠做此修持的人，都因而被說是成為「沒有禪修的佛」。這對於不只真實認出覺醒狀態，並且持續不斷修持的人來說，是真實不虛的，那就是「因業力際遇而命中注定的人」這句話的意義。（往昔，雪謙．康楚（Shechen Kongtrul）也給了我這樣的指引，他說：「喂，你啊，不要禪坐了，不要禪坐了！」意思是覺醒狀態並非禪坐的動作。）

不幸的是，密勒日巴從大圓滿老師那兒所理解的是，他是個如此特殊的人，甚至連心性的訓練都不需要。他誤解了「離戲（simplicity）」的意義，整個星期都只是悠閒度日。

到了第八天，大圓滿上師喚他進去，並問道：「跟我說明你目前的經驗與領悟。」

「什麼經驗與領悟？」密勒日巴答覆道：「什麼都沒有！您說像我這樣的人不需要修持，所以我並沒有修持。」

「我的天啊！」上師驚叫道：「看來我似乎太早給予最高教授了！我不認為我現在能幫助你。不過，大譯師馬爾巴住在此處南方的卓瓦山谷（Drowo valley）裡，他是一位金剛乘新傳承的瑜伽士，你跟他之間有業力的連結，所以去見他。」

當密勒日巴聽到馬爾巴名字的那一刻，激動萬分，身上每根汗毛都豎直了，眼眶裡滿噙著淚水。那是業力連結的明確徵兆。密勒日巴旋即請求離去，啟程尋找馬爾巴。

真實親見輪迴與實相

有一天，一名死去的男子被帶到巴楚面前做必要的法事。然而，當死者家屬帶著屍骨離去後，巴楚突然大笑了起來。一位弟子對此感到訝異，就問他為何感到如此好笑。

「當我第一眼見到家屬時，我眼淚都快掉下來了。昨天這名男子才剛來見過我，活蹦亂跳，而且身體健康。今天他可憐的家人卻帶來他了無生氣、暗淡而浮腫的軀體。見到他悲慘的面容多麼令人傷心。」

「但是，當我以禪定狀態看他的靈體往哪裡去時，我見到他已投生於天道了⑮；是個開心的小孩，長著一副美麗的面孔，就坐在他母親腿上。輪迴真是奇怪啊！他的親人仍淚流不止，但他卻滿是愉快——多麼奇異的世界啊！」

另一天，有位弟子問他：「仁波切，您記得自己過去多少世的事呢？」

「我無法像大菩薩看得那麼清楚，也無法像佛陀能看到無數過去世。不過我能告訴你至少五百世的詳細情況。同時，如果真有必要的話，我也能告訴，你我未來五百世將會發生什麼事情。」

當巴楚那樣的大師給予輪迴與實相的教授時，他說的，可不只是枯燥乏味的言辭。

每天下午，巴楚都習慣唱誦著名的往生阿彌陀佛（Buddha Amitabha）淨土祈願文；他通常都在外頭一邊向著日落方向禮拜，一邊以輕柔的節拍唱誦著。

有一天，一回到屋裡，他馬上告訴一名弟子說：「我剛聽到一些非常糟糕的消息。」

「是什麼消息呢，仁波切？」

「我遇到一隻螞蟻，牠告訴我：『巴楚就快往生了。』你知道如何依照《龍欽心髓》（*Longchen Nyingtig*）唱誦遷識法嗎？」

「當然知道。」弟子答道。

「那麼，請你為我唱誦。」

當唱誦文結束時，弟子唸了三次「帕」，就在第三次的時候，巴楚離開了他的肉身。

穹楚大師的往生

生命將盡之際，細小的白珠子，或稱舍利子，偶爾會從穹楚的臉上掉下來。有時候人們會跟他提起這件事，然而他們很快就後悔了，因為他唯一的反應就是：「真是邪惡的徵兆啊！你也可以在豬身上發現這種舍利子。當一個人還活著，卻留下了遺物，絕對是厄運。有誰聽過那種事呢？趕緊將它們丟掉！把它們扔到外頭去。千萬別再提起這件事了！」

他就是那麼說的，不過想一想，是不是有點奇怪呢？所以，人們會在他不知情下收集舍利子。為了找出它們，人們還過濾他的尿液與他用來洗臉的水，人們甚至發現他的糞便裡布滿了舍利子。

穹楚看起來已經完全超越了妄念的狀態；他總是平靜且面帶微笑，甚至當他陷入重病時，也未曾露出一絲跡象。他在位於拉恰寺附近的一座寺院往生。

當他離開肉身的前一天，他叫弟子修一種特定儀式以迎請佛法護法，並說道：「這位智慧護法將在此生、在中陰、在來生引領你們。所以，現在請為我修《修復神聖連結》（*Mending of the Sacred Link*）這部法。」

穹楚繼續說道：「最令人神往的死法，就是像涅瓊寺的秋林那樣；他造訪了類烏齊寺後，在返家途中，見到山坡上有座小小的隱修處，於是他要求人家把他帶到那裡去。次日，他就悄悄地讓自己的心化入了萬法的本空裡；四周沒有一聲哀嚎或痛哭，也沒有人纏著要他留下來；他在一片全然寧靜祥和的氣氛中圓寂，那才是一個人往生時該有的方式。而你們，我的弟子，試著以同樣的方式離開此生。」

隔天早上，他們發現他們的上師已經圓寂了。

我當時並不知道這件事，然而跟穹楚共度的那些時光，為我展延待在囊謙的日子留下了註記。在那之後，我回到中藏領受《伏藏珍寶》，並開始愈來愈常服侍噶瑪巴，而我也開始瞭解，我所認識的西藏即將永遠轉變了。

①…我重複唸誦《圖珠巴切昆色》、《昆桑圖提》（*Kunzang Tuktig*）上的一些詩文，以及另外兩個簡短的修持。領受了《伏藏珍寶》教授之後，我待在蓮花大鵬金翅鳥堡壘（貝瑪昆宗，Pema Kyung Dzong）大約三年時間。〔祖古．烏金仁波切說明〕

馬西亞與我見過祖古．烏金仁波切的房間，拉恰寺的人說它是「封關」，整個期間，都以石頭堵住門，並用泥土封起來，只留下一個送食物的小開口。〔英文口述紀錄者艾瑞克．貝瑪．昆桑說明〕

②…巴威．多傑的前世是德嘉佛母的兄弟。他成為秋吉．林巴的弟子，有時候擔任秋吉．林巴的財務總管，有時候則為管理家務。伏藏師圓寂之後，他搬到自己的寺院去住，餘生都用來修持。聽說他獲致了非常高深的了悟。〔祖古．烏金仁波切說明〕

③…伏藏師是否都需要得到噶瑪巴的認可？並不一定，不過祖古．烏金仁波切曾說，受到一位噶瑪巴認證後，伏藏師對眾生的利益將大大增進，因為噶瑪巴化身代表了成佛的事業。〔英文口述紀錄者艾瑞克．貝瑪．昆桑說明〕

④…一部手冊包括了一連串密續的根本經文、說明，以及給金剛上師的註記，例如使用的法器與法會期間應該要大聲說給弟子聽的事。這些內容有時候相當複雜。《大圓滿三部》是一部複雜精緻的教授集要，深度與廣度也浩瀚得不可思議。每一部都有許多篇章，且包含儀軌與口訣指引兩者。現今《三部》份量已超過了兩大冊。更詳細的內容請參閱「附錄：《新伏藏》的傳承」。〔英文口述紀錄者艾瑞克．貝瑪．昆桑說明〕

⑤…當敦珠在那裡時，自穹楚領受了新譯派三部主要密續的一些口傳與口訣指引；也向蔣巴．簇清請求

了卡恰．多傑作品集等更重要篇章的教授，並向桑天．嘉措請求了《大圓滿三部》完整版的教法。但是，他似乎只領受了開頭三次灌頂而已。〔祖古．烏金仁波切說明〕

⑥…有一天，敦珠請求准予離開，然後就走了。所以當桑天．嘉措傳授其餘灌頂時，穹楚繼續緩慢而吃力地撰寫灌頂的程序。到了某個時候，他們瞭解到用這方式無法完成整件事。所以當桑天．嘉措必須回到康區時，他們中止了灌頂，穹楚也停止編排法本的工作。〔祖古．烏金仁波切說明〕

⑦…他說的是住在楚布寺裡的人常說的一句諺語：「如果你只待一天，你會想要離開；但如果你住了一年，就永遠不想離開了。」到那裡去的康巴人覺得，剛到的時候難以調適，甚至要找到人告訴你時間都有困難。〔祖古．烏金仁波切說明〕

⑧…這可不是件小事。《伏藏珍寶》包含了六十三大部，內容充滿了灌頂與深奧的口訣指引。傳授這些教法有時候會花掉三到六個月時間，視上師、受法人數與詳細程度而定；也可能加入團體修持，因此可能要花更長的時間。〔英文口述紀錄者艾瑞克．貝瑪．昆桑說明〕

⑨…《寧瑪密續教法選集》的特別注釋版本也許就是祖古．烏金仁波切時常提到的，包含了大圓滿上師美龍．多傑（Melong Dorje）注解的那個版本。〔英文口述紀錄者艾瑞克．貝瑪．昆桑說明〕

⑩…讓這段評論更加逗趣的是，桑天．嘉措隱修處的名稱「蓮光莊園」，跟蓮花生大士天宮的名稱相同。〔英文口述紀錄者艾瑞克．貝瑪．昆桑說明〕

⑪…顯然，穹楚指的並非實體的空間，而是覺知自性的本空，已超越了空間向度。〔祖古．烏金仁波切說明〕

⑫…祖古．烏金仁波切曾經解釋道，穹楚的教學風格是將深奧的禪修指引納入往昔大師的生平故事當中。〔英文口述紀錄者艾瑞克．貝瑪．昆桑說明〕

⑬…這三位年輕才子當時正從偉大的上師度陀．南嘉（Tutob Namgyal）那兒接受哲學的教授。這期間，西藏有六個主要的寧瑪傳統道場：雪謙寺、竹千寺在下康區；噶陀寺、白玉寺在中部；而多傑札寺（Dorje Drag）、敏珠林寺在上藏區。當度陀．南嘉在康區雪謙寺負責教授較高等的學問時，欽哲、康楚、巴楚是同修。欽哲是貴族，來自具有影響力的頂果家族，家族裡有成排的大臣，掌管了四分之一的德格王國。康楚與密勒日巴，以及香巴噶舉創始者穹波．納究（Kyungpo Naljor）同樣都生於穹波家族（Kyungpo clan）。穹波家族同時包含了佛教徒與苯教徒，如蔣貢．康楚其中一個別名所顯示的：吉美．天尼．揚仲．林巴（Chimey Tenyi Yungdrung Linpa）就有苯教的涵意。後來巴楚離開了，前往

雜曲卡（Dzachukha）區，而康楚則駐錫於卓越的噶舉八蚌寺。〔祖古・烏金仁波切說明〕

「揚仲」通常是苯教徒所使用，與金剛同義。〔英文口述紀錄者艾瑞克・貝瑪・昆桑說明〕

⑭…偉大上師夏卡・措竹・讓卓（Shabkar Tsokdrug Rangdröl）的生平請參閱《夏卡的一生：一位西藏瑜伽士的自傳》（*Life of Shabkar: The Autobiography of a Tibetan Yogin, Snow Lion Publications*）。

⑮…天神在一瞬間或以神幻的方式出生，不像人類需要懷胎九個月。〔英文口述記錄者艾瑞克・貝瑪・昆桑說明〕

第三部

中藏

第1章

與噶瑪巴在楚布寺的日子

年輕時的噶瑪巴

當噶瑟．康楚造訪拉恰寺的時候，我請求他來函要我去參加他即將於楚布寺傳授的《伏藏珍寶》灌頂，因為他是當代所有噶舉傳承上師中最偉大的一位，我的寺院別無選擇，只得讓我去。

當我現身楚布寺的時候，他對於能再次見到我顯得極為開心，並說儘管他無意成為能給予殊勝《伏藏珍寶》教授的人，但因為噶瑪巴開口向他要求，所以他覺得有義務要這麼做。

他接著又說：「因為你在這兒，我覺得更加有熱忱，現在也似乎有目標了。」噶瑟．康楚常常用這麼熱情的語氣跟我說話，而圓滿所有灌頂的七個月期間我都待在拉恰寺。

康楚的證量極為高深，給人的印象是，他絕對已經達到所謂妄念瓦解的層次。每天下午灌頂結束之後，他會繞行主寺散步一下。在我看來，似乎當他身體移動時，他的心仍須臾不離三摩地

楚布寺院的壁畫

境界。

當他說話的時候，談的幾乎都是關於修持，以及如何讓它更上一層樓的事情。

我並不確定他的經驗是什麼，不過，有時候他會將他的大披肩與大部分法袍拋在後頭，只著內衣走進寢室。

「仁波切！您怎麼了？您在做什麼呢？」其中一位侍者問他。

「為什麼這麼問？」

「您在走進來途中就脫下您的衣服了。」

「我以為我已經到家了。」噶瑟．康楚答道。

千萬別誤會我的意思；他不只是特立獨行而已，他還是個證量極高的人。這個怪異的行徑只是妄念瓦解的一種特質，他圓寂之前幾年，就已經達到這種證量了。

「別試圖當個偉大的學者」

灌頂結束之後，我請求噶瑟．康楚允許我待在楚布寺閉關三年。他很高興地同意再為我寫另一封信給我的寺院，讓此事順利進行。

那時候，我還蠻羞怯的，總覺得不該給這麼偉大的上師添麻煩，所以我只在他特意要求的時候，才去見他。然而，就在我們最後一次一起散步的時候，他向我透露了他的經驗；這是他絕不會公開談論的事，不知何故他卻信任我。

「我準備要說的話是直截了當又誠實無欺。」他開始說道：「第十五世噶瑪巴卡恰．多傑是指出我心性的人，他告訴我讀書要適可而止；他說，雖然東藏流傳很多重要教法的學派，但他說：『你得護持究竟傳承的教法①。因此，你主要的修持就是維持我為你指出的自性狀態之連續性——別試圖當個偉大的學者。』這是我父親噶瑪巴給我的教誡。所以除了文法與拼字之外，我書讀得不多。」

「然而，從自性狀態的修鍊中，我已經到達了一種層次，在其中，整個楚布山谷顯現為勝樂金剛的壇城，而且概念性的想法一天比一天減少，而其出現的間隔時間也愈來愈長。現在只剩下一個問題：當我入睡的那一刻，我仍會失去心的當下。雖然為時不超過幾秒鐘，但我很遺憾得承認，我那時的確無所覺知。」

「除此之外，不論白天或夜晚，任何時刻，此心已經不再散亂了；見地變得廣闊而連續，而且念念不離。這些事我是私下跟你說的，到今天為止，我從來沒跟其他人提過。現在我有信心可以隨時面對死亡，而且不會遭遇困境。」

他就是這麼跟我說的。這些話後來竟然也成為他給我的臨別贈言，因為在我返回康區之前，都沒有再見到他了。這些話似乎同時也顯示了他知道自己將不久於人世。

灌頂結束之後，我到楚布寺上方深山一處景色優美，名叫「蓮花大鵬金翅鳥堡壘」的洞穴閉關。這個隱修處的景觀真是美不勝收，而且曾是多位噶舉傳承大師前世的隱修處②。噶瑪巴同意讓我待在那裡，也提供我一名侍者；他也極為仁慈地差遣了工人到山上來，多蓋了幾間房間供我閉關使用。

當我在楚布閉關的時候，碰巧我的長子確吉．尼瑪出生。當時，確吉．尼瑪的母親昆桑．德千（Kungsang Dechen）就住在他前世的寺院附近③。

楚布寺院上方的蓮花大鵬金翅鳥堡壘

實際上，從我還是個年輕男孩，大體上來說，就很靦腆害羞。舉例來說，在鄉下地方，人們通常會走到離家稍遠的地方小解。但是，如果房子周圍都是空曠的田野，我就覺得很難在眾目睽睽之下這麼做。所以我會走開，去找尋更隱密的地方。有時候，功德主會以為我是要離開或去散步，因此會緊跟在我後頭，弄清楚我要到何處去——我麼多希望他們離我遠一點！不過，他們當然不知情，只是一路騎馬跟著我，直到最後我因為尿急，必須回他們家為止。然後我會伺機等待下次再偷溜出來，到時候身邊不能有護衛。那種靦腆害羞的個性常造成極大的不便。

佛母的出現

我年輕的時候，在異性身旁也會感到害羞——除非從遠處，否則我幾乎不敢正眼看女性。我想，我第一次交女朋友是在二十出頭的時候。我從來沒想過要結婚，但也從來沒對當和尚感興趣。

無論如何，我在東藏時遇見了昆桑・德千，她跟我回到康區，也逐漸為人所知地成為我的佛母。這是確吉・尼瑪尚未出生前幾年的事。她是個相當不錯的修行人，已經圓滿了十三次前行。大家對她精進不懈的毅力都非常讚歎。試想大禮拜做了一百三十萬遍是什麼情形！她的家族擁有許多頭牛，而她會將多出來的奶油全部送到拉薩去，供養一批又一批的十萬盞酥油燈。

既然真相大白，我並不是個和尚，因此我也不再那麼害羞了。我甚至逐漸克服了不敢與女性四目相接的障礙。

閉關接近尾聲的時候，我接到噶瑟・康楚的來信，要我回到拉恰。一定是我寺院的人對他施壓，要他寫這封信，因為他在信中提到他們需錢孔急。桑天・嘉措的轉世祖古似乎年紀還太小，無法承擔責任，但有些建物需要整修，主要的喇嘛，也就是我，卻置身在中藏。噶瑟・康楚在信上說道：「你的寺院不斷要求，看來你無法避免，得再造訪康區一次。

所以你三年閉關結束之後，請儘快回到那兒。」

我並不想違背噶瑟．康楚的話。除此之外，西藏的政治局勢持續惡化，我也覺得迫切需要造訪康區一趟。所以，當我閉關結束之後，我請求噶瑪巴准許我返回拉恰，並開始為回康區的長途旅程做準備。然而，在我離去之前，竟然還有事情必須先去做。

如我先前提過的，幾年前桑天．嘉措在囊謙色芒寺時，曾經傳過《新伏藏》法。當時，有很多證量極高的噶舉傳承上師都來領受他的口傳。然而跟往常一樣，桑天．嘉措對某些重要的灌頂，包括《大圓滿三部》在內，卻都秘而不傳。

後來，色芒．天楚與噶瑟．康楚將他們領受過的大部分法都傳給了年輕的噶瑪巴，但還是少了其中六卷，也就是桑天．嘉措在色芒寺保留未傳的部分，噶瑪巴卻非常堅決地要得到《新伏藏》完整的傳承。顯然，噶瑪巴選中我傳授其餘的教法給他。有一次我們在囊謙碰面的時候，噶瑪巴就要我下次造訪楚布寺時，把那些書帶過來，並示意：「可能有一天你必須要傳予我《三部》的灌頂。」

「這是絕對不可能的事，」我答道：「我辦不到！」

「為什麼？」噶瑪巴問道，「這個傳承仍未間斷。」

我試著要說出一番道理：「這個傳承有兩支法脈，一支是從哲旺．諾布傳到兩位秋吉．林巴的轉世，以及我伯父桑天．嘉措與叔父德喜；另一支傳承是從哲旺．諾布傳到偉大的上師噶陀．錫度與宗薩．欽哲。這些傳承仍然存在，雖然桑天．嘉措將它傳給我父親和我，但透過噶陀．錫度領受這個教法的喇嘛現在也都還活著。」

「所以你沒有理由仰賴像我這樣的人，」我繼續說道：「我既不瞭解它，也不知道要如何將它傳授予他人。但下次我從康區回來的時候，一定會帶回一套典籍抄本與必要的圖像供養給您。」

傳授《大圓滿三部》給噶瑪巴

幾年後，在前往中藏途中，我跟德喜叔叔提到噶瑪巴說的話。後來，德喜叔叔寫信給我：「我母親貢秋・巴炯是伏藏師的女兒，她說過，三代之後秘密封印會自然解除。到那時候，更廣泛地傳布《三部》將不再有任何差錯，這些話是出自偉大伏藏師自己的口中。三代是這樣算的，哲旺・諾布是第一代，桑天・嘉措第二代，你剛好是第三代。所以你必須履行噶瑪巴的教誡！」

要不是因為這封信，我不會有勇氣傳授這些法教，而是堅持要等德喜叔叔來此傳法④。言歸正傳，有一天在楚布寺時，我接到了噶瑪巴的口信，想要馬上見我。當我到達噶瑪巴的住所時，他說我必須傳予他《三部》的灌頂。我嚇了一跳，當場反對：「我怎能勝任呢？我只是泛泛之輩，別要求我做這種事。」

我注意到他寶座旁邊已經放置了一小疊蒲團，上面還蓋著一大張虎皮。我也發現我帶來的《三部》抄本已經打開，放在蒲團前方一張鑲花的桌子上。

然後，噶瑪巴指示道：「坐下！現在馬上從口傳開始，明天再從第一個灌頂開始。我很快就要到天湖（Sky Lake）去了，所以在那之前你必須完成所有的教授。」

佛堂已經布置好，壇城也弄好了，而佛壇主事手上也早已經拿著盤子準備獻曼達了。在我搞清楚狀況之前，他們已經開始唱誦獻曼達了，而噶瑪巴也已經將一枚大金幣放在曼達盤中間了。

「當我請求一部重要的大圓滿法灌頂或結新法緣時，我習慣一定要獻供黃金。」他說道，接著示意我開始傳法。

「您不能強迫我將自己的地位置於噶瑪巴之上，這樣會製造負面的業力，」我抗議道：「傳統並不允許像我這樣平凡的人傳授灌頂給像您這樣一位佛。」我再三懇求噶瑪巴免除我這項任務。

噶瑪巴用怒不可遏的口氣說道：「我從來沒見過像你這麼頑固的人！從來沒有人拒絕過我的請求，每個人都聽從我的話。我請求你授予我灌頂——這難道不是表示了我對你的尊敬嗎？我得到的回應卻是你再三拒絕。怎麼會有人這樣子呢？」他的神情看起來相當不悅。

儘管如此，我仍再次向他頂禮並說道：「拜託您別強迫我！傳承的法脈並不會因為我不給予灌頂而中斷，康區還有其他更偉大的上師可以給予您這個灌頂，比如說宗薩．欽哲⑤。在目前這個時代，您在這些法教上找不到比他更偉大的上師了！您只需送封信過去，毫無疑問他一定會過來。我很高興替您帶這封信給他。當我回到康區的時候，我會直接把信送到德格去。」說完，我再次向他頂禮。

噶瑪巴說道：「我一直滿懷期望你會給我這個口傳。別拒絕我！這並非只是突發奇想，不僅因為你是秋吉·林巴的後代子孫，也因為你是轉世祖古，我是經過審慎考量後才會選擇你的。當我請求別人授予我灌頂的時候，沒有人會拒絕，你是第一個這麼做的人！」

他盛怒地跺著地，漲紅了臉。

噶瑪巴的侍者，亦即跟我非常投緣的楚布寺金剛上師，為了不讓別人聽見我們說話，一直拚命地對我打手勢，要我過去找他。顯然他知道噶瑪巴相當不高興，所以不敢近身過來。「難道你看不出我們如意寶的神情已經相當不悅了嗎？」這名侍者低聲說道：「你卻仍然拒絕退讓？難道你不瞭解，違抗他的旨意將有損你們彼此的關係？也會毀壞你對他的三昧耶戒嗎？除非你同意給他這個灌頂，否則你怎能聲稱你對噶瑪巴持守清淨的三昧耶戒呢？這會讓你以後很難再回到這裡——請三思啊！請你馬上開始傳法吧！」

早期的大圓滿上師師利·辛哈

「除了你之外，秋吉·林巴傳承還有誰尚活在人間能為我們如意寶灌頂呢？如果你不傳法的話，此一傳承將會中斷。噶瑪巴特意要求來自秋吉·林巴家族的傳承，你沒有理由要這麼頑固地惹噶瑪巴不高興。就讓步傳法吧！」

噶瑪巴轉過身來，厲聲說道：「那麼，現在要怎樣呢？你要開始傳法了嗎？」

「當然，仁波切！」不知什麼緣故，我脫口而出這句話。我在他寶座下方坐了下來，準備開始傳法⑥。

「你真的覺得你可以從地板上給予珍貴的大圓滿教法？這就好像說水可以往上流一樣。」噶瑪巴抗議道。

所以，最後我被迫坐上了寶座。佛壇主事開始唱誦第二次獻曼達，然後我開始口傳。這部分共花了兩天時間。

當我完成口傳之後，噶瑪巴說：「該是開始灌頂的時候了。今天是好日子，我們就從今天晚上開始吧。」

「噢，完蛋了！」我心想。噶瑪巴早已把佛壇主事叫過來，指示他們開始準備食子。我們以師利．星哈（Shri Singha）這位對大圓滿傳承極具重要性的偉大印度上師的灌頂作為開始。

離我們如意寶出發前往位於北藏的天湖只剩五天時間了。除了從拉恰寺來的一位老和尚以外，因為佛壇主事對這次所傳的法沒有經驗，所以我每天晚上都得把隔天的灌頂手冊拼湊好。傳法快結束前，我已因睡眠不足而精疲力竭了，我的尿液也因為帶血而轉為紅色。

傳法結束之後，我需要好好休息，但噶瑪巴還有其他盤算：「你必須陪著我一塊到天湖去，這樣的話，每天早上與晚上你還可以繼續將《新伏藏》法其餘的灌頂傳給我。」

他也要我傳授秋吉．林巴伏藏的女性護法長壽女（Tseringma）生命力託付灌頂。我把財務總管拉到一旁問道，是否可以遲些時候再給予這些教授，讓我先啟程回康區。每天早上與晚上，成群結隊的人們蜂擁來看噶瑪巴，我絕對不會有機會給他這些口傳。

不可思議的噶瑪巴

陪伴噶瑪巴旅行的途中，發生了許多意想不到的事情。舉例來說，他養了好幾百隻鳥。噶瑟・康楚送給他一隻聲音極為悅耳動人的鳥兒，是他心愛的寶貝。當這隻鳥生病時，他將牠單獨放置在一個特別的空間裡。有一天，人家告訴他這隻鳥兒即將死亡，他要求把鳥兒帶過來給他。

鳥兒被放在他面前的桌上。「這隻鳥兒需要特別的加持。」他說道，所以他拿了裡面裝有芥子的一只容器，一邊唱誦平常用來驅除障礙的誦文，一邊將一些穀粒灑在鳥兒身上。突然間他說：「已經無法再做什麼了，牠就快要死了，沒有任何加持能阻止這件事。」

然後他轉向我說道：「把牠拿起來，用你的手托著牠。」

鳥兒仍有生氣，就坐在我掌心上，一隻眼睛半闔著。不久後，我看到牠的頭無力地垂下來，接著是牠的翅膀。不過，很奇怪地，鳥兒後來又挺直了身子，僅只是坐在那裡。一位侍者輕聲咕噥道：「牠在三摩地中！」

我不想要打擾到牠，所以要求侍者將鳥兒放在桌上。這名侍者似乎很習於在這種情況下處理鳥兒，因為當他將鳥兒放下時，並未驚擾到牠。

我有點兒吃驚，向侍者說道：「真是不可思議！一隻鳥兒死了之後竟然坐直了身子！」

「那並不特殊，牠們都會那樣。」他淡淡地答道。

第二位侍者插嘴說道：「噶瑪巴大鳥籠裡的每隻鳥死亡後，都會坐直一段時間。不過，我們都看慣了這種現象，已經不再感到詫異了。」

「當鳥兒死的時候，」我持反對意見說道：「牠們的身子會倒向一邊，然後從樹枝掉到地上。牠們不會保持坐姿！」

「唔，當噶瑪巴在的時候，牠們都會這樣。」那名侍者答道：「不過你並沒說錯——當噶瑪巴不在的時候，牠們的死法就跟普通鳥兒一樣。」

這時候，每個人都到齊準備用晚餐，我也必須坐下來。儘管如此，當我們吃飯的時候，我的視線還是離不開那隻鳥。晚餐進行到一半時，牠的右翼無力地垂下來了，很快地，左翼也一樣。一位侍者輕聲說道：「如意寶，看起來三摩地快要結束了。」

噶瑪巴毫不在意地繼續吃飯，即使最後鳥兒的身子倒向一邊時也一樣。我看了一下我的錶——大概已經過了三個小時。不管侍者怎麼說，我還是感到相當驚訝，因為我看著牠在我手上死去。除非親眼目睹，否則大多數人或許不會相信這種事。

噶瑪巴也非常喜愛狗，他有好幾隻北京狗，人家告訴我，狗兒死的時候也是前腳平放。簡而言之，噶瑪巴是個不可思議的人。

幸運之手——黑財神

那段時間噶瑪巴非常忙碌，我根本無法繼續為他灌頂。德喜叔叔一封要求我返回囊謙的信來得正是時候，給了我一個離開的得體藉口，所以我得以暫時離去。

離開楚布寺之後，我取道經由北邊仲翁寺的路徑，昆桑．德千跟我的長子住在那附近。確吉．尼瑪是首席喇嘛天津．多傑的轉世，而天津．多傑曾經是偉大上師夏迦．師利的親近弟子，也是我德喜叔叔的密友；他也是桑天．嘉措的弟子，至少跟他共處了四個月時間⑦。

天津．多傑曾經跟我說過他到拉薩去見哲旺．諾布的事。

「知道了這位大師是秋吉．林巴的兒子與親近弟子後，我懇切地盼望能見到他。正當我跟其他人一起坐在候客室時，突然之間，一位高大、赤裸著身子的男子從哲旺．諾布房裡走出來，踩著重重的步伐走過木頭地板，直接往廁所那邊去，他的睪丸隨著每個步伐左擺右晃。你應該看看那些拉薩婦女跟她們女兒碎步快跑著要讓路的模樣！」

其他人都跑到房間外頭去，但天津．多傑是個心胸非常開闊，而且並非是個對膚淺禮儀的熱情崇拜者——他只是坐在那裡而已。幾分鐘後，那位裸身男子又邁步回返經過候客室。不久後，天津．多傑被帶進大師房間，卻發現那名裸身男子並非他人，就是哲旺．諾布本人。

天津．多傑在他所在的地區，被稱為「黑財神」（Black Jambhala），即「財富之神」的意思，據說能夠幸運邀請他到家裡的人，都會變得富有。天津．多傑是個有著「幸運之手」的人，意指古老而珍貴的物品最後都會歸他所有；他的整座寺院被認為十分富有，而天津．多傑本人至少擁有一千匹駿馬。當共產黨強行接管的時候，仍舊還有五百匹馬留下來。

當天津．多傑擔任首席喇嘛時，仲翁寺以擁有康區西部最華麗的舞蹈服飾而著稱，且被廣泛運用在儀式與神聖舞蹈上⑧。

當共產黨接管的時候，沒收了所有精美的綢緞服裝、所有法會中使用的黃色法帽，以及儀式用的其他法器，並將它們全部疊成一堆燒毀了。

噶瑟・康楚之圓寂

我在仲翁寺才待了幾個月，信使即抵達，說噶瑪巴命令我返回楚布寺，「傳授剩餘灌頂的時間」到了，所以我就回去完成任務。

在此期間，噶瑟・康楚已經開始了一次三年的閉關，這時候他也接到消息，說他的密友兼弟子在囊謙往生了⑨。他試著請求不去參加葬禮，但信使卻不接受他的回絕。最後他終於同意中斷閉關到康區去，但他提醒說：「好吧，如果我一定得參加，那我就去。不過，我不會再回到中藏了。」

當噶瑟・康楚在康區時，我已回楚布寺跟噶瑪巴待在一塊兒。有一天，噶瑪巴突然驚聲說道：「祖古！我剛做了一個非常糟糕的夢，我不可能假裝這是個好夢。」

「是什麼夢呢？」我問道。

「我看到了一座由純水晶做成的佛塔自浩瀚的虛空而降，我可以清晰看到佛塔裡面有純金打造成的釋迦牟尼佛雕像。夢裡，我站起來，想要抓住雕像。但就在佛塔即將落地時，卻又再次升起。我毫無機會，因為它已經遙不可及，而且不久就消逝在虛空深處。」

「這輩子我視兩位大師為我的根本上師，一位是八蚌寺的錫度，當他圓寂時，我做了一個類似的不吉祥之夢。今天早上的夢讓我想到，我另一位根本上師是否也圓寂了。」他指的是噶瑟．康楚。

我當然試著向他保證情況也許並非如此，但他答覆道：「不！我的心感到不安。這絕對不是個好夢。我擔心我摯愛的怙主已經離去了。」

幾個星期之後，噶瑪巴到拉薩探訪在布達拉宮的達賴喇嘛，並從他那裡領受幾個古老噶當傳統的灌頂。噶瑪巴也資助了在羅布林卡園（Norbu Lingka Park）舉行的時輪金剛（Kalachakra）大灌頂，而我陪著他，擔任他的助手。正當準備要離開楚布寺時，噶瑪巴告訴他的私人侍者說：「確認你帶著馬爾巴、密勒日巴與岡波巴的上師成就法。」這三位都是噶舉傳承的祖師。

年輕時的達賴喇嘛

但這些楚布寺的僧侶有時候是頗具自主性的思想者，當那名侍者離開前廳時，他納悶道：「帶那部法本到拉薩做什麼呢？他是要從達賴喇嘛那兒領受時輪金剛，我不曉得在參與大灌頂時，有任何習俗會允許私人儀式。」

我向他指出，我們如意寶叫他做什麼，他就必須去做。但他裹足不前，反駁說：「有什麼可能的理由必須要帶那部法本呢？」那天稍後，噶瑪巴又問了他一次，是否已經把那部法本放進行李了。那名侍者撒謊說已經放進去了，但跟我低聲私語時，又重複說：「他絕不可能需要那些法本。」

我再次告訴他：「別那麼說！如果他要你做某件事，照著做就對了！」

隔天早上，就在我們即將出發時，噶瑪巴又再問了一次：「你已經帶了那部法本了——有沒有？」

那名侍者答覆道：「我當然帶了。」然後他到外頭跟我說：「那是他第三次提那件事了！」我警告他最好帶著法本，不然的話，他在拉薩會惹上許多麻煩。他說：「好吧，我可以帶著它！有什麼大不了的？」然後他就離開去拿法本。

在拉薩，為時輪金剛所做的盛大安排正在進行中。所有中藏的權貴都已經為了這件重大盛事而齊聚一堂。法會將舉行五到六天。

我們提早幾天到達。噶瑪巴是西藏少數幾位被政府授予殊榮，能在「佛法的寶傘」下旅行的大師。那是跟造訪大昭寺（Jokhang）時一樣，伴隨著雄壯號角的莊嚴隆重遊行隊伍，而除了噶瑪巴之外，只有達賴喇嘛、薩迦派領袖、甘丹寺法座持有者，以及極少數精挑細選的人可以在拉薩市區內享有這種榮耀。否則，是不可以如此鋪張的崇敬之意來禮遇某位喇嘛。

噶瑪巴造訪了久沃佛像，並在那裡供養了大量的酥油燈。回程的時候，他受邀至噶瑟．康楚的母親，即第十五世噶瑪巴受人敬重的佛母老家中共進晚餐。

楚布寺的財務總管與大管家全都坐著用餐，就在此時，一位漲紅著臉、精疲力竭的康巴人衝進了屋裡——這可違反了中藏所有的習俗與禮儀。大家聽到他說他剛從創古寺（Thrangu Gompa）騎馬過來，有一份緊急口信。

「啊！」他大聲叫道：「噶瑟．康楚已經過世了！我跟另外兩人被立即派來通知你們，我有印信可以證明，就蓋在這條圍巾上。我也用它沿途換馬匹，所以我們只花了二十天就到這裡了⑩。我們今天早上抵達拉薩，然後被告知這間是他家族的房子。我們也聽說噶瑪巴在這裡，所以請馬上讓我們進去見他！」

一位楚布寺官員試圖要他小聲一點，「可以請你降低聲量，保持安靜嗎？」旋即以供養信使吃頓飯為藉口，將他們帶到另一間房裡。

顯然，噶瑟．康楚一抵達創古寺，就馬上開始進行法會。然後有一天，他到附近知名的米龐洞穴待了幾天，就在那裡圓寂了。

財務總管分析道：「我們目前不能告訴噶瑪巴這件壞消息。此時此刻絕不是個好時機、好地點。這裡是蔣貢的老家。」他指的是噶瑟．康楚，「我建議等到噶瑪巴跟達賴喇嘛見完面後再說，否則，他們的會面將會非常不祥。我知道我們如意寶將會感到非常難過，當八蚌寺的錫度圓寂時，我看過他那個模樣。我們不能現在告訴他！」

因此，那兩位官員不讓壞消息傳達出去，也決定應該讓信使先到其他地方一段時間，等噶瑪巴與達賴喇嘛會面完後再告訴他。

第二天會面結束後，我勸他們：「你們不能再拖延這件事了，否則我們如意寶將會嚴厲斥責你們。最好今天晚上告訴他，最晚不要拖過明天早上。」

敦珠仁波切此時正在中國，所以那天晚上我們待在他家，噶瑪巴受到了盛情款待。到了隔天，我發現官員們仍舊沒有透露消息。

「如果你們現在不告訴他的話，」我責備他們道：「我將不會待下來跟你們的怯懦為伍。」

「拜託你不要走！」他們懇求道：「如果你走的話，我們會被派去找你的。」

當官員們最後終於告訴噶瑪巴這項消息時，他們因為自己的自以為是，被狠狠地訓斥了一頓，那也是罪有應得。

其中一人哀求道：「如意寶，請您不要那麼難過！」

「你打算告訴我該為什麼事傷心嗎？」噶瑪巴駁斥道：「我的難過並不同於世俗人，我是為了這個時代的眾生沒有功德保住這樣一位偉大的上師而難過！噶瑟．康楚真正是位已經超越了妄念的上師——實在是位難得的上師！在他在世的最後幾年間，已完全符合了噶舉傳承上師所立下的了悟典範。」

接著，他開始啜泣了好一段時間。

於此同時，就在噶瑪巴房間外頭，許多政府官員已經就座，等著要覲見。其中最顯眼的，是位居最高政治職位的西藏攝政王；當他禮拜時，即使是達賴喇嘛與噶瑪巴也都必須站著以示尊敬。

拉薩的政府官員有時候相當傲慢且咄咄逼人，所以噶瑪巴的侍者在那時候，不敢把他們帶進來，心想讓他們看見噶瑪巴流淚的樣子是不恰當的。然而在我的請求之下，噶瑪巴在接見第一位權貴之前拂去了淚水，以免遭到世俗人的誤解。

噶瑪巴聽到這個哀傷消息的第一個反應是，送一份悼唁禮給噶瑟．康楚年邁的母親及其家人。接著，他跟侍者說：「我叫你帶一部馬爾巴、密勒日巴與岡波巴的上師成就法，你帶了嗎？」

「當然，如意寶！」那名侍者回覆，這次是誠實的。

「布置好佛龕，從現在開始，每三天修一次。」噶瑪巴命令道。

那是個很好的教訓，讓人知道為何總是應該照著噶瑪巴的要求去做，無論是什麼要求。

噶瑪巴的預言

時輪金剛結束後，我請求准許離開，讓我啟程回康區。當噶瑪巴問我回去後打算待在哪裡時，又再次揭示了他的天眼神通力。

噶瑪巴並非只是一介凡夫，所以我思忖著，他的問題必定有些特殊意義。

「如意寶，我準備待在壘峰。您記得這個地方嗎？當您造訪康區時，曾經在那裡待了一個星期。」

「你不會待在那裡。」噶瑪巴答道：「你只要等著看就好。我保證你不會待在那裡！」

噶瑪巴以直率的言語說道，並用康巴俚語保證：「如果我錯了，我將承擔起你所有的惡業。」他的意思是他百分之百確定。

由於生性頑固，我仍舊深信不移地認為我會待在壘峰，因為我看不出有什麼事會造成阻撓。但噶瑪巴堅持說：「我告訴你，你無法待在那裡。聽我的話，你必須儘快回到中藏！你一定不可以待在康區！」

第二天，當我請求准予離去時，噶瑪巴堅決說道：「今年別到康區去。但如果你真的覺得非去不可的話，那麼，別久待，只要時間長到足以打包你的物品，並回到這裡就好了。」

我又再次頌揚我在壘峰的閉關處：「我計畫餘生都要在那裡閉關。」

「我知道。」噶瑪巴提醒道：「不過你絕不會有機會這麼做的，這件事絕不會發生。」

「有個方法可以讓它成為可能。」我答道：「壘峰是為囊謙國王修長壽法儀式的地方，而他總是資助桑天・嘉措或我幾名侍者；他支付所有伙食與法會的費用。目前有另一名喇嘛在我的處所偷偷地掩護我，所以囊謙皇室不知道我在中藏，如果他們發現的話，會非常不高興。國王會生氣，並讓我難以度日。」

「儘管如此，一旦我回去後，我將是寺院的領袖，所以我能掌握我的生活。那是我知道我能夠閉關的原因。」

「那是你這麼認為，」噶瑪巴仍然堅稱：「不過你辦不到！」

次日，噶瑪巴問我：「當你回到康區後，你計畫待在哪裡？」

我不假思索地說我打算待在壘峰。

「我對三寶發誓！你將會知道——這絕不會發生！」

「為什麼不會？我是個囊謙喇嘛，沒有喇嘛能住那裡而不遵從國王的旨意。桑天・嘉措的祖古仍然非常年幼，所以那裡只有我能主持儀式；在這個小祖古年紀更大之前，我不可能遺棄壘峰。」

「我還是一句老話，你不會待在那裡。」

當我又要開始反駁他時，他只是說：「好啦，好啦！我們只需要靜觀其變，看看誰才是對的！」

在我離去的前一晚，噶瑪巴告訴我：「讓我們對明天的離別採取謹慎的態度，過去兩次當我向我的老師告別後，事情的結局並不是很好。第一次是與珍貴的錫度，在一場離別典禮上，我一路跟著他，從此就不曾再見過他。接著我又對噶瑟·康楚做了相同的事，而我也沒再見過他了。因此，我想我今晚道別會比較好，明天早上別來見我。」

他給了我十二頭小而健壯的中藏犛牛作為臨別贈禮，接著他又再次說道：「你務必儘快回到中藏來。你也許認為你可以在康區修持，不過我告訴你，你在楚布寺閉關比較好！我會送一封信給你，拿到信之後，你務必馬上過來！」

第二天早上我朝康區出發，我仍堅決相信我將終生在我美麗的隱修處閉關。

壘峰閉關未果

一抵達康區後，我馬上為我的閉關進行安排。壘峰距離桑天·嘉措年幼祖古當時所待的拉恰寺一天路程⑪。這位年幼祖古的父親是康區一位有影響力的首長，心地善良，但也堅信他的家族與地位極具重要性。我開始閉關後不久，他就開始干涉寺院事務；他認為寺院有許多工作要做，但他不想讓他兒子負擔這些管理責任。

「年幼的祖古應該才是要待在壘峰的人。」他給我的信上這麼寫著：「身為年長的喇嘛，你應當駐錫在拉恰寺，這樣你才能較妥善照料寺院的事務，而不是只無憂無慮地待在山上，讓自己享受過去的好日子。」

我以必須為囊謙國王主修法會為藉口，「我待在山區閉關處會比較好，而轉世祖古住在寺院裡不會有問題，我也會從這裡照料寺院事務。」

那名首長送回的信息暗示，我不可能在壘峰上照料寺院的事務，而他也不會讓我隨心所欲。「為什麼不行呢？」我反駁道：「祖古如何能為國王主修法會呢？我是唯一能讓法會進行妥當的人。你要我違抗我們的國王嗎？那對我們雙方都不會有好處。」

「不行！」他答覆道：「祖古應該待在壘峰。我會派一位喇嘛修長壽法，我要祖古待在那裡，而你隨時可以下山回到寺院來。」

為了支持他的論點，此時他也開始引述其他喇嘛的話，包括他的兄弟：「我剛去過帝亞寺，也跟薩曲仁波切（Sabchu Rinpoche）討論了這件事，他完全贊同我的看法！」

他的態度開始讓我感到惱火，我駁斥道：「一個即將進行長期閉關的人，不是只要管好他自己的事就可以了嗎？」

「不，不可以！」祖古的父親答覆道；他相當頑固，是你愈反對，就會變得愈剛愎自用的那種人。這時候，我想起薩曲曾經告訴過我，要如何有技巧地跟他兄弟討論事情，不要直接反對他。我在心裡告訴自己，如果我的態度一直這麼強硬，一定無法說服他，我應該試著用個溫和的方法；既然他是納克汀祖古的父親，跟他起爭執並沒有好處。

所以我同意到拉恰寺進行閉關，而首長將他兒子遷上來壘峰。拉恰寺是個大寺院，所以我不覺得這會有多大關係。我將在隱修處的年幼祖古託付給我姑姑照顧，而把我的寢室隔絕起來，不准任何人來訪，連功德主也不行。藉由這種方式，我避開了跟那名首長的衝突。因此我的閉關進行得平和又寧靜，也對噶瑪巴的神通力產生了更強烈的信任⑫。

我們可以說祖古的父親意志堅定而不為所動，但也可以說他固守己見而不知變通，就像試圖用一根絲線移動一塊巨石一樣。這次反對我到山區閉關的事件，是我內心湧現倦怠感的原因之一。這些感受，加上噶瑪巴要我回中藏的教誡，以及共產黨迫在眉睫的威脅，讓我下定決心這輩子待在康區的時光就要畫下休止符了。

拉恰寺內部的關房

在更早的時候，我曾經許願終生要待在壘峰閉關。然而每件事，包括外界與我內心深處開始聯合起來與之作對。

毛澤東之請

在我閉關期間，達賴喇嘛、班禪喇嘛、敏珠林寺的瓊仁波切（Chung Rinpoche），以及噶瑪巴，都應毛澤東之請到北京去。他們分道旅行，沿途也都參訪了許多地方。邀請的藉口是要表彰這些大師，並誇耀共產黨的奇蹟，然而骨子裡卻是要強迫達賴喇嘛公開承認西藏是中國不可分割的一部分⑬。他們一返回西藏之後，我就到昌都去見噶瑪巴。

「今年（一九五五）的第八個月，你必須到中藏來。」噶瑪巴斷然說道。這並非僅僅是個心願而已，而是個直截了當的命令。

敦珠仁波切——坐在他兩側的是多札・利津（Dordrak Rigdzin）和敏林・瓊（Minling Chung）

「你必須把那件事寫下來，不然的話，我的寺院絕不會讓我走。」家鄉那些人的頭腦非常簡單，他們會阻撓我的離開。

噶瑪巴不只給了我一封明確表達心意的信件，也因為我不是非常富有，他就從他鄰近村莊的牲群中挑了兩匹馬、四頭犛牛給我，馱載我的生活必需品與私人物品。對噶瑪巴而言，這樣的贈禮並不尋常，卻象徵著他對我的喜愛。藉由這樣的方式，他確認我會回到楚布寺。

我已經很長一段時間沒有見到德喜叔叔了。由於我罹患了一種無法在冬天旅行的毛病，所以我想在夏天時探訪他。因此我請示噶瑪巴，德喜叔叔還有多久時間可活。

沉吟了一會兒之後，噶瑪巴說道：「嗯，嗯，我無法肯定地說，不過我們就讓他再多活一年。」他的說法宛如我們能掌控這種事一般。

「如意寶，他的壽命不能這麼短暫！有任何方法可以延長嗎？」

「我不知道。」他答道：「不過讓我們確保他能再多活一年。」當我走到外面時，我思忖著噶瑪巴的話可能是什麼意思。

順從噶瑪巴的意旨

在這之後，我從昌都旅行至慈克寺去看德喜叔叔。我告訴他關於噶瑪巴命令我到楚布寺，以及他預感我家鄉寺院的當地人肯定會反對，並引起麻煩的事情。我請求德喜叔叔給我一些建議。

「如果我聽說你進行閉關，」德喜叔叔答覆道：「或者你騎馬四處積聚信徒因虔誠而給予的供養金，卻違背了噶瑪巴的心意，我就會深深感到失望。這裡有個好理由你可以想想：從秋吉．林巴的時代到今日，我們的傳承從未違抗過噶瑪巴，所以你也不應該違抗他。如果你發現自己成為第一個違抗噶瑪巴旨意的人，我將失去對你的所有美好感覺。」

有誰能說得更明白呢？

「相反地，」他繼續說道：「如果我聽說你順從了噶瑪巴的心意，卻在荒涼的北部平原被一群專門掠奪前往拉薩旅人的盜匪殺掉，我也不會感到一絲憾恨。只要照著噶瑪巴所說的話做，我絕不會替你擔憂。這是我發自肺腑的勸告！」

那番話讓我到楚布寺的決定拍板定案了，無論遭遇到任何事，我都不會改變。

①…「究竟傳承的教法」指的是大手印與大圓滿，尤其是一種稱為「精要大手印」（Essence Mahamudra）的法，這是智慧傳承的傳授，對於確保佛教修持的清淨相當重要。當領受直指心性的教授時，弟子被引導而直接面對自己心性的內在本質，就如他之前所有的傳承上師一樣。你可以將這種無二覺性的經驗比擬為無雲天空的破曉：沒有無明、情緒、概念性思考的烏雲存在——至少短暫時間內是如此。一旦經驗了這樣的狀態，位於行者前方的修道就是讓這個無雲的天空變得更加熟悉，要持續且反覆地修鍊，讓重新製造更多烏雲的習性消失，直至達到真正的了悟；也就是可比擬為不變易的天空的一種狀態，方可罷休。〔英文口述紀錄者艾瑞克．貝瑪．昆桑說明〕

②…第二世噶瑪巴噶瑪．帕師（Karma Pakshi）就待在那裡，也有多位夏瑪巴（Shamarpa）在那裡修持。有時候它也被稱為「天人師的崇高堡壘」（Lofty Fortress of Conquerors）。〔祖古．烏金仁波切說明〕

③…生命行將結束之際，天津．多傑將一條寶石項鍊送給了一名年輕女子；那是相當貴重的禮物，並說道：「有一天，也許我會到妳家拜訪妳。」這名年輕女子因尷尬而臉紅，不知該作何想。不久後，她接到來自第十六世噶瑪巴信使的通知，說她肚子裡懷的胎兒是天津．多傑的轉世祖古。這名女子就是昆桑．德千，而她第一胎的這個孩子就是確吉．尼瑪仁波切。〔英文口述紀錄者艾瑞克．貝瑪．昆桑說明〕

④…從二〇〇五年來看，我們知道頂果．欽哲仁波切與祖古．烏金仁波切兩位都開始將《三部》的灌頂給予較小型團體的祖古與親近弟子；因為這樣的方式，他們兩人都代表第三代的傳承持有人。〔英文口述紀錄者艾瑞克．貝瑪．昆桑說明〕

⑤…宗薩．欽哲原先被稱為噶陀．欽哲（Katok Khyentse），不過在他受邀駐錫宗薩寺之後，最終還繼承了法王的地位。眾所周知，他就像是偉大的欽哲本人，他的名聲也流傳得既遠又廣。〔祖古．烏金仁波切說明〕

⑥…第十五世噶瑪巴是鐵秋．多傑（Tekchok Dorje）的轉世，而鐵秋．多傑與秋吉．林巴彼此之間有法教的連結。好幾代之後，鐵秋．多傑的轉世，即第十五世噶瑪巴卡恰．多傑，又再次與我的上師兼伯父桑天．嘉措，有著緊密的連結。因此，看起來這個連結將會繼續下去。〔祖古．烏金仁波切說明〕

⑦…天津．多傑主要的修持是《傑尊寧體》（*Chetsun Nyingtig*）和《莊嚴度母心髓》（*Heart Essence of Noble Tara*）（即《帕瑪寧體》，*Pagma Nyingtig*），兩者都是由偉大的欽哲所發掘的心意伏藏。〔祖

古．烏金仁波切說明〕

⑧⋯儘管寺院本身是屬於止貢傳統，但年度法會，包括了由釀惹．尼瑪．歐色所發掘出的《八大成就法》極為詳盡的版本，由貝瑪．林巴（Pema Lingpa）所發掘出的《喇嘛諾珠蔣措》（*Lama Ngödrub Gyamtso*），以及其他伏藏法。〔祖古．烏金仁波切說明〕

⑨⋯這位弟子是駐錫在創古寺院的查雷．蔣貢（Tralek Jamgön）。創古寺與班慶寺（Benchen）這兩大寺院分別是現任堪千（Khenchen）創古仁波切（Thrangu Rinpoche）與尊貴的天嘎仁波切（Venerable Tenga Rinpoche）的道場。〔英文口述紀錄者艾瑞克．貝瑪．昆桑說明〕

⑩⋯信使指的是，寺院習慣上會提供免費的馬匹給為偉大上師服務的人。〔英文口述紀錄者艾瑞克．貝瑪．昆桑說明〕

⑪⋯拉恰寺新任的桑天．嘉措轉世，是薩曲與塔立（Tarik）兩位大師的姪子。〔祖古．烏金仁波切說明〕

⑫⋯當我在二〇〇三年造訪拉恰寺時，祖古．烏金仁波切的房間已於他住在那裡時的同一地點重建了。經理告訴我說，在祖古．烏金仁波切閉關期間，要人以石頭和泥土將房間封起來，只留下一個小開口讓食物可以進出。〔英文口述紀錄者艾瑞克．貝瑪．昆桑說明〕

⑬⋯關於這次造訪的詳細報導，以及所造成的可能影響，記載於策琳．夏卡亞（Tsering Shakaya）的《雪域之龍：自一九四七年起的現代西藏史》（*Dragon in the Land of Snow: A History of Modern Tibet since 1947*），第122頁（Middlesex, England, Penguin Compass, 1999）。〔英文口述紀錄者馬西亞．賓德．舒密特說明〕

第2章

明月

就在這次會面，德喜叔叔告訴了我關於他跟一位名叫羅索．達瓦（Rabsel Dawa，即「明月」之意）的轉世祖古共處時光的事。

「老欽哲是個不可思議的人，且無庸置疑地，就如人們所說，他是龍欽巴以肉身返回世間。不過對我而言，我們時代的這個欽哲，也就是這位年輕高大的祖古羅索．達瓦，我覺得他會成為偉大欽哲的翻版，就像宗薩．欽哲一樣。我相信宗薩．欽哲具有學養與證量兩方面殊勝的功德，而他薰習眾生的佛行事業是無可比擬的。但那對我有何益處呢？每次我到德格去，都發現他在其他地方。這已經發生四次了！儘管我渴望見到他，但我現在已出乎意料地遇到了這位來自頂果家族的祖古，他絕對是個聖者。老實說，他甚至能夠閱讀有空行母秘密文字的黃色羊皮紙。」

我對於能夠見到這位欽哲轉世感到十分歡喜，他的偉大實在不需要我再畫蛇添足了。現

名為羅索．達瓦的祖古，名字本意為「明月」

今，我們稱他「頂果．欽哲」，而羅德．旺波（Loter Wangpo）①是第一位認證他為偉大欽哲轉世的人。羅德．旺波預言，一位老欽哲的化身已經出生為丹豁地區頂果家族的兒子。宗薩．欽哲也證實，頂果家族這個兒子是偉大欽哲的一位真實祖古，並為他陞座。在他受到他視為根本上師的宗薩．欽哲認證與陞座後，接著，噶瑪巴也證實他是一位真正的祖古。

頂果．欽哲——無比珍貴的大師

這位祖古後來被帶往雪謙寺，進入卓越的佛法大學（Dharma college）就讀②。從凡夫俗子的眼光來看，由於他出眾的才智與孜孜不倦的學習，他的學識已臻至出類拔萃的程度。然而實際上，他同時是無垢友尊者與偉大欽哲合一的化身，所以，我還需要錦上添花說些什麼嗎？這麼珍貴的一位大師！

他不只成為一或兩個人的上師，而是整個世界的上師；就像高掛於天空的太陽般，他的行誼與佛行事業遍及各處；他的眼睛如此明亮有神，他的舌頭如此辯才無礙！他的德行確實非比尋常！如果你曾經見過他，你就知道我的意思。

不論他走到哪裡，都會引起一陣騷動。初次見到他時，我聽到一些尼泊爾人驚叫說：

頂果·欽哲仁波切早年的相片

「蓮花生大士看起來必定就像那個樣子!他長得真是高大!」

當宗薩·欽哲離開人間到不可見的世界時，頂果·欽哲出現了，並如太陽般繼續照耀著佛法與眾生。這是欽哲轉世的殊勝特質：當他們其中一人圓寂時，另一位祖古出現，甚至以一種更深遠的方式來宏揚佛法。在我們當前這個時代，沒有其他人在宣揚欽哲、康楚與秋林的教法上，能夠與頂果·欽哲相提並論。

貢秋·巴炯過世後，她特別的私人物品都給了家族成員。我收到了一張以空行母密碼文字書寫的黃色羊皮紙。因為我擔憂可能會將它弄丟，所以把它託付給德喜叔叔小心看管。只有身為伏藏師的了悟眾生才能破譯這種秘密語言，而羅索·達瓦就是這樣的人。

德喜叔叔在好幾個場合中遇見了羅索·達瓦，其中一次是在慈克寺上方的隱修處。在那次探訪中，德喜叔叔把那張有著空行母文字的小黃色羊皮紙拿給他看。遺憾的是，偉大的上師秋吉·林巴自己從未將它解碼過，但他告訴貢秋·巴炯，裡面包含了許多教授。德喜叔叔告訴我接下來所發生的事。

「人們說你能解讀象徵性的文字。」德喜叔叔跟羅索·達瓦說：「我自己沒有這種能力。這是真的嗎?你真的能將空行文字解碼嗎?」

欽哲祖古回答說：「看情況；有時候可以，有時候也沒辦法，我無法保證。」

德喜叔叔把秋吉．林巴的那張羊皮紙拿給他看，告訴他裡面應當包含了一部伏藏法，但偉大伏藏師從未成功地將它寫下來，所以問他是否願意嘗試一下。

頂果．欽哲回答：「既然你是秋吉．林巴的子孫，我們可以試著合修蓮花薩埵，即秋吉．林巴的清淨相儀軌，然後看看會發生什麼情況③。我們應該在供奉偉大伏藏師遺體的佛堂裡一起修法④，就讓我們等個幾天，在朔望月的第十天到那裡去。」

德喜叔叔一直待在慈克寺上方稱為「敏珠林」，即「成熟與解脫聖殿」（Sanctuary of Ripening and Liberation）之意的隱修處，下山到寺院的路徑非常陡峭且危險。德喜叔叔那時候已經相當年邁了，所以第十天一早由人員護送下山。只有他們兩人坐在一起，以豐盛的薈供修儀軌。這是一部獨特的儀軌，是秋吉．林巴圓寂後，由偉大欽哲發掘出的心意伏藏。為了讓他們能不受打擾地專注於空行文字，到了某個時候，德喜就把大門鎖起來，不讓人進去。

「黃色羊皮紙需要浸泡在五蜜所製成的甘露中。」頂果．欽哲接著說道：「將一些神聖的甘露丸（mendrub）溶解在大麥酒裡，再將羊皮紙放在上面。」

有趣的是，寫著伏藏法的紙張對液體的反應與普通紙不同，絕不會損毀。

然後他們開始在黃金佛塔前修儀軌，並一路進行到持咒，大約花了一小時時間。就在那時候，頂果．欽哲要求將裝著甘露，而上面放有羊皮紙的容器拿過來給他。

「你有看到任何東西嗎？」德喜問道。

「什麼也沒有。」

所以他們又繼續修法，還特地不斷重複唱誦一篇對偉大伏藏師清淨相的加持祈請文。過了一會兒，頂果．欽哲說道：「我們再看一次。」當他們掀開蓋子時，他大叫道：「現在我可以看見了！拿一些紙過來寫在上面。」

德喜叔叔在心裡自言自語道：「能否解碼與吉祥的因緣有著關聯性。一個人應該確實避免任何極端，而在目前這個情況下，紙張既不能太多，也不能太少。我想知道我應該拿多少紙張。」

他走到櫥櫃，找了一些空白的手工紙，大小與秋吉．林巴曾經發現伏藏法的羊皮紙相同。他拿了四十張紙回到座位上。

解碼空行母文字

頂果．欽哲拿了紙張後，特別提到：「這會需要一點時間。」接著開始振筆疾書。他們一直把門鎖著，甚至連侍者都無法將他們的午餐送進去。五點之前，四十張紙全部都寫滿了。

德喜叔叔告訴我，從十點到五點，空行母的象徵性文字就在頂果．欽哲的眼前自行發生變化，頂果．欽哲只不過是將他所看到的東西抄寫下來，在最後一張紙上完成了最後一段話的最後幾個字。

當頂果．欽哲完成抄寫後，他告訴德喜叔叔：「看來你必須是這部教授的主要領受者，因為你是伏藏師兒子的轉世，而我只不過是他的助手罷了。秋吉．林巴的伏藏羊皮紙是真品，而我在我的淨觀中也獲得了他對這項任務的完滿加持。這部伏藏法有三個層次的細節：詳盡、中等、簡化。如果我寫下來的是詳盡版本，那會寫滿一大冊，超過了當前的需求。我寫下來的是中等版本，但內容已經是完整的了。現在時間到了，文字也看不到了。所以，讓我們把儀軌修完吧。」

他們繼續進行薈供，並以迴向功德作為結束。德喜叔叔隨即請求頂果．欽哲給予灌頂，「既然你已將文字解碼，就應當將之用來利益佛法與所有眾生。所以，請你即刻就給予我這部法的灌頂。」

頂果．欽哲回答：「我一定會這麼做的，別擔心。不過，我首先必須讓它得到我上師宗薩．欽哲的證實，他是我們這個時代的法王。雖然我對羊皮紙的真實性無所懷疑，但我對自己的解碼能力並沒有十足信心。所以先讓我拿給他看，如果他確認了這是一部真正的佛法教授，並同意將它宏揚出去，那麼我一定會回來給予你灌頂與口傳。不這樣做的話，只有將伏藏法解碼是不夠的，因為我自己無法判斷它的真實性。」

德喜叔叔回到山上的閉關中心，那天晚上，他慢慢將經文從頭至尾讀過，所有經文包含了為《八大成就法》（*Eight Sadhana Teachings*）當中，八大嘿魯嘎（eight herukas）的八位佛母所寫的儀軌。而有許多版本的儀軌是針對男性嘿魯嘎，然而這部伏藏法並不尋常，因為是以他們的佛母為基礎。

頂果・欽哲寫下來的經文是以根本密續開頭，近似《密藏密續》的簡短版本，內容優美、清晰得令人讚歎，而且還包含了密續完整的十個主要面向；接著這部密續的，是一部儀軌，再來就是包含一般與更高次第的灌頂儀式，且針對每一次第都有所闡釋，而它們的深奧與廣博都讓我叔叔感到詫異。

這是秋吉・林巴有關八位佛母的伏藏法如何化為書面形式的經過。德喜叔叔後來告訴我：「無庸置疑，頂果・欽哲知曉象徵性文字！我一絲懷疑也沒有。」

頂果・欽哲帶走了法本要給宗薩・欽哲看，然而他卻不曾有機會將這個灌頂授予德喜叔叔。儘管如此，這個故事讓我們一瞥頂果・欽哲的能耐。他是不是令人稱奇呢?!他確實是獨一無二，讓人感到不可思議的一位「大師」——而且就是這個稱謂最具體的意義。

◎

頂果・欽哲有一次告訴我說，他曾經要求德喜叔叔給予他一部含有空行母教授的心意伏藏灌頂⑤。這個灌頂對他具有重大意義，因為它是由偉大欽哲所取出的，而德喜直接從偉大欽哲那兒領受了灌頂。

因為德喜是從心意伏藏的發掘者蔣揚・欽哲・旺波那兒直接得到傳承，所以他回答說：「在我與偉大欽哲之間並沒有其他人，我直接從他那裡得到這個傳承。而你不就是他的轉世嗎？我並無特殊之處，不過我可以給你這部教授，因為我知道我們有成為上師與弟子的業力連結。」然後他授予了頂果・欽哲灌頂。

德喜叔叔在相當年幼的時候就得到這個灌頂，當時他跟著母親以及祖母德嘉佛母去見老欽哲。德喜叔叔記得，「偉大欽哲本人一路走到外頭庭院，以傳統手持著香與圍巾的姿態表示歡迎，看起來非常高大且令人印象深刻。他不只對伏藏師，也對他全家人懷著深切的感激，並以極大的敬意與熱情招待我們每個人。」

當完成灌頂後，德喜叔叔說：「我對見、修、行並沒有超凡的品德。不過從灌頂儀式開始到此刻為止，我一直都清楚觀想自己就是蔣揚．欽哲．旺波，一刻散亂也沒有。因此，這個灌頂或許真有那麼丁點兒加持力。」

即使是這麼低調的說法，也非常不符合德喜叔叔的個性，因為他從來不曾以任何方式談過自己的能力。

與德喜叔叔的最後一次會面

返回囊謙之前，我在慈克寺上方的閉關中心與德喜叔叔共度了三天時光。我們睡在同一間房裡、一起吃飯，說了很多話；他送了我一些禮物，包括以珍貴青銅混合材質所製成的一尊蓮花生大士小雕像，他曾經在一場灌頂中，使用這尊小古察（kutsab）極為仁慈地給我加持。

我並未從德喜叔叔那兒領受很多傳承，不過我所獲得的傳承都令人讚歎。對於向他請求灌頂，我會感到很猶豫，因為我曉得他是一個多麼一絲不苟的人，尤其如果請求的是一系列的傳承，會知道那將花費很長的時間。所以我從沒有膽量請求太多灌頂。儘管如此，最後一次跟他會面時，我卻在禪修方面獲得了許多指引。

給了我離像後，德喜叔叔就說：「在我看來，秋吉．林巴教法未來傳承的主要責任落在你肩上的時機，似乎已經到了。所以當由你傳承下去的機會出現時，請你就這麼做。我聽說你一直是個心胸頗為開闊的人，並未嚴格去區分由過往伏藏師所發掘出的，譬如由噶瑪．林巴（Karma Lingpa）取出的文武百尊修持、空行母修持等各式各樣伏藏法。不過，難道你沒有看到這些也全都在我們的《新伏藏》之中嗎？既然你是秋吉．林巴的曾孫，如果能修我們自己的伏藏教法會比較好。」

他基本上對於我修持這些不同儀軌感到有些不高興，不過，他的不悅更像是為了要我賞識我們祖先遺產的一種表達方式。我尤其喜愛由詠給．明就．多傑所取出，一部關於長壽修持的伏藏法，以及由噶瑪．林巴所取出的文武百尊修持；這兩部在我家鄉都相當受歡迎⑥。

我時常在功德主家修這些法，而這個事實必定讓他感到沉重，因為他堅持說：「你坐在東邊，而食子在西邊；你坐在該坐的地方，不過卻沒有唸誦你該唸誦的東西。當然，我並非否定往昔的伏藏法仍有極大的加持力，但是，修持它們而不修持《新伏藏》法，等於是將我們自己的傳統棄之不顧。留心聽著，這是個嚴重的錯誤。」

他的勸告像一把利刃插在我心上，因為他說的是事實；他的話讓我震懾不已，而且持續了好長一段時間。儘管如此，我停留的其他時間，他都對我非常親切。

到了第三天，我們走下山到慈克寺的主寺去。兩天後，當我請求他准許我告別時，他堅決地說道：「你跟我不會再相見了。你將到拉薩去，在中藏度過許多年；我確定噶瑪巴不會那麼輕易讓你離開那裡。即使他讓你離開了，看來你也不急著回到這裡來。我已經老了，而由於共產黨的關係，我們的日子愈來愈難過了。你將會發現，想回來囊謙是沒有意義的。」

「別打算再見到我，我也不會打算再見到你。在我們目前所擁有的這個肉身中，我不期望我們會再相見。不過我祈禱我們將在秋吉．林巴的淨土，滿布蓮花之地相見。」

「你不同意嗎？」他開玩笑地補上了一句，「這是金剛乘的傳統，不管上師到何處去，弟子也會跟著去，聚集在一處壇城中。所以，既然秋吉．林巴示現了一處清淨之地，我們都應該許願到那裡去。」

他手上拄著枴杖，以支撐他龐大、引人注目的骨架；他陪著我一路走過大門，對他而言，這可不是尋常的行徑。我們一塊兒緩緩步行到差不多一哩遠的一條小山徑。到了那邊，他一直雙手合掌，目送我走遠，並說了祝福以及祈禱我平安的話。

那是我最後一次見到他了。

啟程往中藏

我從慈克寺騎馬回到拉恰寺，不過並沒有久待。要不是德喜叔叔告訴我必須遵從噶瑪巴的教誡去楚布寺的話，我會迫於義務而在我的寺院多待上幾個月。造訪功德主的時節由我們決定，而我肯定能為拉恰寺積聚豐厚的供養品。然而，一旦冬天到臨，我就會動彈不得，因為我身體的病痛會讓我無法忍受冬天戶外的氣候。

而在這短短十九天，我依循緊湊的行程，每天造訪四到五位功德主。我大幅縮減了每項儀式，不管是為了生者的長壽，還是為了他們近期往生的親人。我將我收到所有錢與犛牛都留給了拉恰寺桑天・嘉措的轉世照料。就我自己來說，我帶在身邊的牲畜與噶瑪巴之前給我的數量差不多。

可以想像，拉恰寺對我的計畫的立即反應是我絕不能離開；每個與寺院相關的人都抱持同樣的看法，認為他們的祖古除了待在那裡之外，哪裡都不能去。

儘管如此，我將德喜叔叔的忠告銘記在心，所以我的回應是：「你必定是個極具重要性的人，因為你想要違抗被封為『天人師之主』（Lord of Conquerors）的噶瑪巴明確心意！所以請任何反對他的人，將你們的手舉起來，表示你想要違反噶瑪巴的教誡，阻止我離開。我想要知道你是誰，這樣我才好寫封信給噶瑪巴提到你的名字，因為你是阻擋我，而且不理會他心意的人。一旦我寫了這封信，我會請信使快馬加鞭送到他那裡，然後我就留在此處！」

倏然間，每個人似乎都改變了自己的立場，懇求道：「別那麼說！如果你一定得走，那就走吧。」

似乎我的業報就是試圖阻止我在壘峰進行三年閉關的那位首長，而他必須最後一次現身製造障礙。出於某種理由，他認為只要他想，他就能斥責我，但我可一點都不怕他。

「我聽說你即將再次離開。」他說：「那絕對是不恰當的。當然，桑天・嘉措的轉世祖古是主要喇嘛，但他還是個孩子，而你是個成人了。確保供養品源源不絕是你的責任。你確實認同大家都得吃飯，不是嗎？你也許想要玩樂、嬉戲度過一生，不過在當前這個時機來說，這樣做並不負責任，也不適當。」

「很好。難道你的意思是說我應該違抗『大寶法王』（Gyalwang Karmapa）的教誡嗎？」我駁斥道，引用噶瑪巴特殊的，意為「諸佛之王」的頭銜。

「你能否決他嗎？如果能的話，或許我反倒應該聽命於你。」

「別以噶瑪巴當藉口。」他反駁道，「當然，我個人並不是要違背他的話。不過，你就是不能離開！」

他是說話衝動的那種人，彷彿大家都得聽他的。所以我也用相同的方式，怒氣沖沖地說：「我寧願去死，也不願違抗噶瑪巴，因此我要離開！」

經過這場意志較量之後，他只好保持沉默地回家去，從此不再插手干預。再也沒有其他人反對我離開了，所以我開始為離去作準備。

你或許不瞭解康巴人是多麼頑固，不過讓我來告訴你，除非你在小地方能讓步，不然可能會演變成重大爭執。儘管如此，康巴人一致敬重康巴人，要不是這樣的話，我也許無法離開康區。

所以到最後，是噶瑪巴將我從那種稱之為「寺院管理」的特定輪迴形式中解救出來。

險惡旅途

由於噶瑪巴的信函，讓我得以在藏曆第六個月的仲夏逃到中藏。我離開那裡，感覺自己就像個從地牢被釋放出來的犯人一樣。每年這個時節，河流都會因夏季雨水而暴漲，所以在路上看不到任何往中藏方向旅行的人。不過，如果我要在第八個月之前抵達楚布寺的話，我就別無選擇。

臨行前不久，我跟我哥哥遍吉相聚了一小段時間。

「你有武器可以借我嗎？」

「有，有，有一把槍！」他說道：「我有一把可以給你。」

「不要給我，我只想借用。我會把它拿回來。」我允諾道。

他拿出了幾乎無法使用的西藏製步槍，並硬要我接受一把祖傳的珍貴匕首。不久後，我就騎馬離開了。

通常康巴人旅行時，都是大隊人馬，不過因為當時已是夏季最末的時節，已經沒有人做那樣的旅行，所以我們旅隊只有十四個人。當時我大概卅五歲，而我兩個兒子都還在搖搖學步的年齡，他們就坐在垂掛於馬兒兩側的籃子裡。

我們旅行經過的地區因搶劫而惡名昭彰，有好幾次，我們因為聽說其他旅人遭到搶劫，所以必須要中途停下來等待。

有一次我們在半途停下來用茶，突然有四名騎馬的盜匪在這時候朝我們過來，其中兩名盜匪只是十幾歲的少年，不過另外兩名大人看起來相當強悍；他們身上穿著羊皮大衣、肩上掛著步槍。我的侍者匆匆忙忙打包我的行李時，把步槍和刀子放進袋子裡，但當我們正需要刀槍的時候，卻找不到它們。

「把手舉高，別輕舉妄動。」盜匪首腦大吼道：「你在那裡繼續沏茶！拿一些茶給我們！看來你們正要往西藏去，你們必定帶了一批貨。」他們拿著長槍、短槍、匕首、刀子四處比來比去，看起來就像帶刺的灌木叢。

與我們同行的一位尼師很快地走向他們，給他們每個人一杯茶。這期間，我一直坐在營區中間的一只大箱子上；我將手塞進圍在肩上的披肩裡，身體一動也不動；我慢慢地舉起了食指，讓他們無法辨別我到底有沒有帶槍。少年變得煩躁不安起來，不停地動來動去。

「喂，你！」首腦對著我大吼：「你一逕坐在那裡——你在打什麼主意？」

我不發一語。

「哪些袋子裡有茶葉？」首腦質問道。

「我們並沒有帶任何茶葉要到拉薩販賣。」我說道：「這裡沒有你需要的東西。」我仍舉著放在披肩裡的手指。

「我不喜歡這樣。」其中一名少年說道：「我們何不丟下他們？」

我的一名侍者是位真正的康巴漢子，他已經握住放在外套裡的刀子了。「別輕舉妄動。」我在他耳邊說道。

劍拔弩張的情勢持續著。「事情就是這樣！」到了某個時候，我心裡想道：「他們準備把我們全部殺光。有時候會發生這樣的事情：一個人想修持佛法，最後卻喪命了。如果我的侍者現在亮出他的刀子，迎戰四個帶著步槍的男人，有什麼用呢？我不是個鬥士，而我現在也不想變成一個鬥士。」

我所能想到要做的事，就是坐在那裡，假裝我有一把槍瞄準他們。年輕人無法鎮定地坐在馬背上，從他們的臉部表情就看得出來，他們心裡認為我必定有一把槍。但是，他們的首腦卻不這麼想。他只說道：「瞧瞧這傢伙！企圖裝出強悍的模樣，耍花招騙我們。那是你在做的事嗎？你在耍我們嗎？」

我仍未發一語，也沒有任何行動。那樣做是好的，因為即使我有一把槍，也不知道要如何開火。沒錯，我大可嘗試使用刀子，不過我不會有機會扳倒那些傢伙的。

那些少年似乎已經下定決心要儘快離開。一定有什麼事讓他們首腦也改變了心意——因為驟然間，他露齒一笑，說道：「我們走吧。」

另一名較年長些的盜匪看了我一眼，說道：「他看起來像個喇嘛，假如我們殺了他，我們將會倒楣的。」

「喂，你們兩個！」首腦對著年輕的盜匪喊道：「我們不要逗留在這貧瘠的山谷了！」其中一名少年歡呼了一聲，然後他們就離開了。

兩名尼師嚇呆了，無法往前移動任何一步。過了一會兒之後，我們之中才有人敢放聲大笑。假若我們身上帶著要在拉薩交易的茶葉或其他物品，或許我們就能把它們交出去，以避開麻煩。不過誰曉得呢？沿路走下去，我們遇見了其他旅人，他們告訴我們說，他們也遭到同樣那四名傢伙搶劫，有個男子甚至因而遇害了。

儘管如此，由於三寶的加持，我們安然度過了接下來的所有旅程。

①…羅德・旺波是位喇嘛，來自位於中藏藏省的俄爾（Ngor Monastery）；他是欽哲與康楚兩人的主要弟子之一，透過他們的教導，他達到無別了悟的層次。他請求了多部重要的法教，也是別具重要性的偉大上師。他年輕的時候，受教於薩迦傳承，但他其實是不分教派的。雖然主要是薩迦傳承，他仍編纂了兩部選集：《竹塔昆杜》（*Drubtab Kuntu*）與《菊得昆杜》（*Gyudey Kuntu*）；包含了所有新譯派別的密續教授，而這是他依據欽哲與康楚的建議而監修完成的。〔祖古・烏金仁波切說明〕

②…這是為何他有時被稱為雪謙・欽哲的緣故。〔祖古・烏金仁波切說明〕

③…蓮花薩埵，也稱為菩薩蓮苞（Bodhisattva Lotus-Sprout），是秋吉・林巴的清淨相。偉大的伏藏師圓寂後，老欽哲在一次淨觀中，見到他就住在自己的佛國中，並接受了灌頂、加持與教授。今日這些法教被稱為《固松利杜紮體》（*Kusum Rigdu Zabtik*），即「體現三身種姓之深奧精髓」（Profound Essence Embodying the Families of the Three Kayas）之意，而儀軌修持則稱為《大樂之界》（Sphere of Great Bliss）。在儀軌法本的結尾，老康楚寫下了以下字句：「貝瑪・歐色・多南・林巴（Pema Ösel Do-Ngak Lingpa，即老欽哲）這位所有持明伏藏師與成就者的偉大君主，在鐵馬年第十一個月的第十五天有一次淨觀；在淨觀中，他本人於『遍地蓮花佛國』（Lotus-Covered Buddhafield）由無別於偉大掘藏師秋吉・林巴的菩薩蓮苞那兒，領受了如瓊漿玉液般的此儀軌傳承、灌頂與指導。有一個月時間，他持守著秘密的三昧耶封印。接著，在第十二個月的第十天，它們以書面被確立下來，並結合了薈供，這項工作由我──兩位偉大持明者的幸運弟子吉美・天尼・揚仲・林巴・雜（Chimey Tennyi Yungdrung Linpa Tsal，即老康楚），懷著深切敬意來進行。這時候，外頭整個地面突然溫暖了起來，冰與雪都因而融化成一條河流，這是每個人都看得到的吉兆。也因為這部儀軌的少數連貫段落是依據上師主（Lord Guru）的教誡所寫成，願此能讓所有與它有連結的人，得以獲致與這兩位持明上師三密（three secrets）無別的境界，並願它能使法教興盛、長久住世！願善行增長！」〔英文口述紀錄者艾瑞克・貝瑪・昆桑說明〕

④…這是個很大的集會堂，存放秋吉・林巴遺體的大型黃金佛塔，就放在這裡。這座佛塔是以秋吉・林巴從一部伏藏中發現的黃金所製成，本身就有非凡的光彩。〔祖古・烏金仁波切說明〕

⑤…這部著重於空行母層面的心意伏藏，是由蔣揚・欽

哲・旺波所發掘出來的，被稱為《康卓桑娃昆杜》（*Khandro Sangwa Kundu*）。〔英文口述紀錄者艾瑞克・貝瑪・昆桑說明〕

⑥…《方便與智慧的合一》（Union of Means and Knowledge；又稱為《塔歇卡久》，Tabshe Khajor；與《卡令記戳》，Karling Zhitro）〔祖古・烏金仁波切說明〕其中與《卡令記戳》有關的生死間過渡狀態的教授，英文名稱通常被稱為《西藏亡者書》（*The Tibetan Book of the Dead*）。〔英文編輯麥可・特威德說明〕

第3章

最後一次造訪中藏

我們停留的第一個地方是仲翁寺，他們想在此地為確吉．尼瑪陞座為嘎．珠千（Gar Drub-chen）的轉世祖古。我們在那裡待了十天，接著往前行至止貢寺，然後再到拉薩與楚布寺。

一抵達中藏後，我首先到巴沃仁波切（Pawo Rinpoche）位於乃囊（Nenang）的寺院①。德喜叔叔在那裡待了很久時間，與巴沃仁波切是很親近的朋友。巴沃仁波切的寺院就位在拉薩附近往楚布寺的路上，我帶了一些德喜叔叔要送他的禮物。他問候了德喜的近況，以及我旅途的情形，而我告訴他關於從昌都到拉薩一條新公路上，可以使用機動車輛旅行的事情。他高興能見到我，而我在他景色優美的隱修處度過了愉快的時光。

在我停留期間，巴沃仁波切有一次告訴我說：「你應當回到昌都邀請德喜祖古到中藏來，我會讓他留宿在我這裡的隱修處，我們一直都相處得非常愉快。我只從第十五世噶瑪巴那裡領受了幾部《新伏藏》教授，不足以將之用於利益眾生。邀請他到這裡來，我就能得到其餘的教授；我會支付一切費用。」

我很開心聽到這席話，並欣然表示贊同：「非常感謝您的好意，您真是設想周到。由於提出邀請的人是您，我想他會來的。但因為他年紀大了，只能經由新道路旅行來這裡。」巴沃仁波切再次熱情地提出邀約，並補充說道：「目前他是《新伏藏》主要的持有人。」我當下即刻允諾依照巴沃仁波切的要求去做。德喜叔叔不僅僅是我的老師之一，他也彷若是我的第二個父親，我理所當然會負責邀請他的事宜。

儘管如此，那卻不是件簡單的事。在當時，這麼重大的決定必須先報請噶瑪巴批准。除此之外，慈克寺從來不讓德喜叔叔遠行，因為他是他們當時主要的喇嘛之一——除非出於噶瑪巴明確的心意。

因此，巴沃仁波切決定要得到噶瑪巴的同意，而我也很快就有機會提出這項請求。

噶瑪巴的未卜先知

就在我抵達楚布寺之前，噶瑪巴要一位來自囊謙的顯要下山到路上等著接我。「再等一等是否會比較好呢？」那名男子回嘴道：「我們甚至都還沒接到他已經抵達拉薩的消息。除此之外，天也已經黑了。」

「別擔心。」噶瑪巴向他保證：「你就去等他吧。我有相當強烈的預感，他已經差不多快到這兒了。」

結果證明這是個不錯的主意，因為我抵達的時候，黃昏已經降臨，而當我們進入楚布寺時，時間已經相當晚了。有人帶路是有幫助的。

噶瑪巴的侍者正等著我，並說我們就快要進門了，因此我連拿出傳統表示問候的白圍巾，或我特地帶給他的供養品的時間都沒有。在我們進門之前，另一位侍者到外頭來，告訴我們噶瑪巴正在找「祖古」，要他馬上進門。

當我進到裡面問候噶瑪巴時，那名侍者借了我一條白圍巾。我們談話結束時，噶瑪巴問我說：「你怎麼這麼晚才到？在半路上有停留嗎？從拉薩到這裡的路程並沒有那麼遠！」

我告訴他，我途中在乃囊寺短暫停留，拜訪了巴沃仁波切。

「你們兩人談了些什麼重要的事呢？」噶瑪巴問道。

這又是另一次顯露出我頑固的時刻。我告訴他，巴沃仁波切想邀請德喜叔叔到中藏來的心願，「我從拉薩乘車到昌都，去慈克寺帶他來好嗎？此事當然由您來決定——得到您同意才能進行。」

「什麼！打消這個念頭吧，這麼做沒有意義。」噶瑪巴回覆道。

真令人失望！

「如意寶，您怎能說這麼做沒有意義呢？目前已經可以駕駛電動車了。以那種方式，從昌都到拉薩不會超過三天旅程。巴沃祖古會負擔所有的花費，而這麼做對楚布寺的寺院主事者也不會造成絲毫不便之處。」

這麼說並不恰當，但卻是當時我所能想到的話。噶瑪巴回答道：「你是在影射我養不起德喜祖古嗎？我不只養得起他，就是二十位像他這樣的人我也養得起！伙食並不是重點。我

乃囊寺的巴沃仁波切

的意思是把他帶到中藏來並沒有益處，所以你應當打消這個念頭！」

他這番話讓我感到難過，而我也納悶他這麼說的涵意。

幾天之後，我有機會再次見到噶瑪巴，而這次我將德喜叔叔的禮物一起帶過來了，並試圖再度向他提起這件事。但噶瑪巴卻不願意聆聽我想將德喜叔叔帶到中藏來的心願。我不敢再提起這件事，也放棄了這項計畫。直到八、九天後，我又逮到引起噶瑪巴關注的機會。

「喂，祖古！你現在心裡在盤算什麼？」他問道。

「我只有個小小的請求，不過它確實盤據了我的心思。德喜祖古一直都像我的父親一樣，同時也是我的老師之一。因此，我覺得必須將他帶到中藏來。當然，我會繼續待在這裡當您的助理，而他則與巴沃仁波切待在乃囊寺。偶爾，他可以方便地來這裡將任何《新伏藏》中必要的灌頂獻給您，並為您的健康主修儀式。」

「您不是已經下決心要領受全部的《新伏藏》法了？而目前德喜祖古不就是最主要的傳承持有人，同時也是傳承中最博學多聞且最有成就的大師嗎？秋吉・林巴已經不在人間，他的兩位祖古也離世了，所以這支傳承只有德喜祖古還活著，您必須邀請他來。」

我沒有說出來的是，德喜叔叔人在康區，以及隨著共產黨的活動，當地情勢的發展。我想要把他帶離當地。

「嗯！我知道他是位好喇嘛，當我造訪慈克寺時曾見過他。但是，難道告訴你兩次還不夠嗎？我對著三寶發誓，別邀請他！毫無用處的。」

儘管如此，我有時非常堅持己見。兩、三天之後，當我們正在為一些事情聊得開心時，我又逮到機會再次提出這件事。

「看在三寶的份上！」他大聲說道：「這麼做沒有意義，不會有任何好處的。別再提這件事了！」

我只不過展現我是如何糾纏不休罷了。儘管如此，我猜我終究還是瞭解他的意思了。為了確認起見，噶瑪巴的侍者來到我身邊，低聲向我說道：「當他用那種語氣說話時，你一直不斷詢問他是沒有用的，你們康巴人的堅持不懈是不會有所幫助的。」那番話是最後的關鍵點，我終於放棄了這個主意。

兩個月之後，我接到德喜叔叔已經往生的消息。我想起噶瑪巴先前說過的話：「我們試試讓他再多活一年。」但他卻沒有多活一整年。

看來，似乎噶瑪巴一直都曉得德喜叔叔很快就會往生了。

大黑天護法面具流下的血淚

有一天在楚布寺，噶瑪巴走到下面去看護法的佛堂；這是一間獨立的寺廟，裡面有一座佛教護法大黑天（Mahakala）的雕像。由於沒有窗戶，這座寺廟裡面頗為漆黑。傳統習俗裡，可以將一個人的名字放在廟內一只小型容器中，用來占卜與他們之間的連結是否有益、有害或沒有影響的。

不管噶瑪巴走到哪裡，都很少獨自一人行動，因此他的侍者即刻為這趟步行做準備；我們一行五到六人，包括噶瑪巴的秘書長與管家在內。

噶瑪巴將寫著問題的一張紙置於一副神聖面具之前，掛在牆上的這副面具是數世紀之前，由一位偉大的大師手工雕製而成，是一副巨大的大黑天面具；面具兩側，一側是度松瑪，另一側則是另一位護法。噶瑪巴後來回到了自己的寢室。

第二天早上我們回去時，大家都看到了從面具的眼睛裡，尤其是左眼，流出了看起來像血的東西。這紅色液體已盛滿了三個缽。

類似這樣的東西以前也曾經發生過一次，那是在好幾世紀以前，西藏政府與中國交戰期間。當時「血」是從彎刀，而不是面具上滴下來。

確認過佛堂晚上都會上鎖之後，我們確定沒有人進來過。我們覺得這滴下來的液體很不吉利。噶瑪巴只是說道：「真令人遺憾啊！」然後就沉默不語。

大概一整天時間，噶瑪巴都沒有談到關於占卜的事情。直到第二天晚上，他才開口說：「我想我們還是再回去瞧一瞧，我想知道左眼流出了多少血。」

這次我們見到了從兩隻眼睛流出了等量的紅色液體。

「真是遺憾啊！」噶瑪巴又說了一次，「先前血液從這個面具流出來時，我們的政府正與東方的外國勢力作戰。那一次，西藏贏了戰役，血液從彎刀滴下來，象徵著勝利。」

「現在大黑天似乎正在哭泣，並且流下了血淚。西藏的佛陀教法或許將會消失。真是悲劇啊！」

位於札葉巴的月巖穴

從月巖穴遠眺的景色

這時候，紅色液體已經溢出流到地板上了——大家都看見了。我說的可不是只有幾滴而已②。

敦珠仁波切告訴我說，大約就在這段時間，他也在拉薩南方的貢波（Kongpo）區見到類似這樣的東西從大師策勒・納措・讓卓（Tsele Natsok Rangdröl）所製作的嘿魯嘎雕像中，「血」流了足足七天的時間。他說，流出來的東西多到幾乎流到入口處了。

有個規矩是，當有這樣的預兆出現時，不論吉祥與否，都要寫一封描述這些情況的信件送到拉薩政府去。很快地，有一位大臣回信道：「無須擔心。在色拉、哲蚌與甘丹三大寺院裡，將會唸誦六百萬遍特定忿怒相文殊咒語。這麼做將確保威脅能予以解除。」

雖然這兆頭預示著佛教在西藏即將被摧毀，但這卻是唯一有過的回應。

說來不可思議，像西藏這樣一個國家，如何能有功德成為這麼多位偉大上師的駐居之地，卻又同時失去了一切。

夢見空行母

噶瑪巴即將離開前往印度朝聖，因此我們分道揚鑣。而這也讓我有機會造訪鄰近拉薩的知名聖地札葉巴，我待在一處通往月巖穴（Moon Cave）溫暖舒適的小洞穴裡。儘管如此，我必須承認，這可不是個真正獨處的時機，因為我帶了我的兩個孩子、他們的母親、一位和我母親是親戚的年邁尼師，以及兩位侍者同行。

有天晚上我做了個夢：我似乎在一處洞穴裡醒來，而距那裡不遠的某處，有個美得令人屏息的空行母，身上穿戴著華麗的珠寶，令人看了著迷。睡夢中，不知何故我曉得那是個夢境，也知道我實際上仍在月巖穴。我想到這位美人必定是位智慧空行母，而這個想法讓我生起了強烈的虔誠心。一開始她站著不動，接著她開始以敏捷的動作跳起了一段優雅的舞蹈。

後來我問她：「我們如意寶噶瑪巴已經去印度朝聖了。我聽說不丹國王也可能會邀請他到那兒去。真是如此嗎？」

「他已受到邀請了，但那不是個堅決的請求，所以噶瑪巴不會去不丹。」她回答道：「不過，國王會送噶瑪巴供養品。」

「西藏會發生什麼事？」我問道：「中國人是否會入侵？我們從東部的新電話線中聽到那裡的人們正遭到殺害。」

「中國人會來。」

年輕時的敦珠仁波切

「什麼時候呢？」

「從現在開始的卅六個月後，佛陀在西藏的法教將會被踐踏於地，而這片土地將會處於一片黑暗中。」③

「達賴喇嘛會流亡國外嗎？有些人說他會留下來。」

「他將會離開，這是無庸置疑的。他將會去印度。」

我提出了一個關於在不久的將來，達賴喇嘛去處的問題來結束這場交談，也藉此驗證她其他說法的正確性。

她是如此美麗，讓我不想醒過來，心想我一睜開眼睛，她就會消失不見了。儘管內心充滿了希望與恐懼，到最後我終究還是睜開了雙眼，並預期自己會在平日的環境下醒過來。然而卻驚訝地發現空行母就在不遠之處，還可以看得到她。我真的對她頗為著迷，因為她是如此美麗，不過當我盯著她看的時候，她就逐漸消失了。

因為我藏不住話，一回到拉薩後，我必須找個人訴說這個夢境。因此我告訴敦珠仁波切，我做了一個不尋常的夢。接著我問道，噶瑪巴是否已經去了不丹。

「連同供養品，國王送來了一份邀請函。」他答覆道：「不過我們如意寶並沒有去不丹。」

我又繼續述說我的夢境，以及空行母所說的話。這時候，關於達賴喇嘛去處的問題也得到證實了。

「天哪！」敦珠仁波切驚叫道：「我相信你已經領受了一個關於西藏前途的預示。」接著他又咕噥了幾次：「天哪！」他後來又補充說道：「我們必須為最糟的情況做準備。」

不久之後，愛講話的我，又將我的夢境分享給噶瑪巴和宗薩．欽哲兩人聽，他們回答道：「那絕對是個壞消息。」

我不是那種常有清明夢境的人，不過這個夢在我的記憶中，一直歷歷如新；這個夢栩栩如生到讓人難以忘懷——夢中的訊息日以繼夜地縈繞在我腦海中。

康巴人的癡心妄想

當我最後一次回到康區時，我瞭解到政治情勢已經急轉直下。在當時，我就看出了即將降臨在西藏的事情；不論從哪個角度看，西藏顯然都會失去它的獨立性。我心裡很篤定，但身邊似乎沒有人與我有相同的觀點。

如果我在康區提起這個話題，人們就會發出嫌惡的聲音，連考慮一下都不願意。倘若我在中藏提及的話，似乎也沒有人會因為憂心佛法的末日就快來臨而無法成眠。

但我卻無法平心靜氣，「西藏將會發生什麼事呢？」我憂心忡忡，「當共產黨洪流自東方席捲而入時，一捆草與幾根小樹枝如何能抵擋得住呢？整個西藏將被淹沒。康巴人向中藏政府尋求協助，但誰能擔當最終的支援呢？西藏政府沒有人可以求助。我肯定這件事不會有好下場。」

那些都是我一再苦思的看法。

一切事情總會有個結局，這難道不是事實嗎？中國軍隊數十萬計，但我懷疑西藏全國有超過一萬名士兵。這麼少的武力如何能抵擋侵略呢？

中藏人比康巴人更精於盤算，但那對他們有什麼好處呢？這種精明讓他們儘量不形成任何具體的結盟關係，因為他們相信獨立的優勢。此時，似乎顯而易見的，沒有任何國家會在西藏陷入麻煩之際伸出援手。而在此同時，貴族與政府官員正忙著向平民百姓榨取所能得到的一切，並依此過活，從來不曾將專款運用於任何有用之處，更別說用於原定計畫之中。那樣的情況怎麼可能會有好結局呢？

康區大部分的人都不是你會稱為對政治敏感的那種人，他們只會重覆述說空洞的陳腔濫調，像是「西藏滿覆著白雪的山巒，就像一幅美麗的畫軸，而拉薩就位在中心。共產黨怎麼可能摧毀那樣的畫軸呢？」

這種愚蠢的信念相當普遍，但我怎能責怪他們呢？他們知道的就是那麼多了。但是，這就像是說：「我不會死，因為我未曾經歷過它。」

我不確定康巴人是從哪裡得到這樣的想法，說拉薩的政府能保護他們對抗紅軍，而強大的印度就站在西藏身後，隨時準備給予協助；甚至，他們相信全世界其他國家，包括美國在內，都等著要來協助西藏——他們只需開口就行了。

我並沒有捏造此事，許多康巴人確實這麼相信著。我們何不就稱它為癡心妄想呢？

①…祖古·烏金仁波切以無上的敬意對待巴沃仁波切，並告訴我，他是偉大的上師仁千·林巴（Rinchen Lingpa）活生生的化身。巴沃仁波切在法國多荷冬（Dordogne）待了許多年後，一九九一在大白塔附近圓寂了。〔英文口述紀錄者艾瑞克·貝瑪·昆桑說明〕

②…大約在同一個時間，消息傳開說，位於拉薩大昭寺屋簷角落的海怪頭嘴部一直不斷有水傾瀉流出。〔祖古·烏金仁波切說明〕

③…我們假設這件事發生於一九五六年。拉薩的起義與隨之而來的鎮壓發生於三年後，即一九五九年。〔英文口述紀錄者馬西亞·賓德·舒密特說明〕

第4章

拉薩令人稱奇的大師們

宗薩．欽哲

在拉薩的時候，我得以和一位絕妙的大師，也就是深受喜愛的宗薩．欽哲共度時光。在康區，這位轉世祖古與偉大的欽哲本人同享盛名；他不只是第一世欽哲的祖古，幾乎就是他本人；他是個博學、高貴的大成就者，同時具有令人讚歎的儀表。

他後半生的時候，生了一場重病，而且拖延了三年，一直找不到治癒的療方。最後，他受請求迎納一位佛母來改善健康狀況。他答覆道：「如果都沒有辦法的話，我將歸還我的比丘戒。」

他隨即描述了一個特定的年輕女性及其下落。而後，她和她的家人收到了一封邀請信函，她就來與他同住了①。宗薩．欽哲不再是個僧人，而成為一位瑜伽士，而且是位圓滿的瑜伽士。

當康區的政治情勢變得不堪一擊時，他以短程旅行為藉口，在沒有任何人知道的情況下動身前往中藏，這樣一來也就不會有人阻止他了。途中他經過了囊謙。

就如我所提過的，宗薩．欽哲先前曾造訪桑天．嘉措的隱修處壘峰。在那裡，宗薩．欽哲請求我的上師給予他《新伏藏》法中，由第十五世噶瑪巴所撰寫的部分，那是他未曾領受過的傳承。不過，當時我並未見到他。

有一天，當我碰巧在拉薩大昭寺裡參拜釋迦牟尼佛雕像的時候，有消息說宗薩．欽哲也來了；他氣度宏偉地邁著大步走進來，頭上戴著蓮花生大士著名的蓮花冠，身上穿著法袍②。

宗薩．欽哲仁波切

四周的人都在竊竊私語：「看那邊！那是誰？看起來是位偉大的大師。他的穿著就像蓮花生大士一樣。」他幾乎馬上就成為全拉薩知名的人物。當他待在一位舉足輕重的權貴家中時，我去探訪他，當時他正在傳授《心要四支》（*Four Branches of Heart Essence*），那是大圓滿中最重要的一套法教。

「你是誰？」他問道。

「我是個康巴人。」我答道。

「來自康區什麼地方呢？」

「我來自秋吉．林巴的家族。我是他的曾孫。」

「涅瓊．秋林沒有孩子。」宗薩．欽哲與涅瓊的秋林非常親近。他繼續說道：「那麼你是誰的兒子呢？」

「涅瓊．秋林是轉世，而我是秋吉．林巴本人的後代子孫，因為我父親是由他的女兒所生的。」

「噢……所以也許你就是大家都在談論的那位秋吉．林巴的後代子孫，也就是給予噶瑪巴利培．多傑《三部》灌頂的那位！那是你嗎？」

我除了說「是的，那就是我」之外，還能說什麼呢？我猜，這表示我們已經正式認識彼此了。

「好，好，如果是這樣的話，那麼你必須為我安排和噶瑪巴見面。」他說：「他持有一種灌頂的傳承，能讓弟子精熟於覺知的展現③。我必須從利培．多傑本人那兒領受它。請你協助我，代我請求他。」

為了協助促成這樣的吉祥會面，我首先帶著噶瑪巴的秘書長與噶瑪巴家族的幾位成員去見宗薩．欽哲。這次會面進行很順利，很快地，宗薩．欽哲就受邀至楚布寺給予教授與灌頂。我清楚記得宗薩．欽哲在廿三日抵達後，就一直待在楚布寺，直到次月的八日才離開。

我們如意寶懷著極大的敬意對待宗薩．欽哲，安排他住在最好的寮房中。我非常幸運地能從他們兩位那兒領受灌頂，並親眼目睹他們彼此喜愛對方。新年慶典期間，宗薩．欽哲待在楚布寺，受到極大榮耀的款待，並被安排坐在崇高的法座上。

噶瑪巴與宗薩．欽哲

噶瑪巴私下告訴我：「我對於能夠款待這樣一位偉大的上師感到激動不已。儘管當前是多事之秋，他卻讓我感到全然的安心。」

噶瑪巴請求了一部第一世欽哲的心意伏藏，那是一部具有秘密封印形式的《長壽佛母嬙達利》（*Chandali, the Mother of Longevity*）法④。接著，宗薩．欽哲也請求了紅觀音菩薩的灌頂，稱為《天人師之洋》（*Ocean of Conquerors*），這是從第二世噶瑪巴噶瑪．帕師（Karma Pakshi）時代以降，每位噶瑪巴最重要的一個本尊。噶瑪巴也給了他和這個灌頂相關的一個特定面向，稱為「展現覺智的灌頂」（empowerment for the play of awareness）⑤。而在這些灌頂期間，只有噶瑪巴的弟弟朋羅仁波切（Ponlop Rinpoche）和我被准許待在內室裡。

灌頂結束後，談話內容轉到了西藏的前途。宗薩．欽哲說道：「在我看來，共產黨顯然是在幹壞勾當。事實上，我來此地的主要原因是為了親自向您請示，您對我到貝瑪古去的看法。」這是位於印度邊界一處非常偏遠的山區。

過了一會兒，噶瑪巴說道：「貝瑪古、貝瑪古……看起來並不好；山群非常陡峭，路上的河川也難以跨越，而且，到最後共產黨也會入侵那裡。那是我所見到的。仁波切，您必須到錫金去。」

「很好，如意寶，我有信心您是個能清楚見到過去、現在和未來的人，我將依循您的忠告。我原本是計畫要由貢波區離開西藏，但我卻有所疑惑。那是我為何來請示您的原因。」

宗薩．欽哲待在楚布寺期間，成了我的老師之一。從那時起，我得以向他澄清許多重要的疑點，因為一連好幾天，一些自命不凡的楚布寺秘書禁止他去見噶瑪巴。這並非新鮮事，同樣的事情也發生在其他許多偉大的上師身上。此外，當宗薩．欽哲初次抵達楚布寺時，似乎沒有人讚賞他確實是個何等超凡、偉大的上師；除了我之外，沒有任何人來向他請求法教。有個原因是，他住在噶瑪巴的寮房裡，讓人難以進入；另一個原因則是，噶瑪巴身邊的人似乎喪失了對其他喇嘛的讚賞之情；他們發現要對任何人產生信心並不容易。因此，我何其有幸，在那段期間沒有人跟我爭著要見宗薩．欽哲。

但是，隨著日子一天天過去，曾為上一世噶瑪巴佛母的楚布．康卓（Tsurphu Khandro）、楚布寺的金剛上師，還有我，都被人看到進進出出地要取得法教。到最後消息傳開了，很快地，人們就站著排隊要見他了。

離開楚布寺之前，宗薩．欽哲請求八套中等長度的《圖珠巴切昆色》儀軌，他說：「這是一部專門針對這個時代的特別儀軌。請向我們如意寶詢問，我是否能得到它的幾本複本。」

接著，宗薩．欽哲要求借用一尊小雕像，那是由第一世噶瑪巴在青銅上咬一口來開光的。這些雕像在康區從未被人見過，不過宗薩．欽哲知道噶瑪巴有幾尊這樣的雕像。對於這項請求，噶瑪巴似乎相當高興，因此他要人去搜尋他存放聖物的地方，且找到了兩尊雕像。

「我想給你一尊。」他突然這樣告訴宗薩．欽哲。

宗薩．欽哲試圖拒絕，噶瑪巴卻強迫他收下。你應該瞧瞧這件事在整個楚布寺所引起的騷動。每當兩名僧侶在路上相遇時，談話的主要話題就是，「這位來自宗薩寺的薩迦喇嘛得到了我們最珍貴的寶物之一——我們第一世噶瑪巴杜松．虔巴（Dusum Khyenpa）咬過的雕像。倘若我們如意寶就那樣把寶物送人的話，我不知道佛法將會發生什麼事！他把我們的心愛寶貝送給了人。」

全寺瀰漫著一股批判的氣氛。我試圖阻止僧眾，告訴他們說：「別用那種態度說話！噶瑪巴是佛法之主，如果他以那種方式將雕像送出去，必定有其道理。除此之外，它也不過是兩尊中的一尊罷了，另一尊仍在楚布寺。」

「沒錯，沒錯，儘管如此，兩尊仍比一尊好！」這是他們的回答。

毫無疑問地，噶瑪巴的看法和他們不同。當宗薩．欽哲即將結束他停留的日子，噶瑪巴說道：「當這位老喇嘛離開楚布寺後，這地方看起來將會空蕩蕩的。」

珍貴的傳承法教

當宗薩．欽哲再度回到拉薩時，我得到機會從他那裡領受到更多的法教，尤其是他給了偉大米龐所著的一份一般瑜伽士指引⑥。開頭是這麼寫的：

無需長時間研、思與修，

依口訣而持心髓，
一個凡俗瑜伽士經過微小困難後，也能成就持明者之境界——
此乃甚深之道的威力。

他用了幾天時間，每天一大早以極為緩慢的步調給予教授，而我非常享受我們一起上課的時光。我們也有機會交換其他法教，舉例來說，我帶了噶美堪布針對《七支深密輪》（*Sevenfold Cycle of Profundity*）中，關於蓮花空行母（Lotus Dakini）修持的一些闡釋。宗薩・欽哲做了一份複本，而我也樂意給予他口傳。

當我在拉薩的時候，也見到了頂果・欽哲，他是偉大欽哲的另一位轉世。雖然我曾聽過他，而他也揭示了我送給德喜叔叔的那張羊皮紙空行卷軸內容，但我卻從未見過他。剛好，德喜叔叔已經在那個冬天往生了，他有一些特別的私人物品要送給頂果・欽哲，而我則身負將它們帶去桑耶寺交給頂果・欽哲的任務。

頂果・欽哲身材高大且相貌出眾。他告訴我關於他透過德喜叔叔與我的家族結上法緣的事，並說他樂意給予我一些灌頂。就在那時候，他正要到楚布寺去見噶瑪巴，所以他說等他回來後，我們再進一步討論。

我利用這個機會提醒他，德喜叔叔告訴我關於《八佛母》（*Eight Consorts*）空行伏藏的故事，並補充說到德喜叔叔命令我向這位欽哲祖古請求這個傳承的事。

頂果・欽哲回答：「回到康區後，我把那四十頁內容拿給宗薩・欽哲看。他告訴我說：

頂果・欽哲仁波切攝於拉薩

『你必須給我那部法的灌頂與口傳。我之前已發覺到秋吉・林巴空行母系統的教授中，有一部到現在為止都沒有寫下來，這個看來似乎正是那部教授。你做得好極了！』我於是將整部系統的灌頂與口傳獻給了他。」

「至於你的請求，目前我們運氣不好，因為我將法本留在他那裡，因此我現在無法把法教傳給你。將來你見到宗薩・欽哲時，你必須向他請法，他說他想負責那部法教。」儘管如此，頂果・欽哲對於我請求這部法，看起來似乎感到相當開心，對我非常地仁慈。

「這是一部莊嚴宏大的伏藏法，」他繼續說道：「但我能怎麼辦？我將它送給了宗薩・欽哲，因此我沒有法本。由於東藏的情勢每下愈況，因此我必須逃到拉薩，卻不曉得宗薩・欽哲已經在這兒了。我原本預期他更晚一點才會來。宗薩・欽哲告訴我，他派人到康區收拾那些典籍，不過不知道他們發生了什麼事。」

所以，過了一段時間後，在我與宗薩・欽哲多次美好的談話中，有一次我告訴他德喜叔叔所說，關於頂果・欽哲抄錄下的伏藏法故事。「仁波切，」我問道：「他告訴我，您有經文。您有帶在身邊嗎？」

宗薩・欽哲回答：「祖古所寫下來的這部伏藏法，絕不是普通的伏藏法！他捕捉到相當了不起的內容，甚至包含了一部密續。我告訴你，那可不是所有伏藏師都能辦得到的！偉大的欽哲與康楚可以辦得到，而秋吉．林巴也得到了幾部。」⑦

「我迫使羅索．達瓦把這個傳承讓給我，之後並立刻將整部經文製成木刻版，打算將它傳播出去。不過，看看現在發生了什麼事！佛陀法教的敵人突然從東方崛起，並開始入侵。由於我必須在這麼倉促的情況下離開，因此無法將它帶在身邊。讓我告訴你，我設法帶出來的東西很少很少——只有三尊小古察雕像；這是蓮師為了西藏的利益而將它們封藏起來，以作為他的代表⑧。就這樣而已！其他所有的神聖圖像、雕像和聖骸，我根本沒有任何機會帶出來。我們神聖崇高的典籍就淪落入佛法反對者的手中了！」

簡單的說，即使宗薩．欽哲保全了那部傳承，現在也無法將它傳授下去。他也失去了所有代表成佛者身、語、意的神聖物品⑨。

因此，當談到要領受德喜叔叔所建議的這部伏藏法時，我覺得我已經盡我所能，首先向德喜叔叔本人，接著向頂果．欽哲，最後向宗薩．欽哲請法。

有一天，宗薩．欽哲說道：「我即將要到中藏一帶朝聖，如果你一起同行，我有一些灌頂與口傳可以與你分享。也有幾部《新伏藏》裡罕見的作品我還未領受過，而我想你有。難道你不覺得，如果我們能一塊兒旅行一小段時間，會是個好主意嗎？你何不請求噶瑪巴的允許，跟我一道走？」

但事情的結果並未如我們原先所計畫，因為那段日子噶瑪巴想要修些特定的儀式，而我們也正在修一種與獅面空行母（Lion-faced Dakini）有關，需要九天時間的除魔儀式。因此當我告訴宗薩．欽哲說，噶瑪巴不讓我走的時候，他別無選擇，只好在沒有我同行之下離開了。

敦珠仁波切

我已經提過敦珠仁波切，不過從來沒有說明我們見面的情況。當宗薩．欽哲還在拉薩的時候，有一天我去見他。不過，到了門口時，我才被告知他那天不在；他已經到拉薩近郊的一處帳篷營地，去請求敦珠仁波切授予一個灌頂。當我下次見到他時，他表露了對於敦珠的深切讚賞：「在我們當前這個時代，我不相信有任何一位持明者比敦珠還要有成就。那是為何我必須向他請求灌頂的原因！」

不久之後，我自己遇見了敦珠仁波切，他正待在我所認識的一位好性情的貴族家裡。當時這位顯貴想在家中的寺廟修十萬遍薈供，所以邀請敦珠仁波切前來主法。這位顯貴知道我在鎮上，所以也邀請我來。我和敦珠就是在這十萬遍薈供期間相遇，也相處了一些時光。

「你是誰？」他問我。

「我是從康區來的。」我回答道。

「你從康區哪個地方來的呢？」

「從囊謙來的。」

「你屬於哪個傳承呢？」

「我屬於巴戎噶舉。」

敦珠仁波切

「你修什麼法呢？」

「我修持秋吉．林巴的伏藏法。」

「那麼，你也許和他有親戚關係。」

「是的，實際上，我是他的曾孫之一。」

「說明一下你的族系。」

我告訴他，我是吉美．多傑的兒子，也是桑天．嘉措的姪子。

「噢！真的！」敦珠答道：「我從桑天．嘉措那兒領受了部分的《大圓滿三部》，並將他視為我的根本上師之一。我最近聽說有個康巴喇嘛在楚布寺給了噶瑪巴《三部》的灌頂——那個人是你嗎？」

顯然，耳語已經傳遍各處了，因此我承認：「是的，那個人是我。」

「你有把書帶在身邊嗎？」

「是的，我有，就留在我楚布寺的寮房裡。」

「你有帶聖像嗎？」

「是的，我也有。」

「棒極了，因為你必須將那個教授傳給我。我在楚布寺得到前三個灌頂，不過我絕對要得到完整的教授。」

由於敦珠仁波切非常堅持，因此我必須立刻派遣我的侍者在噶瑪巴遠行到拉薩西北方的天湖期間，回到楚布寺拿我的書本和聖像。不久之後，我也必須盡我的棉薄之力，將這個傳承獻給敦珠。

恰札仁波切的試探

當這些灌頂進行了幾天之後，我遇見了恰札仁波切（Chatral Rinpoche）；他的外貌非常引人注目——身穿質地粗糙的毛料衣服、高聳的鼻子，以及康巴人的言行舉止。

我們的交談是這樣開始的：

「你，喇嘛！你從哪裡來？」他粗魯地質問道。

「我從囊謙來的。」

「從囊謙哪裡來？」

「我是秋吉．林巴的後代子孫。」

「我曾到慈克寺去，不過我在那裡並沒有看到你。」

「我並沒有一直待在慈克寺。」

「那你從哪裡來？說出來吧！」

「秋吉．林巴的女兒貢秋．巴炯有四個兒子，其中之一就是我的父親。」

「嗯……嗯……我已聽說你應當是涅瓊．秋林的姪輩。我在宗薩寺那兒認識他，他到那裡去探訪宗薩．欽哲，但我從未聽說他有個喇嘛姪輩。現在我聽說我們的敦珠仁波切正從這一位姪輩那裡領受《三部》的灌頂，但我們都知道，有很多所謂的『康巴喇嘛』來到中藏，試驗他們各式各樣的把戲。因此，我好奇你是否也只是另一個這樣的人罷了。嗯……。」

恰札仁波切一直瞪著他的大眼睛打量我，「許多康巴喇嘛來這裡，給予他們沒有傳承的灌頂來欺騙人們。」敦珠仁波切就坐在那裡，插嘴說道：「是我請求他給予這個傳承的。」

很快地，他們開始開起一個又一個的玩笑。而在這時候，恰札仁波切帶著得意的笑臉轉向我，說道：「好吧，我想你終究不是個冒牌貨——那麼，你可以繼續給予他灌頂了。」

恰札仁波切

中共的目標：併吞西藏

當我正在把灌頂獻給敦珠仁波切時，中國共產黨已經在拉薩了。但是，只有幾個人察覺到他們想要佔領西藏的意圖。塔喇嘛（Ta Lama）是當時一位重要的大臣，他在公開場合都保持著高尚且有尊嚴的面容，然而，一旦我們私下見到他時，他就會問道：「你有任何蓮花生大士所做，關於我們這個時代的伏藏預言嗎？」

看來，西藏政府似乎並非完全無所懼怕地具有掌控全局的穩固信心，他們也希望能透過蓮師的預示找到解決危機的方法。事實上，蓮花生大士做了幾個明確的伏藏預示，都是關於西藏即將面臨毀滅，有些預示甚至提到了從東方來的入侵行動。

然而，人們卻不予理會，不然就是錯誤地詮釋預兆，譬如，其中一個預示內容說道，在未來，「就像湖泊中間的一朵花，久沃佛像將自遠處為人所禮敬」，這個預示被詮釋為久沃佛像是如此珍貴而無法摧毀。然而真正的涵意卻是，人們將遭到阻擋而無法見到它，或被迫自西藏流亡國外。

我問塔喇嘛說，他們是否曾嘗試與外國勢力，例如美國、印度與英國，建立外交關係。他回答說，他們已經這麼做了，但並未獲得堅決的承諾。於此同時，中國共產黨心中只有一個目標：併吞西藏。

這個威脅沉重地壓在我心頭，沉重到我時常無法入眠；我有預感，西藏遲早會淪陷，而我必須逃到沒有共產黨入侵者的地方。我打從心裡不想待在西藏，一點兒也不想。我必須遺憾地這麼說，有很多西藏官員受到中國人慷慨散發的銀幣所引誘，也有很多官員宣稱，沒有什麼好憂心的，一切都沒問題。

有一天，敦珠仁波切透露說，他覺得我們還有一年左右的時間，「趁著還可以的時候，我們應該利用一下中國人。我計畫要待在此地大約一年，運用他們的銀幣確保佛法的將來。」⑩

「我絕不可能待那麼久。」我答道：「我已經請求噶瑪巴准許我離開西藏，我打算比任何人早走。」

虛設的宗教事務委員會

大約就在這時候，拉薩設立了「宗教事務委員會」（Committee of Religious Affairs），由各個派別的領袖所組成。為了由上掌控佛教徒，這個團體的會議都是中國佔領軍所精心策畫。因為噶瑪巴不想親自參加，所以派我代表他去。由於是噶瑪巴希望我代表他，我無法找藉口不去，因此一定得出席。敦珠仁波切代表寧瑪派，也有來自薩迦、格魯（Gelug），以及苯教的代表，總共是五個佛教傳統。

在這些會議中，主要活動就是消磨時間，因為會有一個接著一個人發表冗長的演講，讚揚佛法修持的美德。然而現實中，我們修持佛法的時代卻正在迅速消逝。共產黨領導人以鼓勵對廣大聽眾發表關於佛法的演說做為託詞來矇騙大家，每場演說的開頭都必須以向「偉大舵手毛澤東的真實統治」致意，感謝他「無比的仁慈，最終讓五個靈修傳統得以齊聚一堂」⑪。

中國人詭計的典型表現方式是，在每場盛會中，共產黨官員會分發一袋袋的錢，一天廿五個大銀幣。甚至我的侍者——他是楚布寺的秘書，一個很好的人——也得到了十五個大銀幣。因此，光坐在那裡就能讓我一天賺到廿五個大銀幣，這在當時可是一筆不小的數目。假如你能露齒而笑，忍耐一個月時間，你就能收到一筆可觀的金額。

儘管如此，我並未保留任何一個銀幣，因為我的內心深處並不渴望與共產黨產生具體連結；我非但沒有將那些錢用在交通花費上，還代表所有噶舉傳承，選擇以雙腳行走各處。廿五天之後，我逮到了機會去造訪楚布寺，在半路上我將全部銀幣都扔掉了。

「你為何在這裡，而不是在集會中？」噶瑪巴問道。

「我不想再參加了，即使你威脅要將我的頭砍掉也一樣！」我說道。

「很好，我會找其他人。」他回覆道。

接著我告訴他，另一位祖古自願要代替我去，我問他那是否可行。噶瑪巴同意了，我也因此脫身了。

後來，當拉薩的情勢變得十分險惡時，代替我的人並沒有逃出來。雖然他們兩、三年間都定期給他銀幣，但紅軍最後還是把他處決了。

雪謙・康楚

當我準備離開西藏的時候，有一位名為雪謙・康楚的令人讚歎大師交給了我一封信，要送給已在錫金的宗薩・欽哲。他把信交給我時說道：「如今要說宗薩・欽哲就是老欽哲本人，絕對是合理的。現今人們要在甘托克見到他，似乎很容易，但事實上，這是相當不可思議的。請你將這封信交給他。」

對這位大師來說，要如此讚揚任何人是極不尋常的。但後來當我將信交給宗薩・欽哲時，他把信放在頭上，並說道：「這封信是來自一個像老康楚本人的人。對你來說，要見到他似乎是很輕易的事，不過那是令人訝異的好運。」他們相互之間，對彼此都有種不尋常的讚賞與淨觀。

雪謙·康楚已經達致了妄念瓦解的境界。臻至這種層次的高貴生命，行為舉止常表現出孩童般，十足自然、不造作的模樣，完全不會考量社會常規——雪謙·康楚到了晚年的時候，似乎就是那個樣子。

有一次，當他在拉薩時，一位中藏大臣來探訪他。當時拉薩政府部門的官員全都將頭髮綁在頭上，並飾以金黃色的聖物盒，而瑜伽士通常也將頭髮用裡面裝有聖典或聖骸的一個小聖物盒綁起來。儘管這名男子穿著打扮顯然像個西藏顯貴，雪謙·康楚仍對他說：「喂，瑜伽士，你從哪裡來的呢？」

「仁波切，噓！」有人傾身向他輕聲說道：「他不是個瑜伽士，他是位大臣。」

「喔，你是位大臣。」雪謙·康楚脫口說出：「我以為你是個瑜伽士。你從哪裡來的呢？」

那位大臣感到非常窘迫。

在另一個場合中，有位政府高官納波（Ngabö）邀請了敏珠林寺的瓊仁波切、雪謙·康楚、頂果·欽哲，以及多位僧人，一起在大昭寺主修一個法會。這些人全都坐在一起。

納波本人並未到場，而是派他的妻子出席；她是一位身分崇高的婦女，被稱為拉蕾·古秀（Lhacham Kusho），即「夫人」之意。由於她是位貴賓，所以當她將裝著錢的信封袋連同白圍巾一起交給瓊仁波切時，她也低下了頭——不像平常人從喇嘛手上得到加持時那麼低，而是只低到額頭互相

已達到忘念瓦解境地的雪謙·康楚

碰觸的高度。

雪謙・康楚隨即用手肘推了推頂果・欽哲，並突然大聲叫道：「喂，欽哲，快點！我應當如何應對那位女子呢？我以前從未跟女子的頭部相互碰觸。」就在這時候，那位女子已經走過來，站在他的正前方。

「只要保持安靜，並以額頭互碰就好了！」頂果・欽哲在他耳邊說道。因此，雪謙・康楚彎下腰，以地位平等的人之間相互問候的方式與她額頭互碰。

接著，她向他獻上了白圍巾，連同一個裝著錢的傳統信封袋，以作為供養。坐在他隔壁的頂果・欽哲正在接受白圍巾與供養時，雪謙・康楚已經撕開了他的信封袋往裡面瞧——違反所有得體禮節的規矩。

他拿出了錢，並以大家都聽得到的音量大聲說道：「喂，欽哲，瞧瞧我得到了什麼！你拿到了多少錢？」

我當時並不在場，不過頂果・欽哲親口告訴了我這則故事，並提醒道：「在公開場合坐他旁邊，真是吃不消。」

◎

當雪謙・康楚談到俗事時，常表現得相當孩子氣，不過，當他談到佛法時，他的智慧就像驅除了黑暗的東昇旭日般。在拉薩時，我有一次找到機會問他說，他覺得誰是西藏證量最高深的大師。

「看看敦珠，」他答覆說：「他的眼睛如此明亮有神，幾乎就像老鷹一樣；在他的眼神中，你可以看見全然開放的覺知特質。如果要問哪個人具有證量，就是他了。與他相較之下，其他人看起來似乎都頗為遲鈍且心不在焉。」

「名氣響亮的大師竹巴・永津又如何呢？」我接著問道。

「他絕對也達到了那個層次；他的心廣闊開放，連絲毫無明都沒有。」雪謙・康楚回答道，「我聽說他甚至都不睡覺。」

接著我問他，他所說的證量高深是什麼意思。

「這是指當你的覺知無所障礙，且無所執著時，你仍敏銳地安住於當下，了然分明於細節之處。」他當時所展現的正是如此。我確信他就是一位證量極高的大師，而且對他懷著深刻的信心。

雪謙・康楚的預感

儘管中藏仍舊一片平靜，康區卻一直有反抗中國佔領軍的武裝起義。當我還在楚布寺與噶瑪巴待在一起時，雪謙・康楚也到那裡短暫停留。

他告訴了我一個預感：「現在，每當我看到一個共產黨員時，我的胸口馬上就會痛起來。我覺得極不舒服，或許有一天我會被共產黨帶走。」

他做了幾次這樣的評論。有一次我問他：「為何你會被共產黨帶走？噶瑪巴正要把你派到錫金，去當錫金國王的主要上師。我們如意寶已經安排好了，也告訴錫金人說：『我要把這位喇嘛送到你們那裡，當皇室的上師。』」

「既然你很快就要離開西藏了，」我問他說：「為什麼你認為中國人會把你帶走？」

雪謙．康楚回答：「我不知道為什麼，不過我就是覺得這很可能會發生。」

動身前往錫金之前，雪謙．康楚想要造訪中藏其他地方。噶瑪巴卻告訴他說：「別去，你應該繼續待在此地。你很快就必須動身，直接前往錫金了。敏珠林寺的主要功德主已經在那裡了，你必須與他相連結，你在那裡將有圓滿的因緣。」

但雪謙．康楚卻反對道：「我必須先去敏珠林寺；敏珠林寺就像是寧瑪傳承的基石，我必須造訪那裡一次。」

他們不斷地爭論，到最後噶瑪巴說：「好吧，如果你非去不可的話，我會替你安排一切，並提供侍者。不過，你不能待在那裡超過兩個星期。之後你就必須直接回到這裡，然後到錫金去。」

雪謙．康楚允諾在敏珠林寺待兩個星期，一天都不會多。遵循噶瑪巴的教誡，他只待了兩個星期，接著就動身回楚布寺。

在回程的路上，雪謙．康楚在一條大河的渡口意外遇見了一群人。真的很湊巧，他們是林桑（Lingsang）家族的成員，在康區起義，因而被中國共產黨追捕，所以逃亡到中藏。

由於這些人是雪謙．康楚在康區的功德主；因為他們的資助，所以雪謙．康楚有義務要為他們修法。因此，他在那條河的岸邊逗留了五天。這麼做的結果卻是一場災難——中國共產黨追到了那邊，他遭到逮捕，並迅速被送往中國。

我不知道他是怎麼去世的，他必定是從中藏被帶回東部的德格，因為有人在那裡看到他，接著就被帶往中國。

實在是件令人傷心的事，他當時大約只有五十歲。

我的頑固與驕傲

不幸地，現在我必須再告訴你另一個我固執頑強的例子。

正當我準備要去錫金時，噶瑪巴告訴我說：「首先，待在我的弟子班釀克．阿汀（Banyak Ating）位於錫金的莊園一段時間，然後再前往尼泊爾，到位於加德滿都山谷博達的大白佛塔去，你應該在旁邊興建一座寺院。」

「佛塔裡有個人已經答應要給我土地，而我有封來自山谷其中一位統治者的信函，允諾會提供建築材料。從我應當派個喇嘛去監督這項計畫到現在，已經過了六個月，我想你會是負責這項工作的理想人選。」

隔天，當我坐在我們如意寶面前時，有個人拿了一疊共八封信函走進來。當他將信函一封封交給我時，也告訴我這些信件是要給誰的；每封信都是寄給尼泊爾政府的特定官員，還有一封是要給土地的贊助人，以及一封給尼泊爾馬漢札國王（King Mahendra）的秘書，甚至還有一封是要給印度籍大師古努喇嘛（Khunu Lama），請求他來，儘管我懷疑他是否會來。

「惡劣的時刻將會降臨西藏這個國家。」噶瑪巴說道：「我要你在尼泊爾建立一座寺院。我已經做了準備工作，要將我們一半的雕像、書籍和法器慢慢地送到尼泊爾。不過得要有個地方存放它們，那就是一座寺院。你必須前往那裡建立一座寺院。」

他繼續說道：「我選擇你去是有道理的，因為你有能力當我的代表。我將派遣所有必要的侍者與秘書，並賦予你喇嘛的崇高地位。因此，去將你所有的東西打包，往南到尼泊爾邊境的吉隆（Kyirong），再從那邊到加德滿都山谷，並立即著手興建主要的寺院。建造工作必須品質精良，而且必須在三年內完成。我們必須現在就此達成共識——盲目相信一切會好轉，而留連於西藏是沒有意義的。」

「對不起，如意寶！」我難以置信地說道：「像我這樣的人，如何能實現這樣的教誡呢？我的學養沒那麼好，而我既不是個能言善道的老師，長得也並非高大英俊。在我看來，您挑了個最差勁的人選。派我去，不僅是個沒有正當理由的懲罰，而且我確信最後結局肯定也會是失敗的。」

回顧這件事，我忍不住要笑自己的魯莽無禮。

「康區有這麼多偉大的噶舉寺院，包括色芒寺在內，」我繼續說道：「每座寺院都有能幹且傑出的喇嘛。您有權力指揮最優秀的人當您的代表，他們也會聽從您的指示——那麼做是否會更好呢？您所必須做的，只是表達您的心願，我確信任何人都將依您的吩咐做事。那才是您應該做的事——因為我不可能承擔這樣的地位。即使我真的去了，也不會有人聽命於我，我不可能允諾在三年內蓋好寺院。我比較像是個被稱為『喇嘛』，卻以人身化現的餓鬼。選擇我代表您，將一無所成，並徒然玷汙佛法而已。」

我隨後站起來禮拜了三次，以展現我堅定的決心。

「當我這樣的人承擔高階佛教大師的地位時，」我補充說道：「將使人們背棄佛法，並導致他們違犯三昧耶。」

「用不著你來煩心這種事，這是我的事。」噶瑪巴不為所動地回答道：「此外，順道一提，我認為人們將會對你有信心。」

「我並非企圖要說您不對，」我抗議道：「但在我看來，您是試圖叫一隻狗表現得像隻獅子一樣，而我就看不出要如何才能辦得到。」

「你實在是個頑固的人！」噶瑪巴大聲說道：「毫無意義的固執。真是遺憾！顯然你並不明瞭這麼做對佛陀的法教和眾生會有多大的利益。我對你寄予厚望。」

「我並不缺少舉足輕重，並大吵著要更高位階與地位的喇嘛；許多人急切地想要去，還會完全照辦我所要求你的事。真是可惜！不過別再提了，至少暫時如此。」

他是那麼說的，不過並沒有用，我仍舊不服從他的指示。

這個例子彰顯了我頑強的驕傲。我現在很懊悔當時沒有利用那個機會實現他的心願，因為他當然是對的；在尼泊爾建造一座寺院，肯定會為眾生帶來極大的利益。然而我又知道些什麼呢？我只不過是個平庸的傻瓜罷了——但我卻完全堅持自己的判斷。

大約就在這個時候，噶瑪巴詢問道：「反正你準備要去尼泊爾，不是嗎？」

「為什麼這麼問？」我問道。

「那裡有個叫作瑪拉提卡（Maratika）的地方，那是你應當去做三年閉關的地方。」

「這地方位於何處呢，仁波切？」

「距離加德滿都山谷不太遠。如果在這三年期間，你能在那裡修持一些長壽法，你將會有好的成果。」

「求求您，別強迫我那樣做！」我懇求道：「我當然聽過瑪拉提卡，那是蓮花生大士獲得成就的地方。但我如何取得糧食呢？在那裡我不認識任何人。求求您，別叫我做這件事。」

因此，那次我也沒服從噶瑪巴的心意。

噶瑪巴說話的方式極不尋常；當他表達他的心意時，聽起來經常不太像是建議，反倒像是可能性，是實際會發生的事。儘管如此，我當時顯然並沒有足夠的信心聽從他的話。

所以，那兩次我並沒有履行他明確的心意。

失落的珍寶

每當我思及那段時間所失去的所有珍貴寶藏時，我對自己的愚蠢實在難以置信，尤其是令人讚歎的楚布寺藏書館書籍；知道那座無價藏書館後來的遭遇之後，我很懊悔沒有為了我前往錫金的旅程，而要求借出幾本書。

有一本書特別浮現在我的腦海中，那就是噶美堪布加以註解的《知識寶藏》版本；不只因為那本書是以他自己的大字筆墨真跡所寫成，也由於他在字裡行間插入了他親自向作者康楚請益的闡釋。整部經文加上康楚自己的評論，寫滿了三大冊。在楚布寺時，我請求借出這些書，噶瑪巴也同意了。然而當我追查書本時，卻早已被閉關指導上師帝亞．珠彭（Dilyak Drubpön）借走了。

「我已經請求我們如意寶將這些書借給我了，可以請你將它們送過來嗎？」我要求道。

「我以三寶的名義發誓，我不會這麼做！」帝亞．珠彭回應道，「我不會割捨這些書——絕對不會！我告訴你原因，因為噶瑪巴老是把人送來我這裡問問題。沒有了這些書，我如何能給予適切的回答？你知道我年輕的時候並未廣泛研讀，只讀過《入菩薩行論》與《三戒》（*Triple Precepts*）這些基本經文。我並沒有受過很好的教育，而這三冊書是我所僅有能支持我說法的東西。」

「你說是我們如意寶派你來的，那也無濟於事，我也是為他工作。你現在來到這裡，聲稱要挖出我的兩隻眼睛，讓我成為瞎子！我對著三寶發誓，我絕不會割捨這些書。」

我跟他是很親密的朋友，所以我能怎麼辦呢？我無法與他爭論，因此我試著從另一個角度跟他說：「你不需要那樣緊緊抓著它們不放。噶瑪巴真的說了，我只能短時間借閱它們，就讓我拿走一小段時間吧。」

「不行，我以三寶的名義發誓，你不可能拿到它們！」他堅決地喊叫道。

帝亞．珠彭是位真正的禪修者，也是第一流的人物。但是，一旦他誓言「以三寶的名義發誓！」你就沒轍了。如果是其他人的話，毫無疑問地，我會請求噶瑪巴施加壓力。不過，因為我不想讓這件事演變成更大的問題，所以就讓事情這樣過去了，而我就再也沒有機會讀到那些書了。

◎

在楚布寺的時候，有一天，當帝亞一位剛在色拉學院完成辯證法（dialectics）與因明（logic）課程的密友兼親戚走進房間時，我正和他坐在一塊兒。帝亞．珠彭是那種比較單純的禪修者。

「你所理解的空性是什麼呢？」他的朋友戲弄地問道。

「空性非常簡單，就是我們所稱的大手印和大圓滿。」珠彭回答道。

「你這個傻子！你不能僅僅以另一個字眼來定義空性；它應當是所有教授的基礎，你卻無法描述它。你坐在這裡，佯裝是噶瑪巴的助理教師，你這個騙子！」

「好啊，如果你這麼急切的話，你就為它下定義。」珠彭強烈要求道。

「不運用特性去解釋的話，要如何溝通任何涵意呢？你認為你將會出奇不意地領悟究竟實相嗎？你需要使用文字與概念。你這個白癡！」他的朋友回覆道。

珠彭反擊說：「如果你認為你能使用文字和概念來展現空性的話，那麼你才是舉世無雙的蠢蛋！」

他們繼續這樣彼此鬥嘴、嘲笑對方。

接著，珠彭轉而對我說：「你看，要是沒有噶美堪布註解的版本，我要如何抵擋像這樣的傢伙？」

後來，當帝亞．珠彭成功逃出西藏，抵達錫金時，他告訴我：「我無法將那些書帶在身邊。我想要帶著它們，我也確實嘗試過，卻沒有成功。」

「你怎麼能把它們弄丟呢？」我悲歎道。

「我對三寶發誓！你不在那裡，沒有看到失序與混亂的情況。沒有人知道第二天早上是否還能活著，或成為一具死屍；就像飄過秋日天空的雲朵一樣，沒有任何事可以預料得到。那是個極度動盪與危險的時期。」

「那是我們所置身的狀況，你們卻輕鬆地在錫金享受美好時光。」

至今，我仍時常想起那些註解，也就是康楚對噶美堪布提問所做的答覆，原本會是對《知識寶藏》多麼絕妙的畫龍點睛之作！

在楚布寺時，我幸運地見到了《百妙行大畫卷》（*The Great Scroll Depicting the Hundred Wondrous Deeds*）；我將它視為這個世界上有意義的藝術作品中，最令人印象深刻的例證之一。在這件一幅接一幅的巨大畫卷中，描繪了第五世噶瑪巴在中國皇帝的宮廷裡，所展現的一百種神蹟；它的內容文字則是以中文、蒙古文、藏文，以及一種我不認識的文字，共四種語言所寫成。

這部驚人的畫卷比四十隻張開的手臂還要長，有好幾呎高；上面畫著十六位阿羅漢，他們是現身於低垂濃密雲團上的聖者；再加上灌頂期間，發生於皇帝私人起居室裡，包括皇帝如何見到本尊的壇城，以及那天升起了三個太陽等所有神奇事蹟。

我一直都不知道這幅畫卷的存在，直到宗薩．欽哲來到楚布寺，並要求看它時，我才曉得。當我們攤開畫卷的時候，宗薩．欽哲評論道：「在這個世界上，我從未見過任何像這樣的東西！當其他大師在中國時，也展現了神蹟，卻也沒有像這樣。」有一天早上，宗薩．欽哲和我瀏覽了整幅畫卷，並且從頭到尾細讀了所有解說。

我聽說這幅畫卷被做成了三幅複本：一幅在中國、一幅在楚布寺，另一幅則在許多世紀以前就毀於祝融。圖畫上有十九個由皇帝親自蓋下的認證印璽。這幅畫卷如果能以書本的形式保存，肯定會很棒。

我也試圖取笑帝亞．珠彭沒有將這幅珍貴的畫卷帶出來。不過，他再度反駁道：「你有什麼資格說我不是個強悍的人？你認為當我們出生入死時，你卻閒散地坐在錫金，這就強悍了嗎？」

我對那番話能說什麼呢？

不過，我接著又記起了某件事，再次逗弄了他一下，我說：「那麼是誰打包噶瑪巴的行囊呢？我聽說有一百名腳伕，卻只扛著糌粑粉、乾酪與乾肉片。難道你就不能把一袋食物換成畫卷嗎？難道你不知道不丹國王已經表示願意當功德主了嗎？有誰會在國王擔任贊助人時餓死呢？既然我說到了這件事，其他所有被拋在後頭的身、語、意信物又該怎麼說呢？」

所有的玩笑話擱在一旁，我真的很擔憂這件珍貴的寶物已經遺失了。不過，後來我發現它安然無恙地存放在錫金。⑫

①……康卓·策琳·雀準（Khandro Tsering Chödrön）目前住在錫金。她是索甲仁波切（Sogyal Rinpoche）的姑輩。〔英文口述紀錄者馬西亞·賓德·舒密特說明〕

②……蓮花生大士的蓮花冠被視為是一件「見即解脫」的聖物。〔英文口述紀錄者艾瑞克·貝瑪·昆桑說明〕

③……這種精熟於覺知展現的灌頂，是一種最為博大精深的傳承；它讓弟子與無二了知的本性面對面，而在這之後的修持，則是為了要了悟念頭與煩惱即是這種覺知的展現。〔英文口述紀錄者艾瑞克·貝瑪·昆桑說明〕

④……「秘密封記」經常會限制伏藏法的傳布，只能傳給即將成為那個特定傳承持有人的大師，或傳給立誓要全心全意修持的人。〔英文口述紀錄者艾瑞克·貝瑪·昆桑說明〕

⑤……為了要解釋這個灌頂，容我引述蓮花生大士的話：「覺知展現（awareness-display）的灌頂是由自性俱生圓滿的佛所教授的，是自無上法身佛土（Akanishtha）法界的慈悲化現，他們為了立即喚醒具有最上福報的人而給予這個教授。因此，沒有受過覺知展現的灌頂，是無法獲致佛果的。所有過去的佛，都在領受了覺知展現的灌頂後覺醒了；每個當前成佛的人，也是領受了覺知展現的灌頂後才覺醒的；而每個在未來世成道的佛，也一樣將在領受了覺知展現的灌頂後覺醒。除非你已得到了這個灌頂，否則是不可能成佛的。」〔英文口述紀錄者艾瑞克·貝瑪·昆桑說明〕

⑥……完整的書名是《一盞驅除黑暗的燈：過去證悟者

傳統中直指心性的指引》（*A Lamp to Dispel Darkness: An instruction that points directly to the nature of mind in the tradition of the Old Realized Ones; Crystal Cave, Rangjung Yeshe Publication, 1990*）

⑦…秋吉・林巴發掘並解碼了幾部密續，有些是包含在稱為《七支深密輪》的伏藏法中，而他也帶來了一部與《密藏密續》一樣深奧的密續。儀軌的數量當然很多，然而能寫下這種類型密續的伏藏師卻極為罕見。儘管如此，我們祖古連著《八佛母》系統一起做到了！〔祖古・烏金仁波切說明〕

⑧…那三尊是由釀惹、咕如・確旺與秋吉・林巴所發掘出的。〔祖古・烏金仁波切說明〕

⑨…《八大成就法》的另一個版本的確存在於《大圓滿三部》中，而《三部》中的口訣部也包含了身為本空護法的九個空行母的法教系統。在體性上，這些空行母與化現為大圓滿法教守護者的八位佛母是無別的。以這樣來看，你可以說這些法教的精髓仍舊完好無損。男性層面的精髓呈現在多部儀軌的形式中，不過由於該文本遺失了，女性層面的精髓現在只在阿底瑜伽的護法形式中才找得到。〔祖古・烏金仁波切說明〕

最近，烏金・托傑（Orgyen Tobgyal）從西藏帶回這部文本，因此，現在它是《新伏藏》法的一部分了。這份刻印版本有二十頁，我不確定他是否設法成功地接到了它的傳承。〔英文口述紀錄者艾瑞克・貝瑪・昆桑說明〕

⑩…敦珠仁波切在錫金附近，靠近南藏邊境的地方，建造一間屋子，把許多書籍運送到那裡，之後再將它們帶到印度去。〔英文口述紀錄者馬西亞・賓德・舒密特說明〕

⑪…依據策琳・夏卡亞在《雪域之龍》中所敘述：「由中國所提拔而新進涉入的人物當中，有來自（格魯派以外）其他教派的傑出領袖。十七世紀以來，第一次有屬於薩迦、噶舉與寧瑪派的喇嘛受邀參與西藏的政治組織。透過這個方式，中國人得以擴展支持的力量，卻也引起了傳統格魯派統治集團的強烈猜疑。」第132頁。〔英文口述紀錄者馬西亞・賓德・舒密特說明〕

⑫…我相信它仍然存放在噶瑪巴位於錫金的隆德寺。〔英文口述紀錄者艾瑞克・貝瑪・昆桑說明〕

第四部

流亡的生活

第1章

離開西藏

就在我即將離開楚布寺之前，我告訴噶瑪巴：「我覺得我不適合繼續待在此地了。」

「為什麼呢？」他問道。

「我有兩個孩子，還有他們母親的事情要操心。當您能像隻鳥兒一樣振翅翱翔，到任何您想去的地方時，我卻無法自由自在地到處走動，我擔心自己會被困在西藏這個地方。我唯一的願望是去一個完全沒有中國共產黨的地方。我有一張清單，上面列了幾個地方請您斟酌；第一個選擇是堪巴山谷（Khenpa valley），那是位於不丹的一個隱蔽小地方；下一個選擇是不丹海拔較低的地方，第三個選擇是錫金。還有一處位在尼泊爾索魯孔布（Solu Khumbu）區的隱蔽山谷，另外就是尼泊爾西部一處叫做努日的地方。」

我提到我伯父跟努日的一些人有聯繫，並解釋道：「有個住在那兒的喇嘛是赤松・德贊王的後裔，且因為他是我伯父的弟子，如果我們到那裡去，至少不會餓死。請您給我建議到哪個地方去最好。想到還要留在西藏，我晚上就睡不著。」

噶瑪巴的一位喇嘛傾身過來說道：「您不用擔心任何事，您受到我們如意寶的保護，就和我們如意寶待在一塊兒，他將會照料所有事情。」我回答說：「那樣並不恰當。我有家庭必須操心，而且如果我跟著如意寶，不僅有損他的名望，還會讓他左右為難，因為我會是他隨從人員中，唯一沒有出家的人。我情願先離開。」

當我在楚布寺的時候，剛好有一群從努日來訪的修行人，他們堅持要得到《圖珠巴切昆色》的完整傳承。噶瑪巴把這個任務交給我，一共歷時了十九天才完成。在這之後，噶瑪巴跟我說：「把你的選擇寫在紙上交給我，我明天早上會告訴你占卜的結果。」

隔天一早，噶瑪巴說：「別管其他選擇了，到錫金去吧！我會幫你寫一封給我弟子班釀克·阿汀的介紹信，他會照顧你的。在其他山谷中，你會遇到較多困難，而且不管怎麼說，你並不熟悉那些地方的方言。」

有了噶瑪巴那席話，我也就得到他的允許而離開西藏了。

前往錫金

原本我把兩個兒子和他們的母親留在位於市區北部的仲翁寺，現在差人把他們接過來。當他們到達的時候，我就把去錫金的決定告訴他們。

一聽到這件事，我那貴為中藏貴族的妻舅旺度（Wangdu）驚呼道：「位於拉薩山谷心臟地帶的布達拉宮，就像華麗的唐卡畫一樣，而達賴喇嘛就像活力四射的太陽般閃耀於其上，中國共產黨怎麼配得上這麼高貴的地方呢？共產黨的軍隊也許可以毫無困難地輾過你們康巴

祖古・烏金仁波切早年的相片

人，但他們不可能有天大的本領征服西藏中央政府。」

「中國軍隊的陣營數量驚人，每一陣營又都有好幾千名士兵，」我回答道：「請告訴我，你認為令人望而生畏的西藏中央軍隊確切徵募入伍人數有多少？我懷疑他們集結起來能超過區區一萬或兩萬名士兵。當一座山因山崩而坍塌時，單只有樹木和草叢是抵擋不住的。」

我妻舅完全不肯聽那些話。他的態度是大多數中藏貴族的典型態度：連想都不願意想他的國家就快要遭到武力征服了。所以，我的妻子和她家人完全拒絕離開。

就如他們其中一人所說的：「我們絕不可能拋棄我們的家產和財富！」

所以我自己離開了。

發誓絕不回西藏

就在我離開西藏前往錫金之前，有一名西藏婦女告訴我，她有好消息：「班禪喇嘛是無量光佛（Buddha of Boundless Light）本人，達賴喇嘛是觀世音菩薩，而毛澤東，我確定他是金剛手菩薩的化身，三個人就要會面了。這是世界和平的吉兆啊！」

早在拉薩爆發任何戰爭之前，我就無所畏懼地離開了西藏，身旁只有我信賴的侍者。可能沒有其他人像我這麼早逃離西藏的，我也因而得以未曾耳聞任何共產黨步槍所射出的子彈聲。就像俗話說的，當狐狸來的時候，最大的雞會最先跑到雞窩裡。

從拉薩到錫金的路程並沒有多遠，我們騎在馬上的小小隊伍踩著愉快的步伐行進，犛牛則馱載著我們的行李。如果馬不停蹄地行進的話，二十天之內就可以抵達錫金首都甘托克。

到了錫金，我受到噶瑪巴的弟子班釀克・阿汀的接待；他是一位既慷慨又有威嚴的政治家，同時也是錫金政府的首要大臣；他也是一位重要的功德主，供養了很多稻田給噶瑪巴，而這些稻田每年都可以生產五百蒲式耳（bushel）❶的米糧。班釀克・阿汀說，我一輩子都可以和他住在一起，並供養我足以養活十個人的玉米田。他後來重蓋了我所住的那間房子，把它改建成一座小寺廟。接下來幾年，我嘗試說服我的兄弟天嘎祖古離開康區，到錫金和我一起住。然而，有一天我卻接到他因病過世的消息。

接到了我再三請求的幾封信之後，我的妻舅旺度終於帶著我的妻兒，來錫金和我一起生活。但他到了錫金之後，卻要我們所有人返回西藏。

「你已經到了這個沒沒無聞又貧脊的山谷，」他說：「我很確定紅軍不會追蹤你到這裡，因為如果他們真這麼做的話，會活活餓死！我聽說這附近沒有像樣的食物，而且熱到讓人幾乎活不下去。我絕不會待下來，也不會讓我年邁的母親待在這兒，我確信她會因饑荒或燠熱而死。」

我們頗為激動地討論了這件事，直到我發誓絕不回西藏，才結束這場談話。

「即使有人把我捆起來拖著走，我也不會回西藏，而我也不會讓我兩個兒子回去。」我跟他說：「你有自由做你想做的事。當一個人從死囚牢房裡逃出來時，他不會在意前方的路是往上或往下——他只會一逕地往前跑。對我而言，離開西藏就好像從監牢中逃離。我絕不會回去！」

旺度反駁道：「我在這兒睡不好，整夜輾轉反側，渴望要回到西藏。」所以最後旺度收拾了行李，帶著他母親一起回西藏。好多年時間我都沒再見到他，直到中國政府將他從監禁了二十年的監獄釋放出來，我才又見到他。

一無所有

回顧過去，我覺得幸虧有噶瑪巴，我才能夠在西藏以外的地方生存下來——這絕不是因為我自己的功德所成。我有妻子和孩子，但我並沒有從康區帶走任何私人財物，只從拉薩帶了幾件不重要的物品而已。

我差了一位信賴的侍者到康區，告訴我親密的親戚、朋友，還有在寺中受我照顧的那些人，到錫金來跟我一起生活。然而，許多人都因為他們的犛牛、羊，以及要照料他們認為重要的事而分身乏術，因而不曾考慮離開西藏。

由於桑天．嘉措轉世靈童的緣故，拉恰寺仍舊十分興旺。我向拉恰寺請求了一些重要物品和資金，但我的心願並沒有引起注意。我並未從康區帶來任何一樣關於佛法的私人物品。

在我流亡之前，囊謙幾百年來已經歷過多次入侵和政治動盪，因此人們無法想像這次連寺院裡的東西也難以保全。

確吉．尼瑪的寺院也相當富有，如果我當初能有機會從那兒帶走一些貴重物品的話，我們的生活應該會過得寬裕些。但在我有辦法差遣僕人到那兒去之前，所有與西藏的聯絡管道，不管是交通運輸或通訊設備，全都被切斷了。除了能夠攜帶的幾樣私人物品和生活必需品之外，我抵達錫金時身無分文。

有些失去的東西讓我感到頗為痛心，譬如我上師穹楚的兩卷《寧瑪道歌寶》（*Treasury of Nyingma Songs*）是我鍾愛的珍寶；在康區的時候，我常在喪禮、靈療法會或薈供的時候唱誦這部典籍。當然，我把它一起帶到了中藏，但是，卻因為會遭受強烈懷疑或斷然反對，所以無法把它帶到錫金。其他珍貴的物品，譬如佛龕上的神聖物品也是如此，所以我留下了所有的傳家寶，只帶走了一套品質中等的儀式用品。

由於桑天．嘉措對於雕像製作的要求極為嚴格，因此壘峰新佛堂裡的雕像幾乎可說是他那個時代品質最好的。儘管如此，我卻無法帶走任何一尊雕像，或他豐富藏書館中的任何一本書來到錫金，因為這些全都應當屬於他的轉世，即那位年輕的祖古。

不管怎麼說，由穹楚所編輯，但已散佚的這套書，曾是我極為珍貴的財產②。第一世康楚仁波切曾經寫過一部修持法，讚揚大圓滿傳承所有偉大的上師。文中，他提到薈供之後，「這時候你可以加進合適數量，由傳承上師所做的道歌。」他也提到唱誦這些道歌（spiritual songs）的廣大利益，並引述密續的內容：「了知自性的覺醒性，將會在行者個人的經驗中無限擴展。」

穹楚自行擔負起收集這些道歌的任務。也許有人會認為他有些過頭了，因為他從龍欽巴那本內容廣博的《法界體性寶》開始著手③；他的理由是：「如果你想找到表露大圓滿三要究竟見地的道歌，我個人認為沒有道理排除龍欽巴的傑作。」

接下來，他收集了所有早期大圓滿的大師，以及西藏所有重要傳承的大師們所作的道歌。到最後，他總共收集了兩大卷作品，甚至還曾經想要將包含了龍欽巴所著的深奧道歌《住心道寶》（*Treasury of the Way of Abiding*）④這部冗長典籍加進來。

桑天．嘉措說服他不要毫無限制地增長他的道歌集：「當然這些也是合適的道歌，不過那樣做的話，假如有人想在薈供時唱誦全部的道歌，那會沒完沒了的——除非你想讓它持續兩天的時間。」

精緻完美的《三要》版本

在那段期間，有些珍貴的典籍還是成功地離開了西藏。例如，桑天．嘉措有一部很精緻的《大圓滿三要》書法版本就被我帶出來了。

當敦珠仁波切看到我私人的《三要》版本時，對於它品質之高印象極為深刻，「你們東藏在書寫與拼字兩方面的工藝水準，真是令人讚歎啊！」他驚呼道：「多麼神奇啊！我以前從來沒見過這麼完美的作品。有人見過嗎？」

我回答說，桑天．嘉措有位老侍者做事一絲不苟，且因為拼字極少有誤，而為人所稱道。桑天．嘉措私人贊助了與秋吉．林巴《新伏藏》相關的三十部典籍手抄本，這位侍者就做了大部分的工作。

我姑姑札西．奇美和她的丈夫是我寺院的看管人，她丈夫非常喜愛這部經典，所以用錦緞將它層層包起來，而且總是小心翼翼地對待它。後來，當我被我們如意寶徵召到中藏去的時候，我遣人將這部經典送過去。我姑丈在那時就要求一名從我父親寺院而來，正好朝聖路過的僧人幫他做一個複本。

後來，幸逢三寶恩澤加被，帶著這部經典回康區的那個人，在中國人入侵，一片混亂的時候迷路了。因為他搞不清楚自己拿的是什麼樣的珍寶，於是把它交給了我寺院的一名祖古，並交代他說：「這本書是屬於壘峰的。」這就是今日我們能擁有這部經典極為精確版本的原因。

❶…蒲式耳：穀物、蔬菜、水果等的容量單位，一蒲式耳相當於八加崙。

②…穹楚仁波切所著的這套《寧瑪道歌寶》在二〇〇三年春天被找到，目前這本書的翻譯還在進行中。〔英文口述紀錄者艾瑞克．貝瑪．昆桑說明〕

③…龍欽．冉江（Longchen Rabjam）著，《法界本空寶藏論》（*The Precious Treasury of the Basic Space of Phenomena*，藏文稱為「確映左」，Chöying Dzö），由理查．巴倫翻譯，蓮花出版社（Padma Publishing）出版。

④…龍欽．冉江著，《住心道寶》，理查．巴倫翻譯，蓮花出版社（Padma Publishing）出版。

第2章

錫金

我的錫金東道主與功德主班釀克．阿汀是個很特殊的人，年輕時，他曾擔任過他所摯愛的第十五世噶瑪巴卡恰．多傑的秘書；跟著噶瑪巴在康區待了三年，對噶瑪巴懷著極為深切的信心與虔誠心。

班釀克回到錫金家鄉後，就結婚生子了。他大部分的家人都和他一樣，對噶瑪巴有著少見的深厚虔誠心。有一天，我們如意寶自尋訪印度主要聖地的行程歸來後，受邀到班釀克的莊園。當班釀克站在一長列身上披著特定黃色大披肩的僧人前頭時，手上捧著一條白圍巾和一束香。

班釀克後來告訴我說，他的妻子（很湊巧也是個藏人）對於身居要職的丈夫向西藏師父鞠躬這件事感到不大高興。她以吹毛求疵的語氣問道：「天哪！如果你用這種方式來禮遇噶瑪巴喇嘛，那達賴喇嘛來的時候，你要怎麼做？」

然而，班釀克畢竟不是一個容易受擺佈的人，他回覆道：「噶瑪巴一直是我歷代祖先的上師，也是歷任錫金國王的上師；他是我們的皈依與怙主，從他那兒我們領受了許多法教。

沒有任何人比根本上師更重要，即使是其他國家的國王，也不會比根本上師更重要，甚至那個國王碰巧是達賴喇嘛也一樣。」

班釀克的家族是古老錫金王室的後裔，但並不是主要的皇室傳承，而是擔任大臣或行政首長職務，並由父親世襲給長子。有一次班釀克聽到皇后這麼說：「也許班釀克應該稱為國王阿汀，他的權力這麼大。我們還要另一位國王幹嘛呢？」

班釀克聽了只是大笑，並說道：「我不會做任何背叛國王陛下的事。但如果這件事成為街頭巷尾茶餘飯後的話題，那對錫金的未來並不是好兆頭，也許我該退休了。」很快地，他就辭職了。

「我們的肉身佛」

一天晚上，我們和班釀克的兩個女兒閒坐著聊天。其中一個女兒說道：「如果噶瑪巴沒有來過這裡就好了。他真的不該來的，一點好處都沒有。」

「為什麼呢？」我問道。

「嗯，畢竟他不是個佛，」那是她們的回答：「我們煮東西給他吃，我們也親眼看到他吃了東西。後來，他上完廁所，我們到廁所查看，也看到他拉在便桶裡的東西！因此我們瞭解到，他只不過是個人罷了，我們現在對他已經失去一半的信心了。如果他從來沒有來過我們家，那該有多好。」

「哦！閉嘴！」她們的父親說：「別再講這種孩子氣的話。他當然是個人！妳們期望什麼呢？」

她們曾經預期他是個沒有真實肉身的神。當他們全家提到我們如意寶的時候，都不會用「噶瑪巴」這個名字，他們叫他「我們的佛」——不是那個佛，而是我們的佛。

他當然是個人。當佛陀在鹿野苑（Sarnath）和菩提迦耶的時候，也有一具肉身。

班釀克本身並沒有那麼幼稚，而是個極為深沉通達的人；他也是個富有的人，剛好搭配他樂善好施的個性。每年，在某個特定的日子，他都會找來五百名腳伕，每人扛著滿滿的一袋米到噶瑪巴位於錫金的寺院隆德寺去。而寺院有任何用不上的東西，他們也都可以隨意變賣。

烏金祖古一家人攝於錫金

難道你會不把這樣的人稱為功德主嗎？

◎

我在班釀克的莊園裡進行了三年的閉關。當我閉關的時候，正值我兒子確吉·尼瑪和秋林要學習認字、讀書的時候。村莊附近有所學校，班釀克堅持要他們去那裡註冊。但三天後，確吉·尼瑪一副飽受驚嚇的模樣回到家。

「那學校毫無意義！」他抱怨道：「年長的孩子教年幼的孩子如何捕鳥，並把它們殺了。到了下午，他們就在學校後頭把鳥的毛拔光，在小火上烤，然後把它們吃掉。那種地方我怎麼待得下去？我不會再回去了！」

「那又怎樣？」年幼的秋林一副不以為意的樣子。但是，他也只不過多待了幾天而已。

秋林的問題是，他不聽從管教。有一次，他實在太不聽話了，我不得不抓住他的腳踝，將他倒吊在窗外，並威脅說，如果他不乖乖聽話，我就要把他丟下去。但是，即使頭下腳上地倒掛在外頭，他還是拒不從命。

果然不出所料，過沒多久，他就從同一扇窗爬出去，試圖抓住一根樹枝，卻摔了下去。他的玩伴衝進來大叫說朗托（Lungtok，秋林昔日的名字）已經從窗戶外摔下去了。不可思議的是，他卻死裡逃生，只扭傷了一隻腳踝。儘管淚眼汪汪，他仍勇敢地宣稱自己沒做錯事。

兩個兒子的性格

我兩個兒子的性格南轅北轍。

威脅的確會對確吉．尼瑪造成效果——讓他變本加厲，也保證他絕不聽從任何話。所以，我很快就瞭解到，對付他，最好要用理性的口吻說話。

「當你已經失去了位於西藏的寺廟，頂著大喇嘛的頭銜又有什麼用呢？」我會這麼跟他說：「我們已經在這兒了，身無分文地在異鄉，但有些孩子卻不喜歡受教育。雖然他們上一世可能是個大喇嘛，然而沒有接受適當的教育，他們唯一能做的工作，就是當個腳伕，在炙熱的陽光下挑著重擔走在路上，任憑汗如雨下。多麼令人感傷啊！」

「要是他們在幼年祖古的時候能用功唸書就好了！有句康巴諺語說：『今日的肉和奶油，就是明日的糞便！』」

「過去在康區，我們就像是奶油，但現在我們卻像是糞便。除非你現在能用功，學習讀書和寫字，否則我保證有一天你會惹上麻煩。你一定注意到了，腳伕在路上是如何揮汗的。如果你不做你每日的功課，你就會變成他們那樣。」

一旦開竅後，確吉．尼瑪就會乖乖地唸書。這些溫和的提醒遠比一百個大板有效多了，他甚至還會訓斥弟弟，告誡他受良好教育的好處。

然而，不管你用什麼方法對付秋林，卻一點效果都沒有。他只會嘲笑你對他講道理的用心：「有什麼好擔心的？我挑得起腳伕的重擔，我才不在乎！」

朝聖之旅

完成閉關後，我便到幾個聖地去朝聖。首先，我造訪了世界上最神聖的地方之一——菩提迦耶。如同佛經裡告訴我們的，菩提迦耶的金剛座（vajra throne）是本劫（eon）千佛覺醒而證悟成佛的地方①。

桑天．嘉措曾告訴我，所有到過菩提迦耶朝聖的人，即使一生只去過一次，都可說是不

位於菩提迦耶的金剛座

虛此生，死而無憾了。那句話我銘記在心，不想在沒看過菩提迦耶之前就撒手歸西。所以一抵達錫金後，我馬上往菩提迦耶的方向出發。我很盼望能在那樣神聖的地方祈禱，並許下純淨的願望，儘管我無法在第一次探訪時久待。

我也得以造訪不丹好幾次。第一次，有一位身居札修（drashö）位階，名叫噴措．旺度（Puntsok Wangdu）的不丹顯要派人邀請我到他那兒去。這位顯要曾見過德喜叔叔，對《新伏藏》頗具虔心。事實上，他不斷在詢問，是否有這個傳承的任何喇嘛離開西藏。當我們會面時，很顯然地，他與我們這個傳承有強烈的緣分，尤其對哲旺．諾布懷有極大的信心。

噴措．旺度已經在布姆塘山谷（Bumtang valley）一處稱之為月草地（Moon Meadow）的地方蓋了一座新寺廟②。不丹式佛像的製作方法是，先將未紡過的棉與黏土混合、攪拌，然後用此混料來塑造佛像。這座佛堂裡有蓮花生大士十二種化現的精緻等身像，而且是依據《圖珠巴切昆色》傳統，雕塑得很細緻。

當我們造訪月草地之時，噴措．旺度告訴我說：「我很開心，您已經逃離了中國人的魔掌。您何不離開錫金，到這裡來住呢？雖然我已近遲暮之年，但是我會資助您的；我會將這座蓮師廟（Padmasambhava temple）獻給您，並幫您建一座寺院。」

「我目前無法待在這兒，」我答道：「噶瑪巴送我到錫金，並把我安置在他的功德主班禳克那兒，我不能拋下那個局面一走了之。你的好意我心領了，不過現在時機不對。」那次會面後沒多久，他就過世了。

就在這次旅程中，我見到了一直資助德喜叔叔的不丹皇太后。那時我剛好造訪卡林邦（Kalimpong）的一座寺廟，那座寺廟是仿造蓮花生大士「光耀銅色山」的樣式興建，碰巧她也在那座寺廟裡。

「您能離開西藏是件好事，」她跟我說：「靠近西藏邊界有個叫獅壘草地（Lion Fortress Meadow）的地方，那是蓮師的五個聖地之一，耶喜．措嘉就在那裡禪修③。而我有些土地就位在下方，如果您想要待在那兒，我會資助您的。那塊土地也夠大，差不多可以養活十個人。」

由於我沒有計畫在不丹住下來，所以婉謝了她的好意，並跟她說，目前我在錫金，有如意寶跟班禳克的資助，過得很好。

當宗薩．欽哲待在甘托克的時候，我有機會一連廿五天，每天早上去拜訪他，並問了他很多問題。當時他正處於半閉關狀態，通常不接見訪客，但由於我是秋吉．林巴的後代，他

宗薩．欽哲於菩提樹下

對我特別好，准許我去拜訪他。通常他都是一個人獨處，身邊完全沒有任何侍者。

班釀克．阿汀對噶瑪巴深具信心，但對其他很多偉大的修行人可不是如此，甚至對宗薩．欽哲也不具信心。然而看到我每天早上都走進甘托克去見宗薩．欽哲之後，有一天，班釀克問我，為什麼要到那裡去。

「在整個西藏和康區土地上，沒有人比得上這位叫宗薩．欽哲的上師。因此，我到那裡去澄清一些疑點，儘管我並沒有要請求任何一部大法教。對於任何我所提起的偉大上師著作，宗薩．欽哲都很熟悉，他同時也熟知每位伏藏師的所有伏藏法。大家都說，他是他那個時代最博學多聞的大師。別忘了，這種成就可不能等閒視之，因為跟他同一時代，還有許多博學多聞且圓滿成就的偉大上師，然而他卻被公認是『勝利旗幟之頂』（crest of the victory banner）」。

聽了我的這番話，班釀克疑惑地問道：「嗯……他真的有那麼特別嗎？」

「談論到他時，千萬不要有一絲懷疑。」我回答道：「沒有其他人比得上他。」

看來我似乎在班釀克心中引起了一些疑問，因為很快地，他也開始拜訪宗薩．欽哲。身為一個心意堅定的人，他同樣也未曾對宗薩．欽哲失去信心。

適合黑暗時期的修持之法

有一天，我請示宗薩．欽哲，我該修持什麼法教。「大圓滿教法在這個即將到臨的時代，將如同野火般燃燒。」他答道，並闡釋這句著名的預示：「當末法時期（Dark Age）的火焰迅速蔓延而難以控制之時，如不壞車乘的金剛乘教法將如同野火般燃燒。」

宗薩．欽哲解釋說，佛教在西藏萌芽初期，正值佛法開始散播，有三位偉大的上師，即蓮花生大士、無垢友尊者與毗盧遮那將許多密續與大圓滿的法教帶到西藏來。幾個世紀之後，阿底峽尊者來到桑耶寺，遍覽保存在寺院圖書館中的印度原版手稿，看到了許多在印度已經失傳的典籍。他極為讚歎，因而驚呼道：「這麼豐富的法教！那三位偉大的上師一定是直接從空行母的秘密寶藏中，將這些密續法教帶來。」④

有一陣子，三內密的教授，即瑪哈瑜伽、阿努瑜伽與阿底瑜伽，在上師傳給弟子的口授傳承（oral lineage）中盛極一時。之後，大圓滿法教的延續主要就是透過伏藏的發掘。

如同宗薩．欽哲告訴我的：「將密續教法封緘起來，是為了在以後的特定時期將它們發掘出來，而它們會以最適於那個特定時期的形式出現而被發掘。每一位主要伏藏師必須發掘至少三種主要法門的伏藏，包括蓮師儀軌、大圓滿、觀世音菩薩法門。在我們這個時代，老欽哲和秋林是特別被賦予七種傳承的人。」

宗薩．欽哲接著又說明，幾世紀以來，已有許多不同系統的大圓滿教法被揭露出來，且在大眾之間流傳。較古老的傳統一直興盛到傑尊．森給．旺秋的時代為止。之後，龍欽巴將這些教法編纂成《心要四支》。到了更後來，還有很多伏藏也陸續被發掘出來，直到龍欽巴的轉世吉美・林巴取出了著名的寧體（Nyingtig）系統《甚深心髓》（*Innermost Essence*）為止⑤。所以，每一個時期都有特別針對那個時代的特定大圓滿教法。近來，欽哲、康楚以及秋吉・林巴取出了好幾個系統的大圓滿教法。就如眾所周知的，秋吉・林巴個人就發掘了七個不同系統的大圓滿教授。

在我們這個時代，有兩個特定的教法將會非常具有影響力，一個是由偉大的欽哲所取出的《傑尊寧體》（*Chetsun Nyingtig*），另一個就是由秋吉・林巴所發掘的《普賢心髓》。這些系列的教法由近代的兩位成就者之王（siddha kings）所修持，即偉大的上師夏迦・師利與阿種・竹巴（Adzom Drukpa）；他們兩位都是老欽哲的弟子。

「我應該專注於哪一種大圓滿法的修持呢？」我接著問道。

宗薩・欽哲建議我專注於《普賢心髓》的修持，並讚揚它適合於這個時代。他引述了蓮花生大士在經文的儀軌部分最後所說的話：

這些究竟的指示，
具有極度的秘密性，
將於這個時代的最末期，
傳布普賢王如來的心法。

又有一天，我問宗薩・欽哲：「像我這樣懂得不多的人，要從《伏藏珍寶》所包含的所有伏藏法當中，分辨出最重要的教法，是有困難的。我們就像是想在一片廣大的草原中，挑揀出最美麗花朵的孩子一樣。您認為哪些伏藏法最重要呢？」

「就上師這部分來說，沒有比咕如・確旺《八篇中的第十天修持》（*Tenth Day Practice in Eight Chapters*）更偉大的教授了，這是所有上師相應法儀軌中最具權威性的。」宗薩・欽哲回答道：「就本尊法這部分來看，蓮花生大士所教授的《八大成就法》，以釀惹（Nyang-Ral）的版本最為殊勝。最重要的空行母修持則是黑金剛瑜伽女（Black Vajra Yogini），也是由釀惹・尼瑪・歐色（Nyang-Ral Nyima Özer）取出的。所有發掘出的伏藏法中，最重要的就是這三個。」⑥

我也請示了關於《大圓滿三部》的教授。

「《大圓滿三部》結合了蓮花生大士、毗盧遮那與無垢友尊者這三人從他們大圓滿教法的主要上師師利・星哈那兒所領受的心要⑦。到目前為止，它尚未在西藏廣受宣揚及修持；它是一個被封藏的教法，也應該要在隱蔽的地方修持。我相信它利益廣大眾生的時機尚未來臨。我不認為那三位偉大的上師會毫無理由地將他們的心力結合在一起——可以預見，未來的成佛眾生不會毫無目的地做任何事，會嗎？」這些就是他所說的。

「《三部》中有一些珍貴的指導手冊，不過對我而言，看起來似乎都很短。」我說道。

「只有蓮師能夠將這麼多法教濃縮在單一書冊中，其他人是辦不到的。順便說吧，指導手冊的內容必須是長篇大論嗎？告訴我，你到底認為那些教法缺了什麼呢？」

當然，他並不指望有答案，因為顯然地，《三部》的教法完整無缺。

「當我查閱《三部》的時候，」他繼續說道：「我看到的東西都很完整，沒有缺少任何一部分。我曾經聽到其他人說，他們覺得教法並沒有被完整地寫下來，但我的看法不一樣。」

我就請求說：「請跟我說說有關大圓滿教法的事。」

珍貴的大圓滿教法

「它們真是不可思議地珍貴，大圓滿教法可以同時在寧瑪派上師傳給弟子的口授傳承中，以及發掘出的伏藏法中看到。伏藏法當中，最傑出的集要是包含了來自蓮花生大士與無垢友尊者教授的《心要四支》。在屬於它們的那個特定年代中，這些教授利益了廣大眾生，而許多修行人依此修持，也因而晉升至持明者的層次。」⑧

「蓮花生大士懷著極大的慈悲與智慧，確保了每個世代都能有針對那個時代的特定法教。此外，蓮師也確保了這些法教的傳承都很短，不受毀壞的三昧耶所污染，讓空行母加持的氣息依然溫熱。這就是為什麼我們現在擁有許多來自各個不同世紀的儀軌，且全都根植於三根本之上。」

「有些人對於如此多種教法並存的用意感到納悶——然而，這是有道理的；其中之一是，伏藏法發掘時立即的效果，這就像是新鮮的穀物，而不是去年的食物。每個年代都有即將臻至圓熟境界、難能可貴的弟子，而他們必須領受適切的灌頂，其他眾生則必須藉由種下未來解脫的種子，才能間接受益。佛陀的法教也必須得到護持，才能確保眾生的安樂。這就是蓮師所關切的事情，而他也確保了未來許多世代都能得到這樣的利益。他的確是位了不起的仁者。」

「那您建議我個人修持哪一種法呢？」我接著問道。

「將《圖珠巴切昆色》當作你主要的修法，」他答覆道：「既然你是大伏藏師秋吉・林巴的子孫，就把他當作是你主要的上師，一心一意地向他祈請。這樣的話，你的修法將完整包含了上師、本尊與空行母。別忘了這點！秋吉・林巴所有的伏藏法當中，《圖珠》的發掘完全沒有任何障難，而且它也是極為深奧的法教。修持它，你將會發現什麼都不缺乏；當障礙移除之後，證悟就自然而然發生了，因此要專心地修持它！」

「既然你是秋吉・林巴的後代，你就應該要修持與你家系有關連的超凡本尊。《圖珠》系統是無可比擬的，因為蓮花生大士有整整十二尊截然不同的本尊，每一尊都與他無二無別。《圖珠》代表了一種獨特的儀軌，上師與本尊的修持無二無別。」

宗薩・欽哲仁波切

「那我該視誰為上師呢？」我問道。

「向秋吉・林巴祈請！」宗薩・欽哲回答道：「這就夠了。」

就這樣，我得到了各種不同問題的解答。

這段期間，楚喜仁波切（Trulshik Rinpoche）也在甘托克，也從他的根本上師之一宗薩・欽哲那兒得到了教授。楚喜後來告訴我，他也請示了以後該追隨哪位上師學習。宗薩・欽哲告訴他，沒有人比頂果・欽哲更適合他了。

之後，宗薩・欽哲就在甘托克圓寂了。

離開錫金前往努日

有一天，三位來自努日，而我曾經在楚布寺見過的人現身於錫金，堅持要我跟著他們回努日給予《新伏藏》的教授。沒有我的同行，他們就不肯離開。這段期間，噶瑪巴正針對偉大康楚五部著名寶藏當中的兩部，給予一些非常重要的教授；這兩部寶藏分別為《噶舉密續教授寶藏》（*Treasury of Kagyu Tantric Teachings*）與《口傳伏藏》。這個盛會在隆德寺舉行，我鼓勵他們待下來接受這些教法。然而等到這些開示結束之後，他們仍舊拒絕在沒有我同行的情況下離去。

雖然班釀克歡喜地供養我家庭大量的米糧，但我認為我們不應該再繼續成為他經濟上的負擔。而且，因為班釀克是噶瑪巴主要的功德主，我也擔憂會分散噶瑪巴的經濟來源，而非

聽列．諾布仁波切（Trinley Norbu Rinpoche）與其妻和宗薩．欽哲的轉世

協助噶瑪巴，所以我開始考慮離開此地。

不過，因為我偶爾還是會擔任噶瑪巴的助理，所以我必須請求他的允許才能離開。有一天，我去向我們如意寶頂禮，心頭盤算著計畫。

「我想請求您准許我離開錫金。」我告訴他。

「你計畫去哪裡呢？」噶瑪巴問道。

「我準備前往尼泊爾山區的努日。」我答道：「我在那邊認識一些人，我曾經在西藏見過他們。請求我過去的那些人，就是我以前向您提過的，是赤松．德贊王的後裔；他們都是溫和的人，同時也都有堅定的虔誠心。我知道努日的人們生活都很清苦，但他們堅持不懈地請求我到那裡去。」

事實上，那三個人當時正在門外等著。我補充說道：「但我很擔心這樣唐突地離開，會傷了班釀克．阿汀的心。」

噶瑪巴回答道：「不必擔心。班釀克是個好人，他唯一想做的事就是利益佛法。我確定他不會介意你的離去。」

「如果是這樣的話，我會儘快準備離開。」我說道。但是噶瑪巴要我多待幾天再走，另一方面，班釀克．阿汀也有其他消息要告訴我。

差不多就在這時候，班釀克發現了更多關於我身世背景的事。

「我知道您是秋吉．林巴的後代，」他鄭重其事地說：「宗薩．欽哲問我，有哪些喇嘛住在我的莊園裡？我告訴他，噶瑪巴安排了某位來自秋吉．林巴家族的喇嘛住在我那兒。聽到我那麼說，宗薩・欽哲回答道：『太棒了！他是一等一的喇嘛！相信我，他所持有的深奧教法極為珍貴。你應該幫助他在山邊建一座小寺院，接納他成為你的喇嘛，並信守他的傳承。』他繼續不斷地讚揚秋吉・林巴，直到我同意他的話為止。」

「我們不需要建一座新寺院，」班釀克繼續說道：「因為我的土地上已經有一座寺院了。我很樂意將它送給您，您可以在此地確立《新伏藏》，我很樂意協助您復興這個傳承。」

我答道：「我沒有這種企圖心，所以不需要接受你這仁慈的提議。」

簡而言之，雖然班釀克的立意很好，但他的提議來得有些遲了。因為從努日來的這些人，沒有我同行就不願意離開，我已經下定決心了。

「您真是個奇怪的人，」班釀克說道：「我們才剛接到消息說，中國和尼泊爾軍隊在邊境爆發了小規模衝突。難道您不知道，如果中國下定決心的話，不到一小時時間，他們就可以佔領尼泊爾嗎？尼泊爾沒有資源可以抵擋入侵行動。而此刻您認為，您能向這個弱小而無助的國家尋求庇護嗎？相反地，錫金有印度的捍衛，如果中國決定要跟印度開打，至少需要十天時間。」他一再重複說我的計畫有多魯莽，並且低聲竊笑。

「我確信我會沒事的，噶瑪巴已經給了我保證。」我答道：「不過，如果你可以提供我一封通行信的話，我會非常感激的。」

第十六世噶瑪巴

「我瞭解您要離開的理由，」班釀克回答道：「因為看起來，除非您跟這些從努日來的人一塊兒走，否則他們不會離開這裡。雖然我本來希望能為您做更多的事，就如同我最近跟我們如意寶提過的，我一定會盡力協助您。」

離開之前，我再次拜訪了敦珠仁波切，向他請求來自他自己心意伏藏的普巴金剛灌頂。當我在他那邊時，聽到了他跟幾位在他身邊，來自拉達克（Ladakh）與古努（Khunu）的喇嘛們說：「不要再浪費時間和我在一起了。上甘托克去，真正的蔣揚・欽哲住在那兒！難道你們不知道他是無垢友尊者的化身嗎？不只因為你們來此見我是個錯誤，且因為你們對這麼偉大的上師視而不見，也讓我感到不安！」

楚喜仁波切、敦珠仁波切和祖古・烏金仁波切（由左至右）

這些人離開之後，敦珠仁波切轉向我說道：「這一陣子我叫很多人到甘托克去見宗薩・欽哲。」

當我告訴他，我準備要到尼泊爾去的時候，他問道：「噶瑪巴怎麼說？」噶瑪巴和敦珠仁波切對彼此都非常敬重。

我向敦珠保證，我已經得到噶瑪巴的加持了，而敦珠也給了我加持。敦珠說道，他在淨觀中得知我的孩子是來自秋吉・林巴的持明傳承，也高興他們會跟著我一塊兒走，「不會有壞事發生在他們身上。」他向

流亡他鄉的敦珠仁波切（圖中）與寧瑪派喇嘛

我保證。

就在我即將離開之際，班釀克祝福我平安，並說道，如果事情不順利的話，歡迎我隨時回到這裡，並接受他先前的提議。他也非常體貼入微地提供了我一封給地方當局的通行信，儘管這封信最遠只能帶我到尼泊爾邊境而已。我在班釀克那兒度過了非常愉快的三年時光，那真的是一段非常美好的日子。

我們的東道主一些家人因為我們要離開而掉淚，憂心我們從此不會再相見。他們一直揮舞著手上的白圍巾，直到看不見我們的蹤影為止。

我們很快就到達尼泊爾了——而且，我的確再也沒有機會回去拜訪錫金的朋友了。

①……「金剛座」一詞有「相對」和「究竟」兩個層次的涵意。「究竟」意指本然清淨的覺醒狀態，是成佛真正的所在；而菩提迦耶的金剛座是內在本空法座的外在顯現。在康區，每個人都聽說過，當亡者的靈體在中陰階段四處飄蕩時，只有兩個地方無法選擇，一是母親的子宮，另一則是金剛座。但桑天·嘉措曾經告訴我：「這指的並非菩提迦耶的金剛座，而是內在本空的金剛座，是本然清淨的覺醒狀態。在母體受孕後，就無法進入或離開子宮。你只能進入母體子宮一次，之後你就會像蒼蠅黏在膠上一樣，附著在那兒，靈體開始被包裹在蘊（aggregates，譯注：即色、受、想、行、識五蘊）、元素（elements，譯注：即地、水、火、風、空五大），以及根（sense bases，譯注：即眼、耳、鼻、舌、身五根）所組成的身體裡面，無法逃離，直到那次投生的死亡來臨為止。」〔祖古·烏金仁波切說明〕

②……噴措·旺度是不丹籍轉世祖古八蚌·欽哲的父親。後來，他將這座寺廟供養給他的兒子，而他兒子一

直負責該座寺廟，直到往生為止。〔祖古．烏金仁波切說明〕

③…獅壘草地（藏文Neuring Senge Dzong），是蓮花生大士五個主要閉關的地方之一，位於和不丹交接的邊界上。

④…在這個宇宙中所教授的密續，只有少數幾部是人類可以取得的，其他都保存在空行母天界的寶庫裡。有時空行母會被稱為是密續教法的守護者。〔英文口述紀錄者艾瑞克．貝瑪．昆桑說明〕

⑤…這些非常重要的大圓滿寶藏，包括由多傑．林巴（Dorje Linpa）所發掘的「塔瓦龍揚」（Tawa Long-Yang，即《見地的廣空》，Vast Expanse of the View），還有利津．古殿（Rigdzin Gödem）的《直接揭示的普賢了悟》（*Samantabhadra's Realization Directly Revealed*），以及由賈松．寧波（Jatsön Nyingpo）所發掘的大圓滿教授。宗薩．欽哲也提到：「幾世紀以來，主要的伏藏法是由釀惹．尼瑪．歐色、咕如．確旺，以及利津．古殿這三位卓越的伏藏師，即『有著兀鷹羽翼的持明者』所發掘。」〔祖古．烏金仁波切說明〕

⑥…宗薩．欽哲又說到：「咕如．確旺的《八篇中的第十天修持》是根基於稱之為《喇嘛桑度》（*Lama Sangdü*）的蓮師化身，即『體現所有秘密的大師』。《八大成就法》有三種主要版本。而在所有不同的空行母修持當中，釀惹的金剛瑜伽女黑忿怒尊是極為深奧的。」

「伏藏法主要的集要當中，蓮花生大士編纂了三個主要系列，每一系列都有『貢度』（Gongdü）這個名字，分別是《喇嘛貢度》（*Lama Gongdü*）、《儀當貢度》（Yidam Gongdü），以及《康卓貢度》（Khandro Gongdü），然後再以《確永貢度》（*Chökyong Gongdü*）做為補遺。桑傑．林巴得到領受《喇嘛貢度》的授權，塔香．林巴（Taksham Lingpa）發掘出《儀當貢度》，而秋吉．林巴則身負發掘《康卓貢度》的重任，但由於不具適當的因緣，他無法發掘出這些伏藏法，否則這些伏藏法可有不少部。《確永貢度》也是如此，因為他所寫下的只是短軌。蓮花生大士曾指示《康卓貢度》被封在現今不丹的白崖（White Cliff），但秋吉．林巴卻遭到阻擋而無法前往該地。」〔祖古．烏金仁波切說明〕

⑦…很有趣的是，這四位大師皆來自不同國家：蓮花生大士來自烏底亞那（Uddiyana），毗盧遮那來自西藏，無垢友尊者來自喀什米爾（Kashmir），而他們的上師師利．星哈出生於中國，也或許來自越過帕米爾（Pamir）與喀喇崑崙（Karakoram）山脈，位於中亞的一個國家。雖然不是在同一時間，但他們全都在菩提迦耶遇到了師利．星哈。〔英文口述紀錄者艾瑞克．貝瑪．昆桑說明〕

⑧…寧瑪派的口授傳承「喀瑪」（Kahma），包含了所有佛的九漸次乘（nine gradual vehicles），但它強調的是三內密。其中第九是阿底，即為大圓滿教授。〔祖古・烏金仁波切說明〕

《心要四支》的藏文稱為《寧體要吉》（*Nyingtig Yabzhi*），是極受重視與著名的教授。這兩套《心要》，即蓮花生大士的《康卓寧體》（*Khandro Nyingtig*）與無垢友尊者的《密瑪寧體》（*Vima Nyingtig*），都有皆有龍欽巴為其所著的《精髓》（*Quintessence*），分別稱為《康卓揚體》（*Khandro Yangtig*）與《喇嘛揚體》（*Lama Yangtig*）。此外，尚有《奧義精髓》（*Profound Quintessence*）。這些教授統稱為《母子心要》（*Mother and Child Heart Essence*）。〔祖古・烏金仁波切說明〕

祖古・烏金仁波切分別用其著名的簡稱，稱呼這些教授：《兜》（*Do*）、《覺》（*Gyü*）、《森》（*Sem*），亦即分別是《度毗多》（*Düpedo*）、《覺楚》（*Gyutrül*）、《森爹》（Semde）：《度毗多》是阿努瑜伽的主要典籍，《覺楚》是瑪哈瑜伽的主要典籍。在此，《森爹》指的是大圓滿阿底瑜伽的心部，另外還包括了《三部》的界部與口訣部。〔英文口述紀錄者艾瑞克・貝瑪・昆桑說明〕

第3章

尼泊爾

當我於一九六一年抵達尼泊爾的時候，噶瑪巴的一些弟子帶我到博達的大白佛塔去，奇尼喇嘛（Chini Lama）則為我安排住的地方。噶瑪巴已經寄了錢給奇尼喇嘛，準備在博達建一座寺院。

這實在不是個來到尼泊爾的好時機。這個國家是由國王統治，但國會黨第一次動員，民主的夢想讓大批村民湧進首都，擠滿了街道；他們揮舞著棍棒包圍了皇宮，並爬過圍欄，大喊著要國王出來。因為動亂的關係，很難得到政府官員的關注，更別提遞送噶瑪巴交給我的信件了。

儘管如此，我仍然在噶瑪巴的幾位功德主陪伴下，到斯瓦揚布山丘（Swayambhu hill）去尋找合適的土地。我跟奇尼喇嘛說：「噶瑪巴會付錢，不過必須有足夠容納五百名僧人的空間才行。」

「嗯，」奇尼喇嘛回答說：「你認為誰會供養五百名僧人呢？這年頭，即使只供養幾位僧人，人們也都會思前想後的。我們試著要維護一座只有四名僧人的寺廟，但連要找食物給他們都已經有困難了。」

「現在不是好時機，國會黨正在反抗君主專政。你應該早點來的。承諾噶瑪巴要由政府出錢提供鋼筋水泥的那名官員，也許當初是以白紙黑字寫下來，但現在有什麼用呢？他已經不再是主事者了，他的書面承諾連一杯水的價值都沒有！順帶一提，噶瑪巴為了這個計畫所派遣過來的喇嘛，身上只帶了兩千盧比（rupees），而不是兩萬盧比。據我所知，這些錢是要護持佛塔，所以都用完了，一毛也不剩。」

博達的大白塔，一九五六年攝

他說的很多事都正確，其中一件事就是，我從來沒有從他那兒得到任何一盧比。

那天晚上，我坐下來擬了一份關於這些事的報告給噶瑪巴，並請人送過去給他。我想到我是多麼愚蠢，不在合適的時機遵照噶瑪巴的吩咐辦事；三年前當他叫我到加德滿都的時候，情勢非常不同。顯然地，他要我去的時機才是恰當的。

現在，有一位功德主已經往生了，另一位正在照料生命垂危的兒子，而國王的前任秘書則正在坐牢，剩下的信便無法遞送出去了。

斯瓦揚布佛塔，一九六五年攝

艱困時日

在加德滿都山谷短暫停留之後，我和我的家人、前來迎接我的隊伍，以及幾位腳伕，一起前往努日。這是第一次的旅程，我並沒有在那裡待很久。我在尼泊爾的第一個月時到達那裡，並在五個月後回到加德滿都。

我兩個兒子正值難以管教的年齡，所以我在他們腰上繫了一條繩子，就像牽著狗那樣控制他們。人們為此捧腹大笑，不過實在沒有其他方法了。有些人發牢騷說：「多麼壞的人啊，把自己可憐的孩子當動物一樣對待！」

秋林尤其毫無羞恥心，老是找麻煩。果然不出所料，要不是因為在他身上綁了條繩子，我們早就在其中一條陡峭山路旁的深淵中失去了他。有好幾次，我們必須藉著繩子才能將他拉上來。

有一次，為了要替一座大型轉經輪（prayer wheel）開光，我們花了一天腳程的時間來到西藏邊境，當時有中國士兵在那邊巡邏。我們在路上遇見的一些藏人告訴我們，不該去那裡，因為實在太靠近邊境了。他們也問我們，為什麼逃出來之後還要回去。儘管如此，我們還是去了。眺望山谷的對面，可以看見我們失去的家園。

由於我們已經有夠多的行李要拿，而且有人告訴我們路上可以買米，因此我們沒有帶任何米糧就上路了。然而，令人詫異的是，我們發現這個位於尼泊爾與努日之間，杳無人煙的地區並沒有太多食物。

年幼的時候，確吉．尼瑪只吃調理好且美味可口的食物，但秋林就不那麼挑嘴了，只要桌上有食物，他就會吃。有一次，我們深夜之後才抵達一個村莊，那時商店都已經打烊了。那個晚上，有人準備了大塊的乾小米麵團當晚餐，而那食物有著與眾不同的棕色。確吉．尼瑪拿起了一塊，看了一下，然後大叫道：「那是大便！我不吃大便！絕對不吃！住這裡的人怎麼能每天吃大便呢？不許再餵我吃大便了。」

他只肯吃一些乾肉。我必須承認，不需要用太多想像力，就可以把那東西當成糞便，所以，怎麼能怪一個這麼小的孩子不想吃呢？

相反地，秋林卻說：「我才不在意它看起來是否像大便。嚐起來很可口！」他狼吞虎嚥地就把兩人份吃光光了。

累計持誦金剛上師咒

我離開隆德寺之前，噶瑪巴曾經告訴過我：「達賴喇嘛在寫給我的一封信上說，我們應該累計大量的『金剛上師咒』來護持佛法。所以，在努日要安排一場累計持誦金剛上師咒的法會。」

我把這個教誡銘記在心，這也是我們在喇嘛札西．多傑（Lama Tashi Dorje）位於努日的

努日的喇嘛札西．多傑

寺院裡所做的第一件事。札西．多傑是一個既穩重又可靠的人，毫無一絲虛偽；他的父親曾經是桑天．嘉措與噶美堪布的弟子。我們第一次見面是在楚布寺，因為札西．多傑的家族與噶美堪布有關聯；這家人來到中藏尋找噶美堪布的轉世，而這位轉世碰巧就是我的一位表弟。

在努日，整個村子都參與了這場為期四十天，累計持誦金剛上師咒的法會；從清晨到深夜，大家都一起用餐。村民們都是全家信仰密續教法，丈夫與妻子全都一起參加；大約有三百人參與盛會，而每天晚上他們都會回報當天持咒的數目。

我又在位於努日以及瑪囊縣（Manang district）的其他村莊繼續舉辦相同的法會。這趟旅行結束的時候，我們已經累計了整整九億遍的蓮師心咒（Louts-Born master's mantra），村民們也給了我供養品。所以，我帶著令人欣慰的金額回到加德滿都。

第4章

涅瓊寺的秋林

這趟旅程最令人振奮的經驗之一，就是見到第三世涅瓊・秋林，他和他的家人陪我一起到努日①。就跟所有秋林的轉世一樣，他也是個極不尋常的人。

他的前世已經是位成就者了，而他前世的個性是，一旦開始給予某人直指心性的教授，在那個人認出心性之前，他不會讓他或她離開房間。第二世涅瓊・秋林的轉世是由秋吉・林巴所交給噶美堪布的一封信中，由自己所預言的，而慈克・秋林則是由偉大的欽哲所認證②。

我們之所以能夠完整保有任何一部《新伏藏》法，都要歸功於第三世涅瓊・秋林。慈克・秋林是一位既富有又具影響力的人，他幾乎成功地讓每部伏藏法都刻在木刻印版上。慈克寺以擁有第一流的木刻版印刷設備而聞名遐邇，由這些印板所印刷出來的書籍，流傳得既廣且遠。然而，這些木刻印版全都被毀壞了——在文化大革命期間全被燒毀。

很慶幸地，涅瓊・秋林成功攜出了由慈克寺木刻印版製成的一套廿四卷《新伏藏》，並在錫金的首都甘托克，將它當成供養品獻給了宗薩・欽哲。這套是我們目前使用的秋吉・林巴《新伏藏》法版本的基礎。宗薩．欽哲圓寂之後，涅瓊．秋林請求從他的遺物中，將這些書借出來，並在札西．多傑位於努日的寺院中，使用它們來給予完整的傳承。

《新伏藏》的重新出版

第三世涅瓊．秋林在許多方面都非常殊勝。他的功德主告訴我說，涅瓊．秋林待在他家的時候，有一天早上，這位大師覆述了這位功德主前一晚心裡所想，以及作夢所夢見的每件事——涅瓊．秋林非常清楚地看見了所有事情③。

第三世涅瓊．秋林——貝瑪．吉美

涅瓊．秋林與他的長子烏金．多傑仁波切

> 我們一起去努日的旅行結束後，我在加德滿都最後一次見到涅瓊．秋林。他試著遊說我和他一塊兒旅行到他正要前往的印度。由於我無法跟他同行，因此他將手錶送給了我，當作臨別贈禮，並說要我保有它，因為我們不會再相見了，他一定早就知道自己將不久於人世。他為秋林教法貢獻了極大的心力，他死的時候，享年只有四十七歲，令人感到極為惋惜。

涅瓊．秋林圓寂之後，《新伏藏》重

第四世涅瓊．秋林

新出版了，我有合訂成一大冊的一整套書。實在很怪異，苯教徒將我們《新伏藏》的第一版安排在西藏以外的地方發行。之後，由於頂果．欽哲與喇嘛布策（Lama Putse）的仁慈，再加上位於新德里（New Delhi）的美國圖書館的合作，也就是說他們提供了資金，新版本因而得以問世④。

無庸置疑，在所有護持這些法教的人當中，喇嘛布策貢獻良多。首先，只要到西藏以外的地方，他就會收集所有能拿到的刊行本，然後又尋找其他所有能找到的版本，並將內容增添進去。其中很多都是烏金．托傑（Orgyen Tobgyal）第一次探訪康區時所帶回來的，喇嘛布策真的是極為仁慈。

喇嘛布策是真正知曉《新伏藏》傳統所有典籍，並將這些作品集要收齊歸位的人。所以我們可以說，秋吉．林巴的這些書面法教能以目前的形式問世，都要大大歸功於喇嘛布策⑤。

雖然慈克．秋林將完整的集要製成了木刻印版，但現在東藏大概也找不到任何完整的一套了。這都是由於中國共產黨的緣故，他們將一切破壞殆盡。

巖穴修行的心願

我還未曾忘卻在西藏時對洞穴的迷戀。我知道尼泊爾的一處隱密之地由牧（Yölmo）有個洞穴，稱之為「日月巖穴」（Sun and Moon Cave），蓮花生大士曾經待過那裡⑥。這個洞穴也是由奇尼喇嘛負責看管，而他非常仁慈慷慨地同意了讓我待在那裡直到終老。所以，有一天，我打包行囊，並準備了長期閉關所需的食糧。我準備了五袋，裡面裝有肉乾、奶油，甚至還有從努日帶下來的鹽塊等。我先差遣受我信賴的一個僕人前去幫我整理洞穴。

離群索居最主要的效果，就是自然而然地減少了無意義的活動。有一句名言說：「藉由離棄各種活動，你得以趨近無為的本性。」這就是為何要待在深山閉關的唯一理由。不然的話，沒有了禪修，待在洞穴裡怎麼可能會有任何意義。洞穴的迷人之處就在於它不需要人工去建造，然而有些人卻忽略了這一點，還花時間做內部的裝飾與修整；他們忘記了真正的目的，到最後變成只想著他們「擁有」了一個多麼棒的洞穴，卻過著普通的生活。

無論如何，噶瑪巴即將抵達尼泊爾進行訪問。在他到達之前，我心意堅決地要終生待在日月巖穴閉關。我要離開，而一切也都準備就緒了，四大袋的食糧早已經打包好，先送過去了。由於我計畫將孩子的教育委託給我們如意寶，因而也將兒子們都送到他位於隆德的寺院去了。

所以，當我們在大白塔（Boudha Stupa）碰面時，我請示噶瑪巴關於我要去由牧的洞穴一事。然而不幸地，斯瓦揚布的寺廟發生了所有權爭議，因此噶瑪巴拒絕讓我去，並說道：「你必須待在加德滿都，直到這件事解決為止。」我到洞穴的計畫遭到了阻撓，而這件官司打了九年⑦。儘管如此，這不會是我企圖待在洞穴的最後一次嘗試。

和印度一樣，尼泊爾的社會也畫分成許多不同的宗族與種姓；每個種姓都有自己與其他種姓相對應的地位，而這構成了一個僵化的階級社會。

我發現尼泊爾人非常溫和且寬厚仁慈。我借住的那家人是屬於地位最卑賤的種姓，戶長是一位非常可靠且仁慈的男人，名叫冉拉（Ram Lal），而他一直也都是納吉貢巴的創建者喇嘛卡夏仁波切（Kharsha Rinpoche）的功德主。

冉拉在加德滿都市中心有間簡陋的小房子，大人物絕不會跨過他的門檻。在老國王廢除種姓制度的一些規範之前，你甚至不能喝由種姓階級比你低的人手中所倒出來的水——所以說，沒有人會喝冉拉家的水。儘管如此，那裡卻是我初次到尼泊爾時所住的地方。

有些種姓自視甚高。有一位我曾給他信函的顯赫人士就問我們如意寶說：「祖古烏金是怎麼一回事？我實在不明白，他竟然住在加德滿都種姓階級最低的人家裡，他一定可以找到更好的借宿地點。我們要跟他見面已經夠困難了，如果再依照以前的規矩，我連一杯水都喝不到。」

後來，我們如意寶來到了加德滿都，問起我關於這位顯赫人士所抱怨的事情。「不論這些尼瓦（Newari）人的種姓階級是高還是低，」我說明道：「冉拉是佛法的護持者，且具有高貴的人格。我只需要隨口提出某項計畫，他就會不眠不休地去做，直到事情解決為止，這樣的無私奉獻是其他人難以望其項背的。」

因此，結果就是冉拉的房子必須足以讓我當成「洞穴」。而關於位在斯瓦揚布寺廟的法律角力，經過這許多年，冉拉是所有人當中出力最多者。

護法功德主

由於卡夏仁波切的關係，我馬上就有了一群護持的功德主。卡夏仁波切圓寂之後，他的家人、弟子，以及功德主將他那座小小的隱修處納吉貢巴獻給了噶瑪巴。

有一天，噶瑪巴告訴我說：「你必須待在納吉。你是很合適的人選，因為你同時具有噶舉與寧瑪兩個傳承。」就如同卡夏仁波切一樣。噶瑪巴將我立為卡夏仁波切的繼任者之後，卡夏仁波切所有的功德主馬上就接納了我，並將我的心願付諸實現。

回顧當時，納吉貢巴非常窮困，鄰近地區也是如此，當地村民甚至連用來蓋房子的磚塊都不燒製了，雨水會沿著我房間的屋頂滲下來，牆壁也有很大的裂縫。這是我住在納吉最初幾個月的狀況。

當時我心裡想著——並非基於任何玄奧的神通——這地方將無法成為未來的穩定居所，「翻修這房子有什麼用呢？」我心想。因此，我反而鼓勵卡夏仁波切幾位功德主贊助我雇用工人，開始在山坡上挖地，整理出一塊平坦的區域。

後來，我打消了在納吉附近土地上耕種的主意，心裡想：「只是為了要得到一點吃的東西就殺掉蟲子，有什麼益處呢？」然而，我還是同意讓卡夏仁波切的女兒們與那位極為傲慢自大的財務主管保留了一些田地耕種。

納吉貢巴的景色

此時我有兩項任務，所以將時間分配為開發納吉貢巴，以及監督訴訟程序的進行。兩年之後，我才得以在納吉開始興建新的寺廟。那時候，沒有道路可以通往納吉，每樣東西都得靠腳伕挑上來，我們所有人都必須走上走下那座山無數次。

為了利益佛法在這個村莊未來的發展，我們開始進行建設。我心裡想，建造一尊大佛不只可以消弭法律爭端所累積的負面業力，還可以利益眾生。當時，我想要的那種大佛像尺寸只能以黏土建造，但沒有建築物來防護的話，那尊佛像肯定會在這種天候狀之下被損毀。

因此，在當地功德主的協助之下，我安排再多買一些土地，以擴大寺院的佔地面積。在那時候，沒有人有遠見或勇氣把可觀的金額花在買土地上，大家習慣以平方英呎來考量土地的價錢。我將我能力所及的鄰近土地全都買了下來，而卡夏仁波切的土地只有山坡下的舊寺廟四周而已。

將多次購得的小塊土地拼湊在一起後，我們擁有了面積令人相當滿意的一片土地，現今的納吉貢巴就矗立其上。

興建工程期間，我每個月至少會被召喚下山到市區一次，去參加沒完沒了法律程序中的另一道步驟。然後我會再走路上山到納吉繼續工作。我親自參與建造了佛堂那三尊主要佛像，有時候，佛像必須放著風乾一陣子，而那時候我就會回到山下的村子去。

噶瑪巴的明確指示

在加德滿都法律程序進行期間，我短暫地造訪了隆德寺。印度與中國邊境又再次爆發了衝突，我請示我們如意寶說，我到不丹巴羅（Paro）待下來是否會比較好。

「完全不會。」他斷然回答：「你絕對不准到不丹去，待在尼泊爾就好了。尼泊爾與中國共產黨會相安無事的，我以個人名義作擔保。」

我離開後沒多久，紅軍在邊界的活動變得更加猛烈了，人們開始撤離卡林邦，前往印度其他地方，但噶瑪巴卻拒絕離開隆德寺。

錫金國王拜訪他，並說道：「如意寶，我想建議您到山谷對面的甘托克待一段時間。如果中國軍隊入侵，我不確定我們能保護您在隆德寺的安全。萬一有需要的話，從那兒到印度方便多了。請您考慮搬遷您的居所，只是暫時性的。」

「錫金不會有事的，我絕對哪裡都不去。」噶瑪巴回答道：「如果你對我有信心，就放下這些憂慮，不要去印度，這裡不會有事的。」

隆德寺的所有高層也舉行了一次會議，而後來到我們如意寶跟前。秘書長淚眼汪汪地獻上一條白圍巾，祈求道：「我們才剛逃離我們的家鄉，千鈞一髮之際，從中國入侵者手中倖免於難。而那可怕的軍隊又再度逼近了，不到幾分鐘時間他們就可以從邊界飛到這裡轟炸我們。我們知道中國和印度在阿薩姆（Assam）開戰了，而那並非只是小規模衝突而已。請您考慮離開隆德寺。」

「如果你想的話，可以離開，不過我絕對不會走。」噶瑪巴如此回覆。

噶瑪巴並沒有離開，也沒有發生不幸的事。

至於我，每當我提及去不丹的話題，噶瑪巴連稍作考量都不肯。他只是說：「從現在開始，你就待在加德滿都，不要四處遷移！」從那時候開始，我就一直住在尼泊爾，並得以在沒有任何生存或肢體的威脅下，存活下來。

然而我必須承認，我的確又嘗試要到洞穴去，那是最後一次嘗試。

有一次，在造訪不丹途中，我待在巴羅，抬頭一看，看見在著名的塔藏（Taktsang）洞穴下方，有一處誘人的小隱修處；這並非真正的洞穴，但確實能照到許多陽光，看起來具有作為閉關之處的絕佳條件。

當時噶瑪巴也在不丹，我向他指出了那個隱修處。並說：「我想待在那上面。」

為了強調重點，我提醒他說：「尼泊爾的官司已經解決了。」

「不行！」他答覆道：「絕對不行！我要你待在尼泊爾。」因此，我的計畫又再度受到阻撓。噶瑪巴是我這輩子以及來世的皈依和怙主，所以，如果我繼續違抗他所說的話，我怎麼對得起自己呢？

①……這位涅瓊．秋林的轉世叫貝瑪．吉美（Pema Gyurmey）。他是由宗薩．欽哲所認證，宗薩．欽哲也成為他的上師；他也是烏金．托傑仁波切、欽哲．耶喜（Khyentse Yeshe）以及吉噶．康楚的父親。〔英文口述紀錄者艾瑞克．貝瑪．昆桑說明〕

②……這兩位是秋吉．林巴正式的轉世，通常以他們的駐錫地：慈克寺與涅瓊寺來稱呼。欲知更詳細的內容，請參考名詞解釋的說明。〔英文口述紀錄者艾瑞克．貝瑪．昆桑說明〕

③……對一位精練的瑜伽士而言，天眼神通是深睡之明性（luminosity）中無法去除的部分。〔英文口述紀錄者艾瑞克．貝瑪．昆桑說明〕

④……由於這些書要售予美國國會圖書館的保存計畫時，是以卷數定價，每本書因而被縮短了（譯注：藉以增加卷數）。結果《新伏藏》變成有四十卷左右，而非原來的廿四卷。舉例來說，秋吉．林巴的生平故事原本是包含在《智慧心要道次第》（*Lamrim Yeshe Nyingpo*）這一卷。〔祖古．烏金仁波切說明〕

⑤……喇嘛布策是第三世涅瓊．秋林的弟子，是寺院的首席唱誦師，也是一九八〇年代早期出版的《新伏藏》的編輯。他對這四千七百頁的內容，比任何人都更瞭解，也更清楚。〔英文口述紀錄者艾瑞克．貝瑪．昆桑說明〕

⑥……日月巖穴位在何蘭普（Helambhu）地區（藏文稱「由牧」），靠近美蘭奇（Melemchi），就在加德滿都北方三天腳程之處。主洞穴裡面頂部的地方，有非常清晰的月亮與太陽圖樣。〔英文口述紀錄者艾瑞克．貝瑪．昆桑說明〕

⑦……這件官司的重點並非事發原由的細節，而是祖古．烏金仁波切出於對噶瑪巴的虔誠心，以堅定不移的忠誠來處理事務。他鍥而不捨地追蹤這個案子九年，除了惹上許多麻煩之外，結果什麼好處也沒得到。〔英文口述紀錄者馬西亞．賓德．舒密特說明〕

第5章

邦塔堪布的口耳傳承

我接下來一次到不丹旅行，主要是為了去見一位名叫邦塔堪布（Bomta Khenpo）的不可思議大師，並領受他的教授。我深切渴望與他結緣已有好長一段時間，也擔憂這個渴望永遠無法實現。我曾經在距離首都兩天行程的隱修處札西岡（Tashi Gang）遇見他一次，雖然我們只相處了一個小時，但他的言談卻讓我深受震撼。我有個強烈的感覺，如果我能與他再多相處一會兒，我就能得到些微的領悟；主要就是因為那一小時的相處，讓我執意要去不丹拜訪他，最後也真的成行了。

他住在首都上方山區的隱修處，這是他皇室的功德主所提供的一間小木屋。皇太后也仁慈地為我的停留提供了所需，而我搬進了他隔壁一間舒適的小茅屋，那是他那位已到印度朝聖的財務總管所空出來的屋子。我多麼珍惜我們所能共度的三個月時光啊！

如果邦塔堪布覺得和你親近的話，要領受他的教法就很容易了，「每天早上一早過來就好。」他就這麼說道。因此每天早上，我在天剛破曉的時候就到他那裡去。他有充分的機會闡明大圓滿法當中，我所不清楚的每一個疑點。

不可思議的大師——邦塔堪布

紐舒・堪仁波切

在這段寶貴的期間裡，我從邦塔堪布那兒領受了堪布納瓊深奧的口耳傳承（Hearing Lineage）；口耳傳承是將上師的聲音傳到弟子耳中的一種傳承，而且一次只傳給一個人，並非經由書面的經文。我從邦塔堪布那兒領受了這些教法的主要部分①。

多年以後，我也從紐舒・堪（Nyoshul Khen）那兒領受了相同口耳傳承的部分教法。然而，那時候他的聲音非常微弱，而我的聽力又太差，因此，除非使用助聽器與麥克風，否則我們便無法溝通！除此之外，我也害怕會干擾他脆弱的健康狀況，因而不想太深入探求任何要點。但這並不表示紐舒・堪無法傳授這個傳承，絕非如此。而且他只在一對一的情況下，也就是除了我和他之外，沒有其他人在房間裡的時候才會給予教授②。

另一方面，我跟著邦塔堪布學習的那幾個月中，我的耳朵尚未半聾，而他的聲音也大而宏亮。雖然我們並沒有相處很久，然而自始至終我都能針對個人的指引以及大圓滿法的傳統指導，得到一些非常具體的教授，也提出了一些關鍵性的問題。

正宗大圓滿教法的傳人

邦塔堪布是一位非同凡響的上師，也是個特異獨行的人。「你跟我已經變得非常親近了，」有一天他談論道：「而你似乎能夠理解我所說的東西。我們現在已經有上師與弟子的關係了。」

停頓了一會兒之後，他又繼續說道：「我現在是個老人了，跟你說這些事絲毫沒有自吹自擂的意思。不過你眼前的這個老人，是正宗大圓滿教法的傳人。儘管如此，又有什麼好處呢？沒有人來這裡請法，即使有，也極少人能夠理解。一個沒有聽眾的講師，也只不過是隻吠叫的狗罷了。我對著空氣傳法有什麼用處呢？」

「從康區、中藏或南部山脈來的人，沒有任何一個人是打從內心深處，懷著赤誠來請求見地的。雖然我仍是真正大圓滿教法的老傳人，但我的健康情況正在惡化，看來我將會帶著那些教法一起離開人世。」

聽到這些令人動容的告白，我的心一陣刺痛，因此我儘可能地多請求教法。

◎

有一天，邦塔堪布告訴我：「跟許多人一樣，我這輩子已經接受了大量關於知見與大圓滿法典籍的教授。然而，我卻是真正曾經親眼見過無垢友尊者化身與無垢友尊者本尊的少數人之一。」

「求求您，仁波切，」我請求道：「請告訴我這個故事。」

「無垢友尊者的化身就是我的上師堪布・納瓊。每一百年，無垢友尊者就會將一位化身送到西藏來，澄清有關大圓滿教法的甚深精髓。巴楚有一次告訴他的弟子紐舒的朗托（Lungtok of Nyoshul）說，他無法遇見無垢友尊者的這位化身，不過『在你的年代，或許你將見到他』。朗托認證他自己的弟子堪布・納瓊就是無垢友尊者無誤的化身，而堪布・納瓊後來成為我的根本上師。」

堪布・納瓊

「當我遇見堪布・納瓊時，我已經對空性有相當好的理解了，然而那種程度的理論學習無法滿足我。我仍感到有種迫切的需要得去澄清所有要點，並得到最大程度的徹底領悟。」

「所以我要求擔任堪布的奉茶侍者，並不是因為我那時還年輕，而是因為我認為那是親近偉大上師的好辦法。每次倒茶給他時，我就低聲地問個簡短的問題，而每次我都得到答案。這是親近他的唯一實際方法，否則，你必須晉陞至助理教師的職位，才會得到提出問題的許可。我緊緊把握住那份枯燥的差事，為他倒茶八年，而當那段時間結束之時，我已經沒有任何問題要問了。」後來，我逮到機會向噶瑪巴詢問有關邦塔堪布的上師的事情，「您覺得堪布・納瓊是個怎樣的人呢？」

「哦，他毫無疑問是無垢友尊者的化身。」他用他那低沉的嗓音答道。那就沒問題了。

親見無垢友尊者的本尊

「我見到無垢友尊者本人的時候，」邦塔堪布繼續說道：「我已經待在雪謙寺上方一座山的洞穴裡了。往山上去的路上，我遇見了一個行乞的瑜伽士，他自願擔任侍者陪伴我。」

「後來，當我們停下來休息時，我問道：『我們兩個何不煮一頓飯呢？』那裡有很多柴火，我們來準備煮一些糌粑湯。火燒得很旺，突然間，湯就滾了。」

「快！快！」我焦急地大叫，「湯已經滾了！」

「那名乞者轉身，用他的棒子指著我，說道：『喂，你啊！別管湯的事了！你應該掛心的，是去了知那即是你自性的覺醒性。』」

「就在那一刻，我看著自己的心；突然間，它變得比過去更加鮮明清晰——連一絲概念性思維的污染都沒有。我停留在那樣的體驗當中好一會兒時間。」

「『喂，你啊！』那名乞者宣稱：『覺醒的狀態！那就是了！』」

「儘管如此，在這時候，他也挽救了湯，我們就坐下來吃午餐。」

「下午的時候，我們走下山去，而當我們接近雪謙寺的時候，那名乞者叫我走在前頭。抵達寺院之後，我坐下來喝杯茶。後來我就到外頭去，但遍覽整座山坡，卻完全看不到一絲人影。而後，我問遍整座寺院，也沒有人看到過這名瑜伽士。最後，雪謙寺的首席喇嘛告訴我：『你找不到那個人的，他不是個尋常的人類。』」

大圓滿上師無垢友尊者

「我駁斥道：『你說他不是人類是什麼意思？我之前跟他在一塊兒。』」

「『哦，不是這樣的！』這喇嘛說：『他是無垢友尊者的化身。』」

「所以我見到了這樣的一個化身，他就是將自性狀態介紹給我的人，因此我真正地認出了它，也就是我們所謂的覺性其不可言喻的本然面目。從那時候開始，我的修持不過成了一件修持不離於它的事情——自性本身未曾改變。然而，我的確必須堅持不懈地追求這種一心的狀態。」③

◎

有一天，邦塔堪布指向天空，問我說：「你有沒有看見這些護法呢？」

「沒有，我什麼也沒看見。」我回答。

「她又來了！這位度松瑪總是當你在這裡的時候才來。你沒看見她嗎？就在那裡！」

「沒有。」我必須承認。

「那其他護法呢？」他指向四處問道。

「我也沒看見任何一位。」我說。

隨著愈來愈沒有被染污的凡人覺知，邦塔堪布也逐漸顯露了清淨的體驗。到最後，他能像日光般清晰見到所有的護法。

他時常將聖物放在人們頭上給予加持，而每隔一陣子，他也會狠狠敲擊某個人一頓，其他的人就會逃跑，接著就會有幾天沒有人願意來。當地人稱這種敲擊為「忿怒加持」。有一次我遇到一個人，他自稱接受了這種慷慨的加持之後，他的重病因而痊癒。

他告訴我說：「邦塔堪布非常用力地敲擊我，使我完全忘了自己的病況，過幾天之後，我的病情就好轉了。」

源源不絕流瀉而出的教法

當我在那兒的時候，邦塔堪布正對著一群八十至九十人的喇嘛、出家眾，以及不丹貴族們，教授一部很重要的大圓滿經典《最勝智慧指引手冊》（*Guidance Manual of Unexcelled Wisdom*）。他針對這些教法給了相當令人讚歎的闡釋。

突然間，他大聲叫道：「喂，你這個老傢伙！一直不停地講話，但有誰在聽呢？怎麼還不快閉嘴啊！」說完，他就往自己的臉上甩了一巴掌。

有好一會兒時間，他只是安靜地坐著。而後他又開始教授了，直到打了自己另一個耳光才又中斷。他再次說道：「住嘴！老頭子！這裡有誰能瞭解這些教法呢？」

顯然，我自身缺乏功德，因為我無法待下來領受完整的教法；我接到了噶瑪巴的信息，要求我馬上回去參加一些重要的法會。所以邦塔堪布講學結束那天，我告訴他，我們如意寶要我回去。

邦塔堪布准許我離開，然後他隨口提到說：「阿賴耶識的廣空已經開始向外流瀉了，因此，許多『未聞受的教法』現在已經自然而然地自內在顯露出來了④。如果我不留意的話，它們就好像有了自己的生命一樣，從我口中傾瀉而出。倘若我不當心的話，我只能成為無助的旁觀者。然而，當這裡都沒有人能理解的時候，把這些教法說出來又有什麼用呢？唯一有幫助的，就是當我打自己的耳光作為提醒的時候。」

「這是怎麼發生的呢？」我問他。

「有一次我跟一些來自色拉寺、甘丹寺，以及哲蚌寺最高階的老格西教師們談，」邦塔堪布回答道：「其中一位告訴我說，『我做了那麼多的研究，也學了那麼多教法，但大部分都忘記了。』」

「什麼？」我說：「你會忘記你已經瞭解的東西？你指的是忘記那些文字吧？而不是忘記它們的真意。密續上提過，未曾聞受過的教法，應該會自然而然地自精練的行者口中源源不絕地流瀉而出。所以，你怎麼能抱怨忘記呢？」

世界的組成與聯繫

「但這位老格西又再次說道：『我忘記所有我學過的東西。』」

邦塔堪布繼續解釋道：「一旦你真正瞭解了這些教法，不論你有多老，都不可能忘記它們的意義。我的問題相反，我腦中的教法似乎比我自己能容受的更多；有時候它們就從我口中溜出來，因此我必須叫這個老頭子閉嘴，然後甩他耳光，直到他保持安靜為止。」

「但沒什麼用，他還是繼續不斷地談論所有的現象是如何相互關聯、這個世界與一切眾

噶瑪巴的黑寶冠法會

生是如何於外在與內在兩個層次相互關聯，還有自生當下的顯現特質是如何與本質、自性和潛藏力產生關聯。然後這個老頭子繼續說，為何空的本質對自性的體驗有能知的特質，而這可以是清淨或不清淨的，並顯露為不可思議的智慧之展現，或分別心的產物。有時候，詳細到令人無法置信的解釋會脫口而出，將這個世界的風景與裝飾描述為由蘊（aggregate）、元素（elements），以及根（sense-bases）所組成的虛幻城市⑤。森林與草地不就和我們身體上的毛髮很相似嗎？」

他就像這樣一直不斷地說下去。

他也極為詳盡地說明組成現象世界和我們身體的這些大小元素的特質，以及它們如何聯繫在一起；接著，他繼續談到感官（sense faculties）在清淨智慧的體驗，以及覺知輪迴的有染方式這兩者內涵中如何作用。他具有描述每個人基本狀況的驚人能力，而且是用我從未在書本上見過的方式來描述。

我也從未見過任何一位偉大的上師在賞自己耳光的同時，叫自己閉嘴，然後靜默不語，直到再次慢慢地開始講課為止。

正當我們如意寶在不丹主持黑寶冠法會的時候，有一天邦塔堪布來參加。這時他走路已經相當困難了，但他卻強迫自己全程走路過來。

「我必須見到觀世音菩薩本人至少一次，」他說：「我至今還沒有機會見到他。雖然我出身薩迦派，但他卻是讓我生起最深切信心的那個人。」

噶瑪巴跟著一大群追隨者旅行到那裡。法會當中，許多偉大的祖古與喇嘛都坐在前排，包括夏瑪（Shamar）、錫度、蔣貢，以及巴沃等仁波切。我則與創古仁波切（Thrangu Rinpoche）一起坐在對面的另一排。

功德與生命之殆盡

有一次，在法會中場休息的時候，我看見噶瑪巴眼中噙著淚水，我過去詢問是怎麼一回事。他傾身向著我，所以沒有其他人能聽見我們說的話，「昨晚我在夢中看見不丹國王即將不久於人世，我們卻無法替他做什麼。他一直都是很好的功德主，也和我相當親近，因此我感到難過。」

噶瑪巴懷著極大的熱情對待邦塔堪布，法會結束後，噶瑪巴跟我說道：「叫他留下來，我想跟他一起吃頓午飯。」

用過午餐，當邦塔堪布已離開之後，我再次看見噶瑪巴眼中噙著淚水。

「發生什麼事了，仁波切？」我問道。

「功德與生命就要消耗殆盡了。」他只是這麼說。

不久之後，國王就過世了，而不到兩個月時間，偉大的堪布也離開了他的肉體。堪布圓寂之後，有兩、三天時間，任何方向都見不到一片雲朵，連一絲浮雲也沒有⑥。

敦珠仁波切後來告訴我說，在邦塔堪布的荼毘大典上，突然有一大束白光從他火化的佛塔中射出來，在他的骨灰中也發現許多舍利子。

經過長途跋涉到另一座寺院後，我只注意到有人被火化了，也隱約知道火化的就是這位偉大的上師。那一帶的人說，他們一生中從未見過如此清朗的天空。邦塔堪布真是一位令人嘖嘖稱奇的大師。

就在不丹的時候，我請我們如意寶為我與努日來的一位女孩所生的兒子命名。隔天早上他說：「一位名叫珠旺·措尼（Drubwang Tsoknyi）的瑜伽士喇嘛穿戴著白色披肩和裙子出現在我面前。你剛出生的兒子就是他的轉世。」

①⋯然而，由於偉大的成就者之王阿種·竹巴的兒子鞠美·多傑（Gyurmey Dorje）覺得迫切需要將此事完成，所以這些教法已經以書面紀錄下來了。這個傳承是源自於吉美·林巴在桑耶·清浦（Samye Chimphu）的時候，三次淨觀到龍欽巴這位全能語王（omniscient lord of speech）的智慧身，並從他那裡領受了大圓滿教法的完整傳承。從那時起，這個傳承就一直是一次只傳一位弟子。這個傳承的獨特性在於那深奧廣博的本質。吉美·林巴主要的弟子為札珠（Tradrub）與多珠（Dodrub），前者為巴

楚的傳承祖師；巴楚再傳給堪布・朗托（Khenpo Lungtok），而他的弟子就是堪布・納瓊。另一個傳承則傳予偉大的學者染嘉（Zhenga），再傳到堪布・朗托，堪布・朗托在巴楚的足下學習了十五年。米龐與染嘉都是巴楚的學生。〔祖古・烏金仁波切說明〕

②…祖古・烏金仁波切向紐舒・堪請求口耳傳承的法之後，不少轉世祖古和堪布的眼界都因而大開，尤其因為這個傳承難以取得，一次只允許一名弟子領受此法。〔英文口述紀錄者艾瑞克・貝瑪・昆桑說明〕

③…這樣的說法過於輕描淡寫。依據邦塔堪布的親近弟子索策仁波切（Soktse Rinpoche）的說法，邦塔堪布放棄了各種外在活動，在中藏一個隱修處修持了九年。〔英文口述紀錄者艾瑞克・貝瑪・昆桑說明〕

④…當一位大師的禪修經驗變得更加深入，而「阿賴耶識的廣空開始向外流瀉時」，深奧而直覺的領悟就會揭露而出，而未聞受的教法，即以前未曾研習過的論題，也能輕易理解了。〔英文口述紀錄者艾瑞克・貝瑪・昆桑說明〕

⑤…由蘊、元素與根所組成的虛幻城市，是每位眾生經驗的領域；換句話說，就是輪迴的狀態。〔英文口述紀錄者艾瑞克・貝瑪・昆桑說明〕

⑥…依據古代大圓滿密續，全然無雲的天空是一種外在徵兆，通常伴隨著大師法身的內在證悟而來，被視為是最好的徵兆。〔英文口述紀錄者艾瑞克・貝瑪・昆桑說明〕

第6章

結語

大白塔與卡寧謝珠林寺——由湯尼．海根（Toni Hagen）從上空所拍的老照片

在噶瑪巴的建議下，我帶著三名侍者到馬來西亞去。我們這四個穿袍子的一小幫人，是首批到馬來西亞參訪的西藏喇嘛。這次行程為期三個月，我因而得以從當地虔誠的華裔佛教徒那兒累積到一筆不錯的資金。

我決定將這筆錢用來改善納吉貢巴的寺廟。然而，我一回到尼泊爾，開始跟冉拉討論要如何善用這筆資金的時候，卻接到我兩個年長的兒子確吉．尼瑪和秋林的來信；他們在隆德寺跟著噶瑪巴以及其他偉大上師研讀的課程就要結束了。信上說道：

親愛的父親與母親，

噶瑪巴已經告訴我們兩人說，我們必須建一座寺院。我們現在還太年

第十六世噶瑪巴與卡寧謝珠林寺的祖古們

輕，無法為這件事做什麼，不過我們聽說奇尼喇嘛獻給您一些位於大白佛塔的土地。請您在那裡建一座小寺院。並不一定要兩層樓，一層樓也可以。

噶瑪巴並非特別選出確吉．尼瑪和秋林來建一座寺院；那年，他跟隆德寺的每位祖古和喇嘛都說過同樣的話。總之，這就是我為何開始著手興建位於大白塔的卡寧謝珠林寺（Ka-Nying Shedrub Ling monastery）。

當建築物完成的時候，我心想：「噶瑪巴是我究竟皈依的對象，如果他能過來並主持開光典禮，那一定很棒。」因此，在我接下來到隆德寺探訪的時候，我就告訴噶瑪巴：「我已經在博達興建完成了一座小寺院，我非常希望您能來參觀。我來此就是為了請求您到那裡去，並給予《噶舉密續教授寶藏》的教授。」

噶瑪巴答道：「你真貼心，我向你承諾，我一定會去。不過，我必須先到印度，之後，我才會去尼泊爾。」

不久之後噶瑪巴就來了，為納吉貢巴的寺廟與佛像開光，也給了灌頂，然後又回到隆德寺了。所以，在噶瑪巴指示我於尼泊爾建一座寺院多年之後，我終於能夠履行我的如意寶的教誡了。

延續法脈的傳承

我們已經到了我生命中曾發生過的大部分重要事件的尾聲了。很抱歉，我的故事有些無趣，不過，我也沒有什麼精彩的事蹟可以說。

我已經告訴了你們我的家族歷史、我出生之處、我在東藏的童年生活，以及我曾經住過的地方。儘管我已經被問過很多次了，但我還是想不出任何關於我自己有何引人入勝的事情可以敘述。

我唯一重要的成就，就是能夠將我所領受過的幾個傳承，傳授給其他人。

第十六世噶瑪巴與尼泊爾畢仁札國王（King Birendra）攝於就職典禮

恰札仁波切、敦珠仁波切與頂果．欽哲仁波切（由左至右）

《三要》未來傳承的重責大任確實無誤地落在我的肩上，因為，如今我似乎是唯一同時持有兩支傳承的人。我已經慎重地將《三要》的灌頂授予了幾位重要的轉世喇嘛，透過這種方式，這個教授以及其他《新伏藏》法的傳承就能延續不斷了。

我傳授過九次《三要》的教授；第一次是在楚布寺，傳授給我們如意寶；第二次是在拉薩，傳授予敦珠仁波切；接下來是傳給俄爾寺的岡薩堪布（Kangsar Khenpo）。之後，在不丹，我將《三要》的教授給了八蚌·欽哲的不丹轉世。再接下來一次，我在納吉貢巴傳給了德布仁波切（Depuk Rinpoche），之後，又傳給了住在我們大白佛塔寺院一位名叫康巴・貢千（Khampa Gomchen）的喇嘛。第七次是在納吉，傳給噶瑪巴的攝政王以及許多其他的轉世喇嘛。接著，我將這個傳承供養給阿杜仁波切與塔唐祖古（Tarthang Tulku）。我最後一次傳授它，是傳給天嘎仁波切（Tenga Rinpoche）。主要的情況大概就是如此。

我已經說明了《三要》教授如何傳承的一些細節，也提示過，包括敦珠仁波切在內，有幾位偉大的上師曾經深切地讚賞這個教授。我也描述過，他們是帶著怎樣的興味來追求領受這個教法，例如第十五世與第十六世噶瑪巴。事實上，這些偉大的上師對這個不同凡響的教授非常珍視，其中有個四人還著手為其撰寫了灌頂手冊①。

頂果・欽哲與《新伏藏》

頂果・欽哲在我們位於大白佛塔的卡寧謝珠林寺給了《新伏藏》的傳授，因為我告訴他說：「我第二個兒子已被認證為秋吉・林巴的轉世②，而他也是他的後代子孫，但我並不覺得我能夠給予灌頂以及全部的口傳。這需要一位重要的上師才能辦到，而我覺得沒有人比您更優秀了，仁波切。所以，請您授予我的兒子們《新伏藏》法。」

當我向頂果・欽哲提出請求，要他傳授灌頂的時候，他僅僅回答說：「好的，好的，我一定會依照你的請求去做。」頂果・欽哲一向如此，他的回覆包含了極大的仁慈與關愛。過了沒多久，他就完成了傳承——當頂果・欽哲說他會做什麼事的時候，他總是說到做到。當

上：由頂果・欽哲仁波切、楚喜仁波切（左）與確吉・尼瑪仁波切（右）分別扮演蓮花生大士、寂護大師與藏王赤松・德贊

下：《新伏藏》傳法圓滿時在大白塔旁的喇嘛們

上：祖古・烏金、楚喜、頂果・欽哲、達桑與德布仁波切（由左至右）合影於博達

下：頂果・欽哲與喇嘛們合影於犛牛與雪人旅館（Yak & Yeti）

時，有許多祖古和喇嘛出席。由於他非常博學多聞，在灌頂接近尾聲的時候，他還撰寫了一部詳盡的教本，解釋傳承法脈；從伏藏師，經由偉大的欽哲、康楚，以及其他主要的弟子；它們又如何匯聚於哲旺・諾布身上，從他再傳至涅瓊・秋林與宗薩・欽哲，頂果・欽哲就是從宗薩・欽哲那兒領受到這個傳承③。

因此，《新伏藏》有兩個主要的傳承法脈，一個是從哲旺・諾布傳至桑天・嘉措；另一個則是從哲旺・諾布傳至涅瓊・秋林、噶陀・錫度與宗薩・欽哲，然後再傳給頂果・欽哲。最重要的是，這些傳承已經傳遞下去了，直到今天仍然持續受到護持。

以上這些，是我試著盡個人棉薄之力，簡短說明傳承上師們的故事。我現在七十六歲了，卻尚未表現過任何豐功偉業。因此，你們所能知道的，只有這些我將個人所見所聞串聯在一起的故事。

以我個人來說，我已經吃了好多頓飯，而且在每頓飯之間呼呼大睡。簡而言之，這就是我一生的故事。

①…細節的部分請詳附錄：「《新伏藏》的傳承」。〔英文編輯麥可・特威德說明〕

②…繼多年之前，年輕的慈克・秋林不幸身故之後，依傳統，祖古・烏金仁波切就被慈克寺賦予任務，去向噶瑪巴請示關於慈克・秋林轉世的下落。當利培・多傑回覆道，轉世祖古已經投生為他的次子時，祖古・烏金仁波切拒絕將這個消息帶回囊謙，唯恐被指責為濫用裙帶關係。一直到了噶瑪巴造訪達桑仁波切位於博達的寺院時，才在多位喇嘛們的面前，包括達桑、薩曲、安津（Andzin），以及祖古・烏金仁波切在內，宣布這件事。〔英文口述紀錄者艾瑞克・貝瑪・昆桑說明〕

③…有一次，宗薩・欽哲造訪壘峰，從桑天・嘉措那兒領受《新伏藏》其餘的教法。他在那裡大約待了一個星期，就在那段時間，他將蓮花薩埵（貝瑪・紐古，Pema Nyugu）的密集灌頂授予桑天・嘉措，那是桑天・嘉措以前沒有領受過的灌頂。桑天・嘉措也給予宗薩・欽哲簡短的蓮花薩埵灌頂作為回報。〔祖古・烏金仁波切說明〕

頂果．欽哲仁波切（左二）與祖古．烏金仁（右二）波切一家人合影

後記

就讓我們回到祖古．烏金仁波切的祖母將行李裝上犛牛的場景。為何一位老婦人要那麼大費周章呢？她即將踏上讓人望而卻步的旅程。在一九一九年的時候，從東藏的囊謙旅行至中藏的拉薩是段艱辛的路程；高聳入雲的巨大岩層與緊臨湍急河流的陡峭峽谷，讓這橫越的地勢危險重重；反覆無常的嚴酷氣候，從驟下的雹暴或傾盆大雨到遮蔽視線的暴風雪，任何狀況都可能發生。

當然更不用提開展於旅隊眼前的漫漫長路了，騎馬、騎犛牛與徒步行走，至少要花上一個月時間。最後，別忘了還有盜匪與殺人兇手，也許會有搶劫，並可能殺害他們，或讓他們因失去動物或補給品而無法度過惡劣天候。

那麼，她為何還要踏上這樣一趟冒險犯難的旅程呢？她要將她那位出名的喇嘛兒子帶回來的使命，並不是為了讓他從周旋於有錢人之間，而難以集中心力的狀態脫身，她的目的是要她兒子著手編纂、收集她父親的珍貴教法。這樣才能確保曠世鉅作能夠延續下去，也讓她父親豐富的遺作能夠廣為流傳。

這不僅僅只是因為家族引以為傲的《新伏藏》是如此特別且重要，所以需要受到保護。現在，你也已經明白《新伏藏》是秋吉．林巴所發掘出來的教授與修持法，他是蓮師在其《金鬘紀事》當中所提及一〇八位偉大伏藏師中的最後一位。秋吉．林巴多次當面親見蓮花生大士，並直接和他討論重點。

這些教授是蓮師的心要，是為了提供給那些想要終止輪迴並達到解脫與成佛的幸運兒。這個了不起的遺產，直到今日仍繼續利益著無數眾生。

蔣貢．康楚對秋吉．林巴的伏藏具有全然的信仰與信心，並盡其所能地從他那裡領受伏藏法的灌頂。蔣貢．康楚在自傳中敘述了他與伏藏師會面的種種情形，以及他從修持伏藏師的儀軌當中所得到的加持。依照他自己的說法，偉大的康楚甚至在幾個場合中還擔任了秋吉．林巴的「抄寫員」。不僅止於此，他還收藏了伏藏師最重要的伏藏法，並收錄在他那部《伏藏珍寶》（藏文稱《仁千德左》〔*Rinchen Terdzö*〕）的鉅作裡；這部作品涵蓋了千年以來，一〇八位主要與一千位次要的伏藏師所發掘出的最上選珍寶。

烏金．托傑仁波切在他那部未刊行的著作《隱密的教法》（*Hidden Teachings*）中，對佛法作了大略的說明，並對伏藏作了特別的解說：

隱密的伏藏一開始被埋藏在地底或岩石中，後來再被發掘、取出來。除此之外，隱密的伏藏也可以指伏藏礦脈，這是五大元素的力量，是自然界與生俱來的。伏藏可以分為七種類型，而在所有伏藏師當中，似乎只有蔣揚・欽哲・旺波與秋吉・林巴擁有全部七種佛法伏藏。伏藏教法的經文，比如以巖伏藏來說，無論原先的手抄稿是以藏文書寫的形式，或以空行母的象徵文字被封藏起來，都完全不會被四大元素所損壞，也無法被銷毀，即使這個世界被搞得天翻地覆也一樣；儘管它們可能會持續封藏一到兩千年，甚或更久時間，直到適當時機才會被伏藏師發掘出來。

正宗的伏藏教法是完全由蓮師的言教所構成，並不會插入其他人的想法或意見，彷若成佛者已經檢驗過何者是對當前時代最有利益的教授般。伏藏教法與領受的人緊緊相連，就像上師所給予的指引，是和弟子的心意緊緊相連一樣。同樣地，蓮師的佛法伏藏和當前時代也緊密相連，就像是從過往直接連結到現在一樣。

佛法伏藏是由蓮師直接傳授給他所授權的伏藏師，因此傳承非常短。所以，既然伏藏師的心意與蓮師的心意無二無別，因此所傳承的加持和親見蓮師本人是一樣的，並沒有差別。因此，一位伏藏師肯定是已經認出了無別覺性，並具有非凡的了悟程度。除此之外，以心傳心的傳承加持，是不可能以任何方式加以損毀的。

因為從一位真正的伏藏師那裡所領受的傳承加持，是極為巨大且無法加以損毀，所以，有別於領受其他灌頂，一位行者即使只能領受簡短的伏藏灌頂，仍會有極大的加持。當我們確實檢視自己的經驗時，我們就能發現這是千真萬確的事實。

上：祖古．烏金仁波切與措尼仁波切、明就仁波切，以及他們的母親索南．雀準於納吉貢巴合影。下：措尼仁波切與囊謙的阿杜仁波切合影。

祖古．烏金仁波切最小的兒子詠給．明就仁波切

天嘎仁波切與天巴．亞培

祖古．烏金仁波切出生於秋吉．林巴的家族，他的祖母以及早期協助塑造他人格的大師們，都致力於收集、修持、保存與宏揚秋吉．林巴的伏藏法；他們展現出對這些伏藏法的深切讚賞，並奉獻了自己的生命以維護傳承。祖古．烏金仁波切也終其一生全心全意地修持、護持這些教法。許多已經了證的大師都選擇從他那裡領受《新伏藏》灌頂。而懷著最大的熱誠與承諾，祖古．烏金仁波切也滿足了這個傳布的需求。《大成就者之歌》見證了成為祖古．烏金仁波切一生焦點之一的這項傳統。

雖然祖古．烏金仁波切貶抑自己的成就，我們仍覺得，在此簡短提出他的一些成就並不為過。我們不會揭露他內在的生命故事和了證的層次，那是要偉大上師要做的事；就像他的家人一樣，他身為一位大圓滿的秘密瑜伽士，讚美自己並不是他的作風。我們將簡單地勾勒出他部分成就的梗概。

祖古．烏金仁波切於一九九六年，以七十六歲之齡圓寂時，他已經在尼泊爾興建了五座主要的寺院和數座較小的寺院，同時在馬來西亞與丹麥也設立了道場，並且已經在美國種下了最終設立道場的種子。他最重要的寺院位於加德滿都山谷的博達（Boudhanath），也就是大白佛塔所在處，亦即蓮花生大士展現大手印持明證位的阿修羅巖穴（Asura Cave），以及位在斯瓦揚布舍利塔後面的山丘上。

祖古．烏金仁波切主要住在加德滿都山谷上方的納吉貢巴隱修處。受到他及其繼任的兒子們所照料的行者已超過一千位，包括了僧眾、尼師與在家居士。他的六個兒子中，有四

位於博達的卡寧謝珠林寺院

位於帕平阿修羅巖穴的寺廟

涅董歐色林寺院

恰札仁波切、祖古・烏金仁波切與昆桑・德千，以及帕秋祖古

秋林仁波切與他的長子帕秋祖古

秋林仁波切與次子頂果・欽哲仁波切的轉世

個是主要的轉世：確吉・尼瑪、慈克・秋林、措尼和明就仁波切①。而他的孫子們，包括了頂果・欽哲的轉世，以及來自類烏齊寺的上師帕秋仁波切的轉世。祖古・烏金的另外兩個兒子：天巴・亞培（Tenpa Yarpel）是天嘎仁波切的貼身侍者，而烏金・吉美（Urgyen Jigmey）則是德喜叔叔的轉世祖古之一。

祖古・烏金仁波切將《新伏藏》的傳承授予他的兒子們、最年長的孫子，以及多位轉世喇嘛。他確保了這些珍貴的教法得以繼續傳承下去，並得到護持。然而，祖古・烏金仁波切最為知名的則是他的大圓滿教授。一九八〇年，當祖古・烏金仁波切到達西方世界之時，他是第一批在西藏以外地方教導大圓滿最根本教授的西藏上師之一；他這麼做是受到第十六世噶瑪巴的明確指示：「讓智慧的太陽在西方的天空昇起。」而那確實就是他所做的事情。

祖古・烏金仁波切以才華橫溢的方式傳達了大圓滿的教法，我們這時代無人能與他媲美。他以深邃的禪修了悟聞名，也以他傳授這些根本教法時，簡潔易懂又幽默的風格而為人所稱道。他的法門是「透過自身經驗來指導」，以少數言辭就直指心性，並揭示覺性渾然天成的教學方式，讓學生能真正接觸覺醒之心的核心。他改變了許許多多領受這些教授、認出自己心性，並堅持不懈修持的行者們的生命。在他圓寂之前，世界各地許多佛教學生為了要直接從這位大師口中領受大圓滿法至關緊要的口授指引，設法來到了納吉貢巴。

祖古．烏金仁波切的回憶錄讓我們得以一窺形塑他這個人的各種影響與經驗，而他的簡樸與謙遜，也吸引了各式各樣的人們。

尼泊爾的第四世慈克．秋林

康區的第四世慈克．秋林

三個兒子與帕秋祖古合照於納吉貢巴

涅瓊・秋林與慈克・秋林

祖古・烏金仁波切與慈克・秋林、德千・巴炯和頂果・欽哲仁波切的轉世

①…當我請求第十六世噶瑪巴為我最小的兒子明就仁波切取名字時，他只是說道：「他是個尊貴的化身。」當時錫度仁波切是法王的侍者，他告訴仁波切說，這個兒子是詠給・明就・多傑的轉世（明就・多傑的多世轉世一直都與錫度仁波切緊密相關）。後來，頂果・欽哲仁波切指出明就・多傑「是康珠仁波切（Kangyur Rinpoche）轉世祖古的最佳人選」，而他是祖古・貝瑪・旺嘉的父親。我認為這並沒什麼問題，因為我們常見到有祖古同時身為幾位大師的轉世，以及一位大師轉世為三個或五個肉身的例子。轉世祖古比起那些死後不斷投生且非出於自己選擇的輪迴眾生更具有彈性得多，舉例來說，秋吉・林巴見到達桑仁波切是岡波巴、玉托・貢波（Yutok Gönpo）和蓮師廿五大弟子之一的止美・達夏（Drimey Dashar）兩人的化身。〔祖古・烏金仁波切說明〕

致謝辭

我們能將這本精彩的《大成就者之歌》獻給各位，實在是無上的榮幸、鼓舞與激勵。祖古・烏金是個令人稱奇的說書人。我第一次聽到書中所提到的好幾個故事，是在一九八〇到一九八一年間，祖古・烏金仁波切與他的長子確吉・尼瑪仁波切進行巡迴世界各地的旅行之時；祖古・烏金仁波切通常會在講授深奧的主題時，藉著陳述他人生中的故事，增添趣味。遺憾的是，我當時並沒有錄音機。

而在一九八一到一九八二年間，我們有令人欣羨的好運，那就是從《新伏藏》忠實的護持者烏金・托傑仁波切那兒，聽到秋吉・林巴和他的傳承的故事。這些故事被寫了下來，並以《秋吉・林巴的一生》為題刊行。烏金・托傑仁波切建議我們，可以向祖古・烏金仁波切詢問更多關於他的叔伯與祖母的詳細故事。

祖古・烏金仁波切在一九八三年間動了一次眼部手術後，就必須躺在床上休養數星期時間。他的德國籍學生安德列亞斯．克雷舒馬（Andreas Kretschmar）有先見之明，就在仁波切的床鋪正上方裝設了一具小型麥克風。後來，我們就請求他談一談關於他的傳承的主要上師故事。當仁波切開始講述故事的時候，安德列亞斯就會馬上按下「錄音」的按鍵。而那些故事大部分都收錄在這本書中。

幾年後，我們決定繼續收集這些故事；這些故事如此觸動人心，因此我們想要將它們保存下來，讓其他人也能獲益。

一九九二年，當仁波切正在監督位在加德滿都山谷其中一座寺院的興建工程時，我們開始著手進行這項工作。馬西亞、葛雷漢．桑斯坦（Graham Sunstein）和我每天早上會從博達開車到斯瓦揚布，然後徒步跋涉上山到涅董歐色林，錄下許多絕妙的故事。當仁波切隔年住到阿修羅巖穴寺廟時，這個探索仍繼續進行。但基本上，當他待在隱修處納吉貢巴時，我們已經收集到了大部分的素材。隨著他講述的每一則故事，我們似乎變得益發熱中，要求增加愈來愈多的故事。到最後，我們錄了將近五十捲卡帶。我們還以馬西亞從仁波切在佛學營、問答與私人聚會時，想盡辦法所錄下的無數教學卡帶中收集所有故事片段，以補充這五十捲卡帶的內容。

翻譯這些卡帶內容並加以編輯就推延得更晚了，直到一九九六年祖古．烏金仁波切圓寂之後，我們才開始進行。我翻譯大部分的卡帶內容，而麥可．特威德則負責將內容聽寫下來。接著，就開始進行將故事

馬西亞．賓德．舒密特攝於囊謙，二〇〇二年

編織成本書所呈現單一敘事的浩大工程——這項工作是由麥可・特威德（他另外還監督了這部著作各個方面的工作）、馬西亞和我自己，勤奮不懈地勠力進行。幾年後，我的好友丹尼爾・高曼（Daniel Goleman）幫忙為這部精心編製的敘事故事去蕪存菁，而他的妻子——和藹又美麗的塔拉・班奈特・高曼（Tara Bennett Goleman）則提供了她敏銳的眼睛，為這本書做最後的潤飾。

如果不是因為許多熱心的法友，以及他們持續不斷提供財務上的資助，我們肯定無法竭盡全力完成這項計畫。我們贊助者的名單包括：傑斯・伯特森（Jes Bertelsen）與成長中心（Center for Growth）、丹尼爾與塔拉・高曼、喬治・麥克當諾（George MacDonald）、琴馬莉亞・艾達米尼（Jean-Marie Adamini）、葛雷漢・桑斯坦，以及李察・吉爾（Richard Gere）。

祖古・烏金仁波切與艾瑞克・貝瑪・昆桑合影於納吉貢巴

我們也想要感謝昆汀英文（Quentin English）提供麥可・特威德飛機票錢，賈許・巴倫（Josh Baran）提供行銷意見、《佛法三乘》雜誌（Tricycle）的詹姆斯・沙因（James Shaheen）對這本書的信心和支持，以及桑天・嘉措的轉世祖古哲旺・德千（Tsewang Dechen），為我們安排造訪書中所提到的囊謙許多地方。

我們藉此機會，表達對成就一切的尊貴化身索甲仁波切（Sogyal Rinpoche）的感激之情，他懷著令人喜出望外的慷慨，為我們撰寫文辭優美的前言。同樣的，我們也想對丹尼爾．高曼的熱情表示感謝，他替本書作導讀，這是他帶給本書生命的又一個方式。

特別要提起的是提供圖片的各個攝影師、照片與線條畫的捐贈者。最後要感謝的人是凱莉．莫倫（Kerry Moran）、內行的版面編輯崔西．戴維斯（Tracy Davis），以及才華洋溢的排版人員拉斐爾．歐鐵（Rafael Ortet），還有我們前所未見眼光銳利的校對丹尼爾．考夫（Daniel Kaufer）。

這本《大成就者之歌》得以出版發行，要感謝這些人持續不斷的支持和熱誠，沒有這些人，它仍將僅只是個願望而已。編製這份素材，讓我們感受到如此多的喜悅與真誠的奉獻。當我們走進祖古．烏金的內在風景時，我們所體驗到的生命意義和愛，不論是字面上或象徵性的，都是言詞所無法表達的。可以肯定的是，那一直都是他源源不絕的加持，我們為大家集體的成果與和諧感到歡欣鼓舞。

我們在書中可能犯下無可避免的錯誤，請讀者見諒。將結果當成是一種結合了誠摯心願的讚揚與供養來接納，祈願清淨的傳承與上師將綿延不斷且興盛、了無任何障礙，而祖古．烏金仁波切的轉世得到加持，具有與前世相似的能力，並且所有眾生都能從佛陀的法教中得到利益，而我們做弟子的，都能與我們在這本書中提到的所有人物，在蓮花生大士的「遍地蓮花佛國」相聚！

附錄

新伏藏的傳承

祖古．烏金仁波切

秋吉．林巴有四個視如己出的親近弟子，你可以稱他們為「他的伏藏法持有人」，他們在東藏護持秋吉．林巴的法教。四個弟子當中，有一個是帝巴祖古（Deypa Tulku），由於他是個年邁的喇嘛，因而向慈克寺的秋林請求《三部》的灌頂；慈克寺的秋林當時說道：「我允諾將這個灌頂只傳給一個人，不過我們需要一位灌頂的助理，否則，我們無法進行。你年紀大了，而我自己沒有辦法來來回回往佛龕跑。誰是佛龕助理最合適的人選呢？」他決定由我桑拿叔叔擔任，但他們卻找不到他，因為他當時正和貢秋．巴炯待在一塊兒。

當慈克．秋林成功聯絡上我叔叔之後，對我叔叔說：「你必須擔任灌頂助理。」於是我桑拿叔叔就擔任了這項工作。桑拿叔叔在法會期間幫忙之時，同時也領受了灌頂。

因為如此，我叔叔透過慈克．秋林領受了傳自噶美堪布淨觀到秋吉．林巴智慧身的傳承。後來在壘峰的時候，桑天．嘉措首先從桑拿叔叔領受到這個傳承，並對他說：「你是擁有噶美堪布傳承的人，因此必須將它傳授給我！」在那之後，桑天．嘉措再將整個傳承傳給桑拿叔叔、我父親和我。那是為何我同時擁有兩個傳承的原因。桑天．嘉措不久後就過世了。

因此我們可以知道，並非所有的傳承都經由哲旺．諾布傳下來。不過，哲旺．諾布持有所有他由欽哲、康楚、噶美堪布與博學的仁千．南嘉（Rinchen Namgyal）所領受到的傳承；他有完整的每樣東西。之後，桑天．嘉措成為持有完整傳承的人，其中有些甚至是從他母親貢秋．巴炯那兒領受到的。桑天．嘉措將全部傳承都傳給了我。

近來烏金．托傑告訴我說：「你說你有完整的傳承，卻沒有紀錄描述這件事，我們需要找到敘述法教是如何傳承下來的詳細說明。你說哲旺．諾布所有的傳承都傳給了桑天．嘉措，而桑天．嘉措告訴你說，你現在持有他他領受過的法教。那樣說不夠精確。傳承的細節具有重要性，我們需要書面的敘述。涅瓊寺有一份傳承細節一覽表，不過卻有些含糊，只提到涅瓊．秋林從哲旺．諾布那裡領受到這個傳承。之後，下一世涅瓊．秋林，也就是我父親，從宗薩．欽哲那裡領受到傳承。然而，我父親也不曉得宗薩．欽哲是從誰得到傳承①。因此，你必須清楚說明你的家族將這些教法傳下來的方式。不然的話，人們之後將無法確認這件事。」

他說的沒錯，但我無法寫出這樣的敘述也是真的，因為我不知道所有的細節。我絲毫不懷疑我領受了桑天．嘉措所持有的一切《新伏藏》法；他肯定地告訴我，他已經將他所有的一切都傳給我了，而他所持有的法教都是完整的。我所知道的事，僅止於此。

幸運地，由於三寶恩澤加被，我們後來找到了第十六世噶瑪巴所領受到，屬於《新伏藏》的法教紀錄。這是他的攝政王們到納吉貢巴領受《新伏藏》法時帶來給我的。噶瑪巴指示攝政王們來此地，說道：「你們必須從祖古．烏金那兒領受《新伏藏》法。」

主要提出這項請求的人是第三世康楚的化身；他親自到這裡來兩次，向我提出請求。他第二次到訪時，我答應了。言歸正傳，他們帶來的書面紀錄讓我大開眼界；它明確地記載了哪個灌頂是由伏藏師傳給哲旺．諾布，哪個是透過欽哲或康楚或噶美堪布，而哪個是經由大師——學者仁千．南嘉，然後傳到哲旺．諾布；透過哲旺．諾布再傳給桑天．嘉措；有些傳承傳到桑天．嘉措之前，先傳給了貢秋．巴炯，所有細節在那本紀錄中都能找到②。

那本紀錄是烏金．托傑一直堅持應當存在，而我以前從來都不曉得的書面紀錄。烏金．托傑將這件事提出來討論，而事實也證明這是相當有幫助的，因為那激勵了我們要找出那本紀錄。

這本紀錄中特別提到了我獻給噶瑪巴的所有教法。烏金．托傑上次來此地的時候，我將這本紀錄拿給他看，他說道：「好棒！好棒！每個灌頂的傳承一直回溯到法身佛普賢王如來（Samantabhadra），所有東西全都在裡面。」從他開始，傳承傳到噶拉．多傑（Garab Dorje）與金剛薩埵（Vajrasattva）；其他傳承則從蓮花生大士到赤松．德贊王的兒子等。何其有幸，我們目前的確擁有噶瑪巴的傳承一覽表。

一開始時，並沒有為《三部》編撰的灌頂手冊。第一份灌頂手冊是由偉大的大師穹楚開始撰寫，因為穹楚遇到了桑天．嘉措，奉他的教誡，為《三部》的灌頂撰寫安排事宜。當桑天．嘉措授予灌頂時，穹楚將它寫下來，而他們也一起討論了許多細節。由於穹楚學識廣博，當他完成三部中的第一部，即意部時，內容已經是完整的一卷書籍了。

即使沒有灌頂手冊，博學的大師仍舊能夠傳授《三部》。宗薩・欽哲從第二世涅瓊・秋林那裡領受到傳承，因為涅瓊・秋林的了悟層次高深，因而得以在沒有詳細的安排手冊輔助下給予灌頂。

涅瓊・秋林極為與眾不同，是位真正的成就者。當然，他也博學多聞，但他從未吹噓自己的學問。他告訴宗薩・欽哲：「我可以給予你灌頂，不過灌頂的書面安排事宜則超出了我的能力，將來你必須撰寫如何傳授這些灌頂的程序手冊。」這就是那個灌頂手冊草稿問世的由來。當涅瓊・秋林在白天給予一個接一個灌頂的時候，宗薩・欽哲就在晚上一絲不苟地寫下灌頂手冊。

宗薩・欽哲因為要倉卒地趕在隔天早上之前把手冊寫好，因此必須將所有插入的段落縮寫，所以導致後來灌頂的時候相當難以理解。當一個像我這樣不學無術的喇嘛試著用它來灌頂的時候，就會發現汗珠不斷沿著自己的脖子往下滴。幸虧頂果・欽哲有時間為像我這樣的人製作一份一流的手稿，因此我們就不需要在不同的經文間來回翻閱。桑天・嘉措將《三部》傳給我時，就是使用宗薩・欽哲的法本。

頂果・欽哲撰寫手冊是為了履行他上師的遺言而完成的。宗薩・欽哲對自己先前於涅瓊・秋林將《三部》傳給他、雪謙・冉江（Shechen Rabjam）與噶陀・錫度時所寫下的版本不滿意。但無論如何，那個法本最後也散佚了，因此，他們最後一次從錫金透過無線電話談話時，宗薩・欽哲要求他的弟子頂果・欽哲寫下第二個版本。頂果・欽哲的版本就是目前收錄在《伏藏珍寶》裡的那一個版本，內容精彩絕倫。

敦珠仁波切也為《三部》寫了一部灌頂手冊，部分原因是由於我的請求。如同我之前提過的，當他在拉薩請求我給予灌頂時，以我手上持有的灌頂安排手冊來說，是非常難做到的。因此我說道：「您如此博學多聞又能言善道——如果您能寫下一部灌頂手冊，那就太好了。」我也請求噶瑪巴允許讓我請求敦珠將它寫下來，而噶瑪巴說道：「當然可以，你務必請求他這麼做！」後來，在卡林邦的時候，我又請求敦珠仁波切一次，而他同意慢工細活地寫一部精細的手冊，目前就收錄在他的作品集中。

「傳授阿底瑜伽精要的灌頂手冊，」敦珠仁波切有一次告訴我說：「若要透過瑪哈與阿努瑜伽的觀點來說明錯綜複雜的細節，會無法達到目的；它應該自身就表達清楚，如同鑲滿翡翠與鑽石的純金一樣。那部如我前臂般厚的一卷伏藏法，所揭示的不只是大圓滿法的三個部分，還含括了三內密，即瑪哈、阿努與阿底瑜伽；在蓮師非比尋常的構築中，這些全部結合為單一的本意，全部法教都包含在單一本書裡！這三個部分的每個部分都包括了十二至十五套的教授。除了蓮花生大士之外，誰有能力將那些內容全部濃縮成我前臂般厚的一本書呢？那些引述自原始伏藏法而穿插入手冊中的內容，應當就像以翡翠與鑽石鑲滿純金那般。」如你所見，敦珠仁波切言簡意賅且才華橫溢的灌頂手冊，完全從大圓滿本身的觀點清楚表達出他的見解。

因為這樣，所以有了四部為《三部》而作的灌頂手冊，其中兩部仍保存至今。

①…宗薩．欽哲仁波切從涅瓊．秋林那裡領受到這個傳承，後者也傳給了噶陀．錫度。〔英文口述紀錄者艾瑞克．貝瑪．昆桑說明〕

②…這本紀錄名為《寶石花鬘》（*Garland of Gemstones*）是由德喜叔叔與桑天．嘉措，運用第二世慈克．秋林——貢秋．吉美．天培．嘉贊（Könchok Gyurmey Tenpey Gyaltsen）一起為年輕的噶瑪巴所撰寫下的紀錄；後來被附上註記，說明哪些傳承是噶瑪巴從噶瑪．烏金（祖古．烏金仁波切）那裡領受到的。換言之，這本紀錄包含了祖古．烏金仁波切傳承《新伏藏》的明確細節。有一部類似的紀錄也稱為《寶石花鬘》，列出了頂果．欽哲所領受的傳承，可以在頂果．欽哲的作品集第廿五卷，第219~276頁中找到。〔英文口述紀錄者艾瑞克．貝瑪．昆桑說明〕

涅瓊・秋林仁波切傳承簡史

傳承之始（西元第八世紀）

■ 西元第八世紀，藏王赤松・德贊（Trisong Duetsen）邀請蓮花生大世（Guru Padmasambhava）和許多偉大的印度上師來到西藏，帶入了佛陀的珍貴法教。

偉大伏藏師之轉世

■ 赤松・德贊有三個兒子，次子沐如・參巴（Murub Tsenpo）隨後轉世為伏藏師共十三次，最後一世即是偉大的伏藏師（terton）特千・秋吉・林巴（Terchen Chogyur Linpa）。伏藏師乃是發掘伏藏的人，而這些藏在世界各處的法教，是蓮花生大世和佛母耶喜・措嘉（Yeshe Tsogyal）為了利益後代有情眾生所藏起的。

第一世秋吉・林巴

■ 秋吉・林巴在一八二九年生於西藏東部的囊謙（Nangchen）；他和蔣揚・欽哲・旺波（Jamyang Khyentse Wangpo）與蔣貢・康楚（Jamgon Kongtrul）共同展現了許多偉大的佛法事業，讓佛法在西藏更加廣為流傳。

正如蓮花生大世所預示的，秋吉・林巴開啟了廿五處偉大的聖地，以及一百處次要的聖地；他的伏藏法教共有卅三部，另外還有十二部著作，這些總稱為《秋林德薩》（Chokling Tersar）。

秋吉・林巴在十三歲時發掘了第一個伏藏。除了法教的伏藏之外，他也發掘了許多代表證悟者身口意的聖物。

根據某次淨觀中親得蓮花生大世的教示，秋吉・林巴創立了三所寺院：天秋・久美林寺（Tenchok Gyurmeling）、慈克寺（Tsikey）、噶美寺（Karmey）。

天秋・久美林寺位於西藏東部一座稱為耶嘎・南卡・佐（Yegal Namkha Dzod）的山下，蓮花生大世和耶喜・措嘉曾在此修行七年，他們的幾處洞穴至今仍可看見。在這座山下的寺院，後來成為秋吉・林巴的靈性駐錫處。

■秋吉・林巴圓寂於一八七〇年的五月一日。

第二世秋林聶東・竹沛・多傑

■第二世秋林（秋吉・林巴的簡稱）仁波切聶東・竹沛・多傑（Ngedon Drubpey Dorje）和前世一般，展現了許多利益眾生的佛法事業，直到他在四十六歲圓寂。

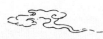

第三世秋林貝瑪．吉美．嘉措

■ 在一次淨觀中得到空行母教示之後，第三世秋林仁波切貝瑪．吉美．嘉措（Pema Gyurme Gyatso）於一九五九年來到印度，隨行的還有他的佛母和五個孩子：烏金．托傑仁波切、蔣揚．嘉晨、欽哲．耶喜仁波切、迪克．汪嫫、吉噶．康楚仁波切，部分弟子也跟著他流亡到印度。秋林仁波切後來走遍尼泊爾、錫金，和努日（Nubri）邊境地區，會見了其他流亡中的偉大西藏法師，並對當地的信眾給予法教。

第三世秋林仁波切經常在淨觀中看見一位穿戴樹葉的長臂男人，並告訴仁波切他來自印度，有一些土地要供養給仁波切。

■ 一九六六年，第三世秋林仁波切帶領少許眷眾來到北印度的小村莊比爾（Bir）。在外國資金的協助下，他購得超過兩百英畝的土地，並在此建立了西藏難民開墾區；三百個家庭因而被贈予土地，得以建築自己的住所。這處新的開墾區落成時，是由十四世達賴喇嘛為其開幕而正式使用。

同時，仁波切也開始在流亡區建立第二座天秋．久美林寺，跟隨他到印度的弟子們組成了這所寺院的第一批僧眾。

流亡區的天秋．久美林寺在開始時只是個帳篷，成員也只有幾個僧人，以及第三世秋林仁波切的長子。

■ 一九七三年，第三世秋林仁波切於四十七歲圓寂，烏金．托傑仁波切當時廿一歲。身為家中的長子，他肩負起龐大的責任，要完成父親的願景。

■ 第十六世大寶法王（Karmapa）和頂果．欽哲仁波切（Dilgo Khyentse Rinpoche）在數次淨觀中得到引導，認證了一位生於不丹的小男孩為第三世秋林仁波切的轉世。

第四世秋林瑞今．久美．多傑

■ 第四世秋林仁波切於一九七七年從不丹被帶到印度，當時他四歲，由第十六世大寶法王授名為瑞今．久美．多傑（Rigzin Gyurme Dorjee）。頂果．欽哲仁波切和第三世秋林仁波切的家人則對他視如己出。

由於第三世秋林仁波切的遠見，以及在烏金．托傑仁波切的努力之下，印度的天秋．久美林寺目前已擁有一百二十位僧眾的研讀和修行處。

■ 烏金．托傑仁波切為了要盡力維護秋吉．林巴和父親的傳承，二〇〇四年來到西藏，並開始重建原來的天秋．久美林寺，那是第一世秋吉．林巴所創立的寺院。烏金．托傑仁波切花了一整年時間才完成大部分的重建工程，大約有三百人參與了寺院的重建工作。

就在烏金．托傑仁波切待了將近一年之際，天秋．久美林寺舉行了一場儀式，當時有許多奇妙和吉祥的徵示，並伴隨著極大的喜悅；一道彩虹圍繞著整座寺院，象徵著蓮花生大世的加持，同時預示了秋吉．林巴的傳承將會大放光彩並利益一切有情眾生。

更多的資訊請參考網站 www.gyurmeling.com

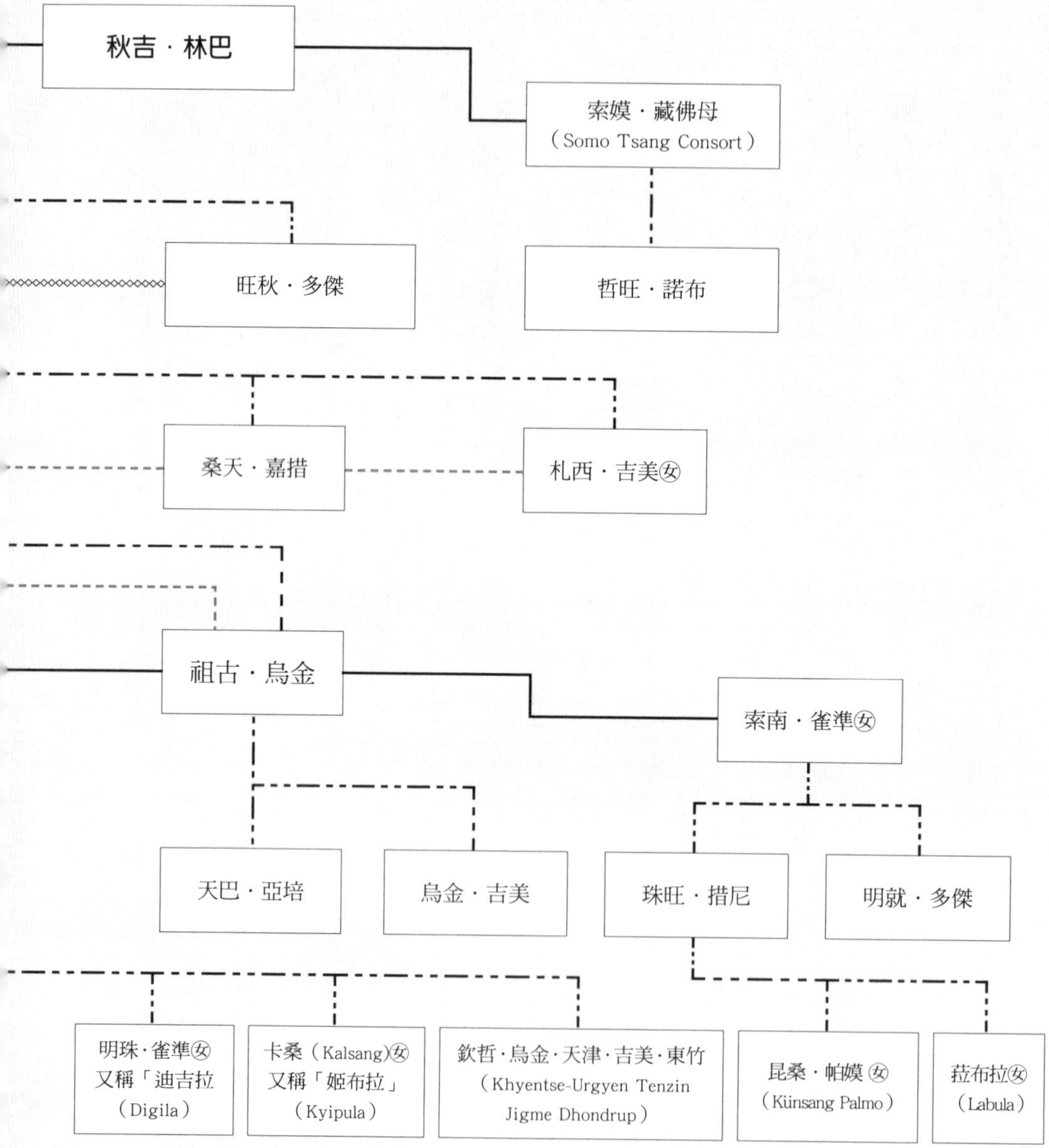

（參考www.ran　ung.com/blazing/FamilyTree.pdf）

秋林族譜

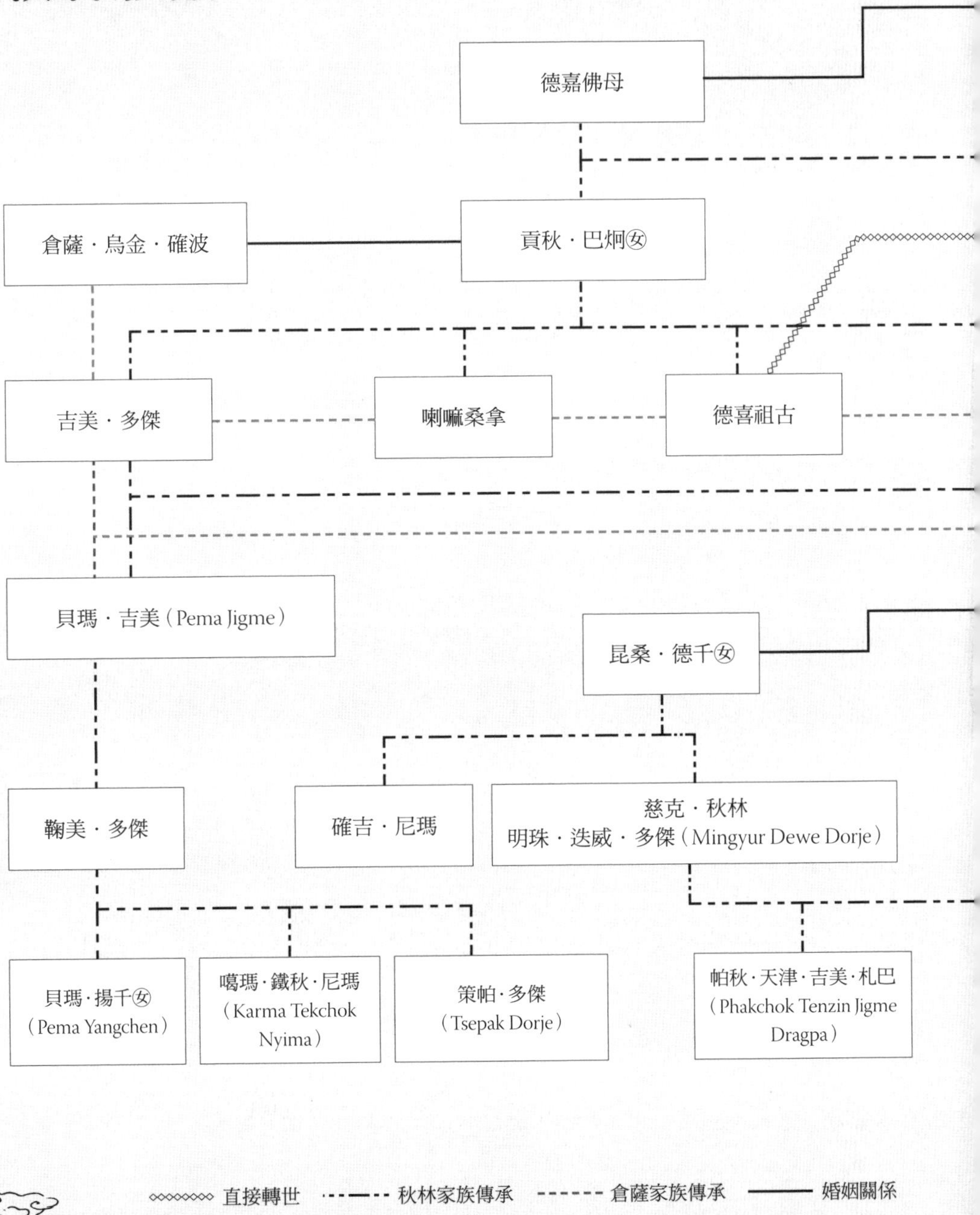
德嘉佛母
倉薩・烏金・確波
貢秋・巴炯㊛
吉美・多傑
喇嘛桑拿
德喜祖古
貝瑪・吉美（Pema Jigme）
昆桑・德千㊛
鞠美・多傑
確吉・尼瑪
慈克・秋林
明珠・迭威・多傑（Mingyur Dewe Dorje）
貝瑪・揚千㊛
（Pema Yangchen）
噶瑪・鐵秋・尼瑪
（Karma Tekchok
Nyima）
策帕・多傑
（Tsepak Dorje）
帕秋・天津・吉美・札巴
（Phakchok Tenzin Jigme
Dragpa）
直接轉世
秋林家族傳承
倉薩家族傳承
婚姻關係

壘峰——祖古·烏金仁波切的上師暨伯父桑天·嘉措靈修之處
（艾瑞克·貝瑪·昆桑攝）

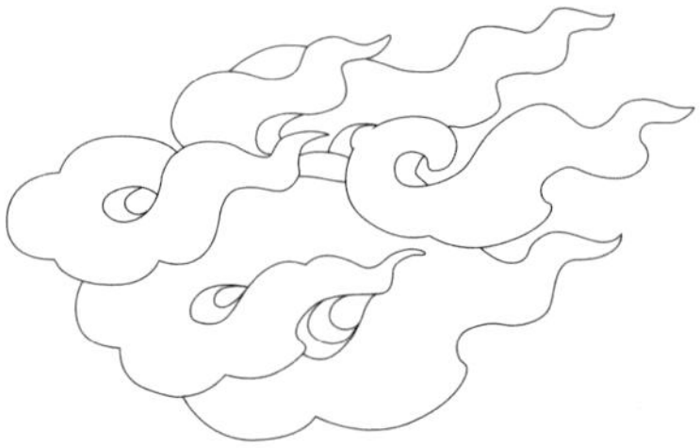

圖片提供：

阿尼·津芭（Ani Jinpa）p214、272；阿尼·羅卓·帕嫫（Ani Lodro Palmo）p323下、324；艾瑞克·貝瑪·昆　桑 p13、19、21、25、34、38、58、61、66、67、93、113、142、144、222、358下、360；甘尼許·曼·奇查卡（Ganesh Man Chitrakar）p319；葛洛麗雅·瓊斯（Gloria Jones）p83、94、201；葛雷漢·桑斯坦（Graham Sunstein）p250 上、250 下、290、301、311、333 右、350、354 右下；格雷格·勒伯（Greg Rabold）p358 中；傑夫·撒伯（Jeff Sable）p358 上；賈思琳·絲維斯特（Jocelyn Sylvester）p268、312；凱西·莫理斯（Kathy Morris）p345、346 上；昆果·卡桑（Kungo Kalsong）p298；賴瑞·帽梅斯坦（Larry Mermelstein）p203；洛本·諾布·拉（Lobpon Norbu La）p223；瑪尼喇嘛（Mani Lama）p318、344；馬西亞·賓德·舒密特 p310、328、354 右上、356 左上；馬修·理卡德（Mathieu Ricard）／雪謙檔案庫（Shechen Archives)p48、50、98、200、228、229、247、252、257、263、265、303、313、323 上、340、348 上一、348 上二、357 下；瑪詠·索南·確準（Mayum Sönam Chödrön）p321；明就仁波切 p354 左上；南多·嘉措（Namdol Gyatso）p348 上三、355 中；拿旺·巽波 p208、335；拉斐勒·迪曼德（Raphaele Demandre）p356左下；桑傑·耶喜 p348下；史帝文·古曼（Steven Goodman）p336、345；札西喇嘛 p355 下；天巴·亞培 354 左下

觀自在系列 BA1006R

大成就者之歌(下)——傳承篇

口述　祖古・烏金仁波切
紀錄、整理　艾瑞克・貝瑪・昆桑（Erik Pema Kunsang）
　　　　　　馬西亞・賓德・舒密特（Marcia Binder Schmidt）
譯者　楊書婷、郭淑清
執行主編　田麗卿
文字編輯　蔡雅琴
協力編輯　釋見澈
美術構成　吉松薛爾
發行人　蘇拾平
總編輯　于芝峰
副總編輯　田哲榮
業務發行　王綬晨、邱紹溢、劉文雅
行銷企劃　陳詩婷
出版　橡實文化 ACORN Publishing
地址　231030 新北市新店區北新路三段 207-3 號 5 樓
電話　（02）8913-1005
傳真　（02）8913-1056
劃撥帳號　19983379
戶名　大雁文化事業股份有限公司
讀者服務信箱　andbooks@andbooks.com.tw
印刷　中原造像股份有限公司
出版日期　2024 年 5 月
刷次　二版一刷
定價　480 元
ISBN　978-626-7441-29-9

大成就者之歌：大圓滿瑜伽士祖古・烏金仁波切靈修回憶錄．傳承篇／艾瑞克・貝瑪・昆桑（Erik Pema Kunsang），馬西亞・賓德・舒密特（Marcia Binder Schmidt）紀錄．整理；楊書婷，郭淑清翻譯．──初版．──新北市：橡實文化出版：大雁出版基地發行，2024.05　384 面；17×22 公分
譯自：Blazing Splendor：the memoirs of the Dzogchen Yogi Tulku Urgyen Rinpoche, as told to Erik Pema Kunsang & Marcia Binder Schmidt
ISBN 978-626-7441-29-9（平裝）

1.CST: 烏金（Urgyen, Tulku, Rinpoche）2.CST: 藏傳 3.CST: 傳記

226.969　　113005105